초연결사회의

소비자정보론

김기옥, 김난도, 이승신, 황혜선 지음

Σ 시그마프레스

초연결사회의 소비자정보론

발행일 | 2015년 10월 5일 1쇄 발행

저자 | 김기옥, 김난도, 이승신, 황혜선
발행인 | 강학경
발행처 | ㈜시그마프레스
디자인 | 송현주
편집 | 류미숙

등록번호 | 제10-2642호
주소 | 서울특별시 영등포구 양평로 22길 21 선유도코오롱디지털타워 A401~403호
전자우편 | sigma@spress.co.kr
홈페이지 | http://www.sigmapress.co.kr
전화 | (02)323-4845, (02)2062-5184~8
팩스 | (02)323-4197
ISBN | 978-89-6866-507-3

* 책값은 뒤표지에 있습니다.
* 이 도서의 국립중앙도서관 출판예정도서목록(CIP)은 서지정보유통지원시스템 홈
페이지(http://seoji.nl.go.kr)와 국가자료공동목록시스템(http://www.nl.go.kr/
kolisnet)에서 이용하실 수 있습니다.(CIP제어번호 : CIP2015026017)

머 리 말

사람과 사람, 사람과 사물, 사물과 사물 간의 커뮤니케이션이 확장되어 가는 초연결성(hyperconnectivity)은 현대 소비자의 일상생활에 큰 변화를 가져다주고 있다. 초연결사회로의 전환이 빠르게 진전되고 있는 시대적 전환기에서 소비자정보 분야는 변화의 내용과 속도를 담아내기 위해 부단한 노력을 요구하는 소비자학의 영역이다.

인터넷의 빠른 발전과 보급으로 진전된 정보사회에서 넘쳐나는 소비자정보를 현명하게 활용하는 것은 소비자에게 주어진 새로운 과제였다. 이제 디지털화, 정보화, 네트워크화가 더욱 진전되어 연결의 대상 범위가 '모든 것'으로 확장되는 초연결사회가 도래함에 따라 소비자는 빠르게 연결되어 가는 소비자정보환경에 적응하고 현명한 소비자로서의 역할을 수행해 나가야 하는 또 다른 과제에 직면하고 있다.

제2의 디지털혁명에 비유되는 초연결성에 기반한 초연결사회에서는 소비자와 소비자를 둘러싼 거의 모든 객체와의 상호작용이 가능해짐에 따라 소비자에게 무한한 가치창출의 기회가 주어지게 될 것이다. 따라서 연결 가능한 모든 객체로부터 방대한 양의 정보를 소화하고 활용하는 정보활용능력뿐만 아니라 기술로 대체할 수 없는 인간의 창의성을 발휘하여 필요한 정보를 체계적으로 집약하고 가공하여 부가가치를 창출할 수 있는 정보역량을 키우는 것이 더욱 중요해졌다.

이 책은 2001년과 2004년에 디지털사회의 소비환경과 소비생활의 변화, 그에 따른 소비자문제 및 새롭게 요구되는 정보소양을 다루었던 소비자정보론 : 디지털사회와 소비자와 디지털사회의 소비자정보론의 후속이다. 초연결사회의 도래와 함께 전개되는 소비자정보환경의 새로운 변화를 담아 초연결사회의 소비자정보론을 출간하게 되었다. 이 책은 다음과 같은 네 가지 목적을 기초로 집필되었다.

첫째, 초연결사회의 도래에 따른 소비자정보환경의 변화와 그 특성에 대해 소비자가 올바르게 이해하고 대처할 수 있도록 관련된 기초지식을 체계적으로 정리한다. 둘째, 소비자와 소비자를 둘러싼 모든 환경이 하나의 거대한 네트워크가 되어 가는 초연결사회에서 소비자가 최대의 경제주체로서 역할과 기능을 효과적으로 담당할 수 있도록 초연결사회의 소비생활을 심층적으로 다룬다. 셋째, 초연결사회로의 변화에 따라 예측하지 못했던 소비자문제를 진단하고 효과적으로 대응할 수 있는 소비자보호를 체계적으로 다룬다. 넷째, 발전된 정보기술을 이용한 기업의 소비자정보활용이 늘어나고 기업과 소비자의 관계에서 소비자정보가 갖는 중요성이 증대되고 있는 배경을 살펴보고, 이러한 배경에서 소비자학 전공자로서 가져야 하는 정보소양이 무엇인지를 살펴본다.

이러한 네 가지 목적은 책의 구성에 반영되어 총 네 개의 부에서 각각의 목적이 다루어졌다. 이 책은 총 4부 13장으로 구성되어 있는데, 제1부에서는 초연결사회, 디지털경제와 공유경제, 소비자정보에 관한 기초를 다루고, 제2부에서는 초연결사회의 소비생활을 다루며, 제3부에서는 소비자정보환경의 변화에 따라 새롭게 나타나는 소비자문제와 그 해결을 모색하는 초연결사회의 소비자보호를 다루었다. 마지막으로 제4부에서는 초연결사회에서의 소비자학 전공자가 새로운 인력수요에 효과적으로 부응하기 위한 정보소양과 정보기술 및 미래 진로를 다루었다. 이 책은 본래 3인이 공저해왔으나, 황혜선 교수가 추가로 투입되어 전폭적인 재집필이 이루어졌다.

이 책은 소비자학 전공서적으로, 교양과목의 교재로, 그리고 초연결사회를 지혜롭게 살아가려는 일반 소비자의 참고서적으로 활용될 수 있도록 2015년 8월 1일 기준으로 최신의 법 개정 내용과 통계 및 자료를 반영하였고, 가능하면 쉽게 집필하고자 하였다. 저자들은 초연결사회로의 진전이 이루어지는 가운데 소비자정보 분야에서 반드시 다뤄야 하는 내용을 이해하고, 변화된 소비자정보환경에 대한 이해의 폭을 넓히고 지침을 얻는 데에 이 책이 도움이 될 수 있기를 희망한다. 또한 초연결사회로의 변화가 계속 진행 중에 있는 시점에서 소비자정보내용을 모두 담아내지 못하는 한계를 독자들의 현실적 안목으로 보완해주기를 기대한다.

소비자정보 분야에서 최초의 교재를 2001년에 출간하고 그 후속 교재를 2004년에 출간한 뒤 10여 년이 흐른 지금, 또 다시 최신의 소비자정보 교재를 출간하며 소비자학 선후배, 동료, 그리고 독자 여러분의 건설적인 비판과 지적을 기꺼이 받고자 한다.

　마지막으로, 저자들은 소비자정보환경의 새로운 전환기를 맞이한 지금 소비자정보 분야의 흐름을 읽는 데에 이 책이 작은 도움이 될 수 있기를 기대한다. 끝으로, 이 책이 나오기까지 특별한 관심으로 도움을 아끼지 않으신 (주)시그마프레스의 강학경 사장님과 임직원 여러분께 진심으로 감사의 말씀을 전한다.

2015년 9월
저자 일동

차 례

제 2 부 초연결사회의 소비생활

제 3 부   초연결사회의 소비자보호

제 4 부 초연결사회와 소비자학

제1부

초연결사회의
소비자정보

제 1 장

새로운 디지털시대의 초연결사회

디지털혁명은 인간의 삶과 사회구조에 근본적인 변화를 가져왔다. 컴퓨터의 정보 처리(processing) 부문과 통신기술의 정보전송(transmitting) 부문의 융합을 가능하게 한 디지털기술(digital technology)은 소비자가 시공간적 제약을 뛰어넘어 경제활동을 펼칠 수 있고 거의 비용 없이 정보를 획득할 수 있게 되는 등 소비자시장 환경의 혁명적인 변화를 이끌었다. 1990년대 중반 이후 인터넷의 빠른 발전과 보급으로 무한히 팽창한 정보사회를 경험하게 된 것은 가히 디지털혁명이라 일컬을 만큼 개인과 산업, 그리고 국가와 사회의 모습을 크게 변화시켰다. 오늘날 이러한 인터넷의 보급을 중심으로 펼쳐진 '정보사회(information society)'와 '디지털사회(digital society)'는 다시 한 번 근본적인 패러다임의 변화를 가져오는 2차 디지털혁명을 맞이하고 있다. 2차 디지털혁명은 기존의 디지털사회와는 달리 모든 것이 디지털화, 정보화, 네트워크화되어 오프라인과 온라인사회의 경계가 허물어지고 인터넷으로 연결되는 대상의 범위가 '모든 것'으로 확장되는 초연결사회로 이끌고 있다. 이 책은 모든 것이 인터넷에 연결되는 새로운 디지털시대로서의 의미를 가지는 초연결사회에서 소비자정보와 소비환경 및 소비생활에 나타나게 된 변화가 무엇인지 살펴보고 그에 따른 소비자 문제는 무엇인지를 최대의 경제주체인 소비자의 관점에서 파악하고자 한다. 이 장에서는 초연결사회라는 새로운 디지털시대가 펼쳐지게 되기까지의 과정을 살펴보기 위해 디지털기술에 대한 기초적인 이해를 바탕으로 디지털사회의 특성과 영향을 다루고 초연결사회로의 변화와 새로운 경제 패러다임에 대해 살펴본다.

1 디지털혁명과 디지털사회

1) 디지털기술의 이해

인간이 정보를 다루는 방식은 디지털기술에 의해 근본적으로 바뀌었는데 디지털기술은 도구를 써서 수를 계산한다는 발상에서 비롯된다.

영국의 케임브리지대학교의 수학교수였던 Charles Babbage는 일련의 계산을 처리할 수 있는 기계장치를 구상했다. 1830년대에 그는 이미 정보를 일련의 수로 전환하여 기계로 처리할 수 있다는 데에 착안하여 산업시대의 상징물이었던 톱니바퀴, 실린더, 고정쇠 등의 기계부품을 사용하여 증기작동기계장치인 해석엔진(analytic engine)을 구상하였다. 그는 해석엔진이 여러 종류의 명령어군을 처리하여 다양한 기능을 수행할 수 있을 것으로 믿고 이러한 명령어군을 만들기 위해서 수, 문자, 화살표와 같은 부호로 전혀 새로운 종류의 언어를 고안했다. 그는 변화된 상황에 따라 작동방식을 수정할 수 있도록 하는 조건명령어를 조합하여 해석엔진을 프로그램할 수 있었으며 이것으로 그는 하나의 기계가 수많은 용도로 쓰일 수 있다는 데에 착안한 최초의 사람이었다.

Babbage의 천재적 착안은 다음 세기의 수학자들로 이어졌고, 1940년대 중반 Babbage의 해석엔진의 원리에 기초한 전자컴퓨터가 만들어지게 되었다. Claude Shannon은 1930년대 말 학생신분으로 논리명령을 수행하는 기계가 정보를 처리할 수 있음을 증명하였고 이것은 그의 학위논문의 주제가 되었다. 그가 증명한 것은 참이면 닫히고 거짓이면 열리는 컴퓨터 회로가 '참'을 1로, '거짓'을 0으로 나타내서 논리연산을 할 수 있다는 것이었고, 이것이 바로 2진법(binary code)이다.

2진수란 부호이며, 전자 컴퓨터의 알파벳이며, 모든 정보를 번역하고 저장하고 활용하는 데에 쓰는 컴퓨터의 기본 언어이다. 모든 정보는 0과 1의 수로만 표현되는 2진수로 변환되어 컴퓨터에 입력 저장된다. 다시 말해 컴퓨터는 모든 정보를 0과 1, 혹은

'on-off'의 형태로 해체 환원시켜 2진법으로 인식할 뿐이다.

여기에서 0과 1은 각각 '비트(bit)'라 하고, 비트가 짝수로 여러 개 묶여 하나의 최소단위 정보를 이룰 때 '바이트(byte)'라 부른다. 1바이트가 8비트인 경우에 '1'이라는 수는 8개의 비트 중 7개가 off이고 마지막 8번째 비트가 on인 상태로 연출하고, '2'라는 수는 7번째 비트만 on이고 나머지는 모두 off인 상태로 연출한다면 8개의 비트를 가지고 연출 가능한 수 혹은 코드의 수는 2의 8승(2^8)인 256개가 된다. 또한 1바이트가 16비트로 구성된 경우에는 2의 16승(2^{16})인 65,536개, 1바이트가 32비트로 구성된 경우에는 2의 32승(2^{32})인 4,294,967,296개의 코드를 단위 시간에 처리할 수 있으며, 이것으로부터 바이트당 비트 수가 많을수록 단위 시간에 처리할 수 있는 정보의 양은 기하급수적으로 늘어난다는 것을 알 수 있다.

이와 같이 1바이트는 단위정보의 최소단위를 말하며 바이트 수가 많을수록 저장할 수 있는 정보의 양은 기하급수적으로 늘어난다. 흔히 컴퓨터의 기억용량을 표현할 때 Kb(킬로바이트, kilo-byte : 1000bytes), Mb(메가바이트, mega-byte : 100만 bytes), Gb(기가바이트, giga-byte : 10억 bytes), Tb(테라바이트, tera-byte : 1조 bytes), Pb(페타바이트, peta-byte : 1000조 bytes), Eb(엑사바이트, exa-byte : 1018 bytes 혹은 10억 giga-bytes) 등의 단위를 쓰는데, 이것은 기억장치가 한 번에 저장할 수 있는 정보 단위의 총량을 표현하는 것이다.

이러한 2진수로 표현되는 디지털방식은 컴퓨터의 정보처리부문과 통신기술의 정보전송부문의 융합을 가능하게 만든 공통언어 시스템이다. 디지털방식은 어떤 형태의 정보라도 2진코드에 따라 '0'과 '1'이라는 비트(bit)로 분화시켜 두 코드의 연속된 흐름의 전송을 가능하게 하였다. 디지털방식은 문자, 음성, 영상 등으로 표현되는 모든 정보를 2진법으로 저장하여 동일한 저장방식과 재생방식으로 어떤 형태의 정보라도 컴퓨터라는 동일한 매체를 통해 전송이나 인출이 가능하도록 하였다.

2) 디지털사회의 이해

정보통신기술의 혁신은 소비자의 시장환경과 소비생활 전반에 대해 혁명적인 변화를 가져오고 있다. 소비자는 시공간적 제약을 뛰어넘어 경제활동을 펼칠 수 있게 되었고, 거의 비용 없이 정보를 획득할 수 있게 되었으며, 전 세계의 어느 누구와도 소비생활에 대한 정보와 지식을 주고받으며 응집력을 향상시킬 수 있게 되었다. 소비자 시장환경이 이렇듯 혁명적으로 변화하게 된 근본적인 동인은 디지털기술에서 비롯되었다고 해도 과언이 아니다.

디지털사회는 '디지털기술의 발달로 인해 경쟁력의 원천과 인간이 탐구할 대상이 디지털화됨으로써 인간의 주요 활동이 정보통신기술에 의해 제공되는 서비스의 지원을 받아 이루어지는 사회'로 정의할 수 있다. 디지털기술이 가져온 사회의 변화는 Negroponte가 제시한 디지털세계의 네 가지 특징, 즉 ① 탈중심화(decentralizing), ② 지구촌화(globalizing), ③ 조화(harmonizing), ④ 위상과 권력강화(empowering)로 요약할 수 있다. 디지털화된 컴퓨터로 운용되는 디지털세계에서는 다수가 각자의 의

디지털 암흑기에 대한 경고

오늘날 아날로그 형태를 가진 정보가 점차 디지털화되어 가면서 정보의 유실이나 변형 없이 데이터를 보존할 수 있게 되었다. 디지털정보는 여러 번 사용하게 되더라도 정보가 소모되거나 닳지 않고 저장된 형태 그대로 보존될 수 있으며, 클라우드와 같은 저장매체의 발전으로 저장기간과 양을 대폭 늘릴 수 있게 되었다. 다만 여기서 문제가 되는 것은 저장된 정보가 계속 활용될 수 있는 기술의 호환성이 유지되느냐에 대한 것이다.

이와 관련하여 미국과학진흥협회(AAAS)의 연례회의에서 구글의 부사장인 빈튼 서프는 '디지털 암흑기(Digital Dark Age)'에 대해 경고했다. 그는 지속적인 기술발전으로 소프트웨어의 버전이 높아져 감에 따라 이전 세대의 데이터가 활용되지 못한 채 버려질 것임을 지적하였다. 서프는 지금 저장되어 있는 문서나 이미지의 형식이 향후 발전된 소프트웨어에서 호환되지 않아 '비트 랏(bit rot)'이 발생할 것이라고 내다보았다. 비트 랏은 기술이 진보함에 따라 저장장치나 데이터를 사용할 소프트웨어가 구식이 되어 비트(bit)에 저장된 자료들이 썩어 사용할 수 없게 되는 현상을 의미한다. 서프는 호환성을 유지하여 자료를 보존할 수 있는 대안이 필요하며 그 중심에 '디지털 양피지(digital vellum)' 기술이 있다고 제안하였다. 디지털 양피지는 모든 소프트웨어와 하드웨어를 디지털 형태로 보존하는 것이다. 즉, 운영체제나 소프트웨어가 발전해 나가는 것과 별개로 모든 데이터가 저장될 수 있도록 함으로써 디지털 암흑기에 대비하는 것이다.

서프의 경고는 발전하는 정보기술로 하드웨어와 소프트웨어가 빠르게 구식이 되어 가는 문제에서 더 나아가 그동안 저장해 온 정보를 읽을 수도 활용할 수도 없게 되는 문제를 일깨운다. 디지털기술의 발전으로 아날로그정보에서 디지털정보로 이전해 가면서 아날로그정보의 한계에서 벗어나 모든 정보를 손쉽게 저장하고 영구적으로 보존할 수 있을 것으로 믿어왔다. 이러한 믿음으로 아날로그정보는 빠르게 디지털정보로 대체되었으며, 오늘날 디지털정보에 대한 의존도가 매우 높아지게 되었다. 그러나 빠른 속도로 발전해 가는 소프트웨어 환경에서 기존의 정보가 녹슬어 사용할 수 없게 되면서 대부분의 정보를 디지털 형태로 보존하고 있는 지금의 디지털시대가 어둠 속에 묻혀지게 되는 디지털 암흑기가 예고되고 있다는 점에서 이를 보완할 수 있는 기술의 발전이 병행되어야 할 것이다.

무와 권리를 행사하고 참여하는 체계적인 평행구조로 전환되어 탈중심화 현상이 가속화될 것으로 보고 있다. 또한 국가와 국가 간의 국경의 의미는 퇴색하고 이념과 문화를 뛰어넘는 디지털 네트워크가 더욱 확대되어 전 세계가 하나의 지구촌과 같이 변화되어 갈 것이다. 산업분야에서는 디지털기술의 속성으로 지리적 한계를 넘어 자유와 협동과 친화력을 더욱 강화하여 심화되는 경쟁에 대처하게 될 것으로 내다보았다. 마지막으로 정보의 생산과 발신이 누구에게나 가능해지면서 각자의 위상과 권력이 강화될 것으로 전망되고 있다. 이러한 디지털사회의 특징을 기반으로 한 정보사회에 대한 이론적 논의를 다음에서 계속 살펴보고자 한다.

② 디지털사회와 정보

1) 정보사회의 이해

정보통신기술의 혁명적 변화로 인해 사회 전반에 걸쳐 크고 작은 변화가 나타나게 되었다. 이러한 변화는 산업구조뿐만 아니라 전 사회의 구조와 조직원리 및 삶의 모습에도 영향을 미쳤다. 이에 따라 기술혁신과 사회변동의 관계에 대한 사회학적 관심이 고조되었고, 기술혁신의 힘과 영향력을 어떻게 평가하는가에 따라 정보사회에 대한 이론적 관점이 나누어진다. 여기에서는 정보사회에 대한 사회학적 관점을 살펴보도록 한다.

(1) 정보사회에 대한 이론적 관점

정보사회에 대한 사회학적 관점은 매우 다양한데 크게 보면 두 가지로 구분해 볼 수 있다. 하나는 자본주의적 산업사회와 다른 새로운 사회를 주장하면서 '정보사회(information society)'라는 새로운 유형의 사회를 설정하는 입장이고, 다른 하나는 과거와 단절된 새로운 사회가 아니라 자본주의의 지속 및 확장의 역사에서 필연적으로 나타난 현상으로서 '정보화(information)'를 주장하는 입장이다. 이러한 입장의 차이는 기술혁신과 사회변동의 관계에서 기술혁신의 힘과 영향력을 어떻게 평가하는가, 그리고 정보사회를 이전의 사회와 질적으로 다른 새로운 사회로 볼 것인가 아니면 연장으로 볼 것인가에 따라 달라진다. 전자는 기술혁신의 눈부신 발전이 사회변동을 가져온다고 봄으로써 대체로 정보사회를 긍정적으로 바라보는 기술결정론적 입장이며 이전 사회와 다른 새로운 사회를 상정하는 단절론적 입장인 반면, 후자는 사회구조의 틀 속에서 기술혁신의 발전을 설명함으로써 대체로 비판적 시각에서 자본주의의 냉철한 원리를 강조하는 사회구조론적 입장이며 이전 사회의 연장으로 보는 연속론적 입장이다.

정보사회를 자본주의적 산업사회와 구별되는 새로운 사회로 간주하는 입장에는 Daniel Bell을 중심으로 한 후기산업주의론(post-industrialism), 그리고 Bell의 논의를 대중화시켰다고 볼 수 있는 Alvin Toffler의 제3의 물결 문명론(civilization of the third wave)을 비롯하여 John Naisbitt의 메가트랜드(Megatrends), Mark Poster의 포스트모더니즘(postmodernism), Michel Piore와 Charles Sabel의 유연적 문화론(flexible specialization), 그리고 Manuel Castells의 정보양식 발전론(informational mode development) 등이 있다.

이에 반해 정보가 현대사회에서 특별한 의미를 지니게 되었다는 것에 대해서는 기꺼이 동의하지만 정보사회와 자본주의적 산업사회 간의 연속성을 강조하는 대표적인 논의로는 Herbert Schiller의 신마르크스주의(neo-marxism), Michael Aglietta의 조절이론(regulation theory), David Garvey의 유연적 축적론(flexible accumulation), 그리고 Jurgen Habermas의 공공영역(public sphere)이론, Anthony Giddens, Oscar H.Gandy Jr., David Lyon 등의 정보사회관도 모두 연속론을 주장하는 이론들로 범주화된다.[1] 여기에서는 정보사회를 전망하는 대립적 이론을 이해하는 것이 중요한 것이 아니기 때문에 각각의 입장을 대표하는 이론, 즉 기술결정론적이며 단절을 강조하는 Daniel Bell의 후기산업주의와 사회구조론적이며 연속성을 강조하는 대표적 이론인 Herbert Schiller의 신마르크스주의를 중심으로 살펴보도록 한다.

---

[1] 이에 대한 자세한 내용은 다음을 참고하시오. Webster, F. (1995). *Theories of the Information Society*, London : Routledge. 혹은 이 책의 번역서 F. 웹스터/조동기 역(1997). 정보사회이론, 사회비평사; 권태환·조형제 (1997). 정보사회의 이해, 미래미디어; 정보사회학회편(1998). 정보사회의 이해, 나남출판; 김희진·손진화·이영균(1999). 정보사회론, 세창출판사.

① Bell의 후기산업주의

기술혁신에 의한 생산력의 증대가 새로운 사회구조를 낳는다는 기술결정론적이며 단절론적인 입장에서 정보사회를 기술하는 이론 중 가장 영향력 있는 것이 Daniel Bell의 '후기산업주의(post-industrialism)'이다. 그는 사회변동의 동인은 효율성의 원칙, 즉 '더 적은 노동으로 더 많은 것'을 얻는 것이 가능해진 생산성의 증가에서 찾고 있다. 생산성의 증가는 새로운 기술의 개발에 의해 가능하기 때문에 기술은 생산성 증가의 기반이고 생산성은 경제생활뿐만 아니라 사회구조까지 변형시켜 새로운 사회가 도래한다는 것이다. 그는 지금까지 세 차례의 기술혁명이 있었다고 지적하고, 최초의 기술혁명은 200여 년 전 James Watt의 증기기관 발명과 함께 시작되었고, 이어서 100여 년 전 전기와 화학분야를 중심으로 제2차 기술혁명이 일어나 인공조명, 부호화된 메시지 전송, 합성물질 생성 등 점점 더 자연으로부터 독립하게 되었고, 이러한 과정을 거쳐 제3의 기술혁명, 즉 컴퓨터와 전기통신 기술의 눈부신 발달이 있었다고 하였다.

이와 같이 새로운 기술의 개발과 발달은 생산력을 증대시켜 농업으로부터 산업으로, 그리고 산업으로부터 서비스로의 이동을 초래한다고 설명하였다. 그는 진화론적 입장에서 사회가 농경사회인 전산업사회(pre-industrial society)로부터 제조업이 중심이 되는 산업사회(industrial society)로 그리고 다시 서비스업이 지배하는 후기산업사회(post-industrial society)로 이동한다고 하였다. 1980년대로 접어들면서부터 그는 컴퓨터와 통신분야에서의 제3의 기술혁명으로 정보와 지식이 현대사회의 혁명적인 변화를 야기한다는 확신을 갖게 되면서 후기산업사회 대신 정보사회론을 펴기 시작했다.

Bell은 정보사회의 성격을 후기산업사회의 틀 속에서 상품생산, 지적 활동, 통신 등에서 정보가 중심적인 역할을 하는 사회로 규정한다. 그는 정보사회의 특징을 사회기반구조(infrastructure)의 변화에서 찾았는데, 역사적으로 사회를 구성하는 기반구조에는 세 가지 부류가 있다고 하였다. 첫째는 운송수단이고, 둘째는 동력의 원천인 에너지이며, 셋째는 통신시스템이다. 정보사회는 이러한 사회 기반구조의 상대적 중요도에 큰 변화가 일어나 통신시스템이 사회를 연결해주는 가장 중추적인 기반구조로 부각된 사회라고 주장하였고, 이것은 두 가지의 특징적 변화를 가져왔다고 보았다. 하나는 통신 시스템의 발달로 도시의 위치에 관계없이 장거리 간의 상호교류가 가능해짐으로써 공간적 제약에서 벗어나 활동지역의 분산화가 가능해진 점이다. 또 하나는 시장 개념의 변화인데, 역사적으로 시장이란 장소의 개념을 포함해 왔으나 통신망의 발달로 시장에 네트워크화됨으로써 장소의 의미로부터 거래가 이루어지는 분야 전체로 그 의미가 확대된 점이다. 따라서 정보사회에는 통신망의 발달과 네트워크화로 인해 이전과는 달리 시공간적 제약의 극복이 가능해졌고, 결과적으로 사회적·정치적 활동무대와 영역이 전 세계로 확대되고 있다.

정보사회를 산업사회에 이어 출현한 새로운 사회로 인식하는 Bell과 같은 정보사회론자들은 정보사회의 현실과 미래에 대해 대체로 낙관적인 전망을 한다.

② Schiller의 신마르크스주의

정보기술의 발전과 정보화가 정보사회라는 새로운 사회를 가져온 것이 아니라 정보화와 관련된 일련의 변화가 자본주의 경제의 내적 변화 내지는 자기적응과정에 불과하다고 보는 사회구조론적이며 연속론적 입장을 이해하기 위해 마르크스의 영향을 받은 Herbert Schiller의 정치경제론적 논의를 중심으로 살펴보도록 한다.

Schiller는 1970년부터 샌디에이고에 있는 캘리포니아대학교에서 신문방송학과 교수로 있지만 원래는 경제학자로서 현대사회에서 정보의 중심적인 역할에 대해 누구보다도 잘 파악하고 있었고 정보와 통신이 기존 자본주의적 활동의 기본적인 요소라고 보는 소위 정치경제학적 시각을 제시하였다. 즉, 정보기술의 발전을 정보사회로의 이행의 주된 요인으로 보기보다는 자본주의 축적 과정의 안정화나 기존 지배계급의 현상 유지나 입지 강화를 위한 매개적 수단으로 간주한다.

Schiller의 핵심적인 논지는 세 가지로 나누어 볼 수 있는데, 첫째는 정보나 정보기술의 발달이 철저하게 자본주의 시장원리에 바탕을 두고 이루어진다는 것이다. 그 결과 정보는 점점 더 시장성이 있는 조건하에서 만들어져 상품화된다는 것이다. 두 번째 논지는 정보의 생산능력, 분배, 접근이 계층구조 속에서 이루어진다는 것이다. 따라서 사회의 계층구조 안에서의 그 사람의 위치에 따라 정보혁명의 수혜 정도가 달라진다. 세 번째 논지는 정보통신영역에서 거대한 변동을 겪고 있는 사회는 전국적 또는 전 세계적 범위를 가진 집중되고 과두적인 기업조직들에 의해 지배되는 기업자본주의(corporate capitalism) 사회라는 것이다. 20세기 자본주의 발전을 통해 경영 규모나 범위가 초국가적인(transnational) 기업들이 속속 등장하게 되었고, 이들 기업들은 시공간적인 제약을 극복하며 유지 발전되기 위해 정교화된 정보통신망을 필요로 하게 되었을 뿐만 아니라 이윤추구를 위해 정보를 생산하고 상품화하기 시작하였다는 것이다. 따라서 정보와 정보기술은 점점 더 공적인 목적보다는 사적인 목적을 위해 개발된다는 것이다.

Schiller의 분석에 따르면, 기술 자체는 중립적일 수 있지만 기술의 이용방식은 누가 무엇을 위해 어떤 방향으로 이용하느냐에 따라 좌우되기 때문에 결코 중립적일 수 없고 사회관계 내지 사회구조에 전적으로 달려 있다는 것이다. 이러한 관점에서는 정보통신기술이 사회 변화의 독립변수가 아니라 자본의 논리가 오히려 독립변수가 되며, 기업과 계급의 관심 그리고 시장의 우선순위가 새로운 컴퓨터 통신시설에 대해 결정적인 영향력을 행사하는 동시에 이러한 정보화의 발전은 자본주의를 지지하고 지원한다고 파악한다. 따라서 흔히 말하는 정보사회란 자본주의사회의 작동원리가 정보와 정보기술을 매개로 현상화되는 자본주의사회일 뿐 새로운 사회가 아니라는 것이다. 자본주의적 산업사회의 연속성을 주장하는 정보화론자들은 이른바 정보사회적 특성이라고 거론되는 최근의 여러 현상들을 20세기 후반에 가속도가 붙은 삶의 정보화 과정으로 이해해야 한다고 강조한다.

(2) 정보사회의 개념에 대한 논의

① 정보사회의 개념정립 필요성

정보사회에 대한 이론적 관점이 체제적 단절과 역사적 연속성이라는 두 가지의 입장으로 나누어지는 이유에 대해 Frank Webster는 정보 및 정보사회에 대한 개념과 척도를 각기 다르게 적용하기 때문이라는 주장을 펴고 있다. Webster에 따르면 단절을 주장하는 입장은 GNP 중에서 정보가 차지하는 비중이나 화이트칼라 노동자의 수와 같이 양적 척도로 측정할 수 있는 비어의론적 관점에서 정보를 파악하는 반면, 정보화를 역사적 연속성의 관점에서 설명하는 이론가들은 추상적이고 비사회적인 척도를 거부하고 실제적인 의미와 맥락을 가진 질적 척도로 측정할 수 있는 어의론적(semantic) 관점에서 정보를 파악한다는 것이다. 비어의론적 관점에서의 정보란 그 내용과 상관

없이 정의되며 에너지나 물질과 마찬가지로 물리적인 요소로 간주되는 반면, 어의론적 관점에서의 정보란 의미가 있는 것이고 주제를 가지고 있으며 사물이나 사람에 대한 지침이나 지식으로 파악된다.

Webster는 '정보사회'를 새로운 유형의 사회로 간주하는 많은 사람들이 정보의 양적 증가가 사회체계의 질적인 변화로 이어진다는 것을 가정하며 거대한 질적 변동을 설명하기 위해 흔히 양적 척도를 사용한다고 지적하였다. 그는 단순히 양적 척도를 가지고 과거 사회와의 단절을 확인할 수는 없다고 주장하였다. '정보사회'가 무엇이고 다른 사회와 어떻게 다른지 혹은 같은지를 올바로 평가하기 위해서는 어의론적 관점에서 정보의 의미와 질을 검토해야만 한다는 것이다. 어떤 종류의 정보가 증가하였고 누가 어떤 정보를 어떤 목적에서 만들어냈으며 어떤 결과가 초래되었는지를 검토해야 한다는 것이다. 이와 같이 Webster는 '정보사회'라는 개념의 타당성에 대해 중대한 의문을 제기하면서 새로운 사회로 이행되고 있다는 체제적 단절을 주장하는 입장보다는 역사적 연속성을 주장하는 입장을 지지한다.

② 정보사회에 대한 다섯 가지 정의

Webster는 '정보사회'의 출현을 측정하려는 다양한 기준들이 적용되어 왔는데 이러한 기준들은 첫눈에는 설명력이 있는 것처럼 보이지만, 실제로는 모호하고 부정확하며 그 자체로는 '정보사회'가 도래했는지 또는 앞으로 언제 도래할 것인지를 밝혀내지 못한다고 날카롭게 지적하고 있다. 그는 이러한 다양한 기준들에 의해 '정보사회'에 대한 개념정의가 다음의 다섯 가지로 내려지고 있다고 정리하였다.

첫째는 기술적 정의(technical definition)로서 '정보사회'에 대해 가장 흔히 내려지는 정의이다. 즉, 정보처리, 저장 및 전송의 획기적인 기술혁신 발전으로 인하여 사회의 거의 모든 부분에서 정보기술(Information Technology, IT)을 활용하게 되었고 결과적으로 엄청난 대변혁을 맞이하게 된 새로운 사회로 정보사회를 규정한다. 이러한 정의는 정보기술을 새로운 사회질서의 주된 동인으로 인식하는 것이며 컴퓨터 혁명이 지구상의 모든 사람들의 삶의 모든 측면에서 압도적이고 포괄적인 영향을 미치게 된다고 보는 것이다.

둘째는 경제적 정의(economic definition)로서 '정보사회'의 존재 혹은 성숙의 정도를 정보관련산업의 성장과 규모로 파악하려는 입장이다. '정보경제학'의 창시자인 Fritz Machlup(1902~1983)은 정보사회를 통계적 관점에서 접근하기 위해 정보관련산업을 50개의 하위영역으로 분화되는 5개의 대산업군(교육, 통신매체, 정보기기, 정보서비스, 기타 정보활동)으로 나누고 각각의 경제적 가치가 GNP에서 차지하는 정도를 산출하였다. 1960년대 말 Marc Porat은 Machlup의 접근법이 다른 산업의 내부에 들어 있는 경우와 같이 잘 드러나지 않는 정보활동은 설명하지 못한다는 제한점에 착안하여 경제를 1차 정보부문, 2차 정보부문, 그리고 비정보부문의 세 부분으로 구분하였다. 1차 정보부문에는 대중매체, 교육, 정보서비스, 광고, 컴퓨터 제조업 등 정보를 사용하는 산업을 포함시키고, 2차 정보부문에는 제약회사의 연구 개발, 정부 부서가 만들어내는 국내 소비 관련 정보, 석유회사의 도서자료 등과 같이 다른 산업의 내부에 들어 있는 정보산업을 포함시켰다. 이러한 방법으로 Porat은 두 개의 정보부문을 밝혀내고 나머지 비정보부문을 분리해냄으로써 GNP에서 정보부문이 차지하는 비중으로 정보사회를 규정할 수 있는 기반을 마련하였다. 그러나 정보경제학적 접근은 정보부문을 가려내는 과정에서 주관적인 가치판단을 완전히 배제할 수 없는 문제점과 함께 매우 상이한 경제활동이 통계적 집합 과정에서 동질화된다는 문제점을 안고 있다.

셋째는 직업적 정의(occupational definition)로서 정보산업 부문에 종사하는 인구의 증가를 강조하고 직업의 변화에 초점을 맞춤으로써 사회의 변화조짐을 설명하려는 입장이다. 즉, 정보업무와 관련된 직업이 지배적이 될 때 정보사회가 등장한다는 것이다. 이러한 직업적 규정은 앞서 설명한 경제적 정의와 함께 이용되는 경우가 많은데 경제적 정의가 제한점을 갖고 있는 것처럼 이 직업적 정의도 어디까지 정보노동으로 간주할 것인지 결정하는 주관성 개입의 문제가 있다.

넷째는 공간적 정의(spatial definition)로서 전 세계를 연결하고 시간과 공간의 조직화에 중대한 영향을 미치고 있는 정보통신망(network)의 중요성을 강조하는 것이다. 정보사회에 대한 공간적 개념은 사회학과 경제학에 의존하고 있지만, 그 핵심은 지리학자들의 공간에 대한 각별한 관심과 관련된다. 모든 것은 특정한 시간과 공간에서 발생하지만, 정보통신망으로 연결된 '통신망 사회(network society : Dordick et al., 1981)', '연결망 사회(wired society : Martin, 1979)'의 도래와 함께 공간과 시간의 특성이 변형되어 간다는 것이다. 즉, 공간의 제약이 완전히 제거되지는 않았지만 극적으로 감소되었고, 컴퓨터 통신을 통한 접촉이 직접적이기 때문에 시간 그 자체도 축소되는 '시공축약(time-space compression : Anthony Giddens, 1990)'으로 인하여 이전 사회에서는 불가능했던 많은 일들이 가능하게 됨으로써 새로운 정보사회가 등장한다는 입장이다.

그러나 공간적 정의도 규모가 어느 정도일 때 통신망으로 규정하고, 다양한 수준의 통신망을 어떻게 구분하여 무엇이 통신망을 구성하는지, 그리고 어느 수준에서 정보사회로 진입했다고 볼 수 있는지의 문제가 여전히 남는다.

정보사회에 대한 마지막 개념은 **문화적 정의(cultural definition)**로서 일상생활 양식으로부터 사회적 순환에 이르기까지 정보가 엄청나게 증가했다는 정보의 양에 초점을 맞추는 것이다. 커뮤니케이션 미디어의 폭발적인 증가로 인해 과거 어느 때보다 더 많은 정보가 존재하는 정보사회가 등장했다고 보는 것이다. 미디어로 가득찬 사회에서 미디어를 통해 전달되는 정보는 그 자체보다 훨씬 더 철저하게 우리의 삶에 침투함으로써 우리의 삶은 본질적으로 우리 자신과 다른 사람들 간의 메시지의 교환과 수용 과정으로 구성되게 되었다. 미디어를 통해 전달되는 다양한 생활양식에 대한 메시지의 제공으로 가정, 침실, 신체와 같은 사적인 영역에도 정보가 침투하여 일상생활을 상징적인 의미로 채우도록 강요받게 되었다. 미디어가 편재한 환경 속에서 의미화는 폭발적으로 증가하게 되었으나, 기호가 너무 많은 방향으로부터 만들어져 다양하고 급변하며 자기 모순적이 되면서 기호는 더 이상 상징할 수 있는 힘을 잃어가게 되었다. 따라서 정보가 더 많아질수록 의미는 더 적어진다고 주장하는 Jean Baudrillard(장 보드리야르)와 같은 포스트모더니즘 학자들은 이전 사회에서 기호에 대응되어 공통으로 통용되던 의미가 사라지고 자기 스스로 자기의 의미를 만들어 가는 자기준거적인 기호 그 자체만이 존재한다는 주장을 편다.[2] 정보사회에 대한 문화적 정의는 포스트모더니즘이 주장하는 의미화나 상징적인 상호작용이 증대하고 있다는 것을 감각적으로 짐작할 뿐 이들을 측정할 수 있는 기준이 없는 상황에서 지금까지 살펴본 정의들보다 훨씬 불안정하다.

---

[2] Jean Baudrillard는 기호를 '하이퍼 리얼리티(hyper-reality)'라는 용어로 표현하였다.

③ 소결 : 정보사회에 대한 올바른 이해

지금까지 살펴본 정보사회에 대한 다양한 개념 정의는 대부분 양적인 척도에 근거함으로써 그 개념들이 부정확하거나 불완전하다고 Webster는 지적한다. 우리가 검토한 정보사회의 정의는 비의미적인 방식으로 정보를 인식함으로써 정보가 비트(bit)로 측정될 수 있는 양이며 상징이 발생할 확률로 정의될 수 있다는 입장이다. 정보는 어의론적인 내용과 상관없이 송신자와 수신자를 연결하는 채널을 통해 전달되기 위해 부호화된 에너지나 물질, 즉 물리적 요소로 간주된다. 정보사회에 대한 기술적 정의와 공간적 정의가 가장 대표적으로 이러한 개념에 기반하며, 경제적 정의와 직업적 정의도 비트의 관점에서 정의되지는 않지만 어의론적 성질이 상실되고 가격이나 정보노동이라는 공통분모에 의해 치환된다는 점에서 같은 맥락에 놓인다. 이에 반해 문화적 정의는 본질적으로 문화가 의미에 대한 것이고 사람들이 살아가는 방식과 이유에 대한 것임에도 불구하고 폭발적으로 도처에서 끊임없이 만들어지는 상징이 공통된 의미를 상실하고 자기준거적 특성을 갖게 됨으로써 정보는 어의론적 내용을 상실하게 된 것이다.

요약하면, 정보사회를 주장하는 사람들은 정보의 확산에 대한 양적인 척도를 추구하는 것으로부터 출발한 후 이러한 변화가 사회적 조직의 질적 변화를 나타내는 것이라는 주장으로 옮겨가는 오류를 범한다는 것이 Webster의 주장이다. 그러나 과거와 현재의 연속성을 강조하는 '정보화'를 주장하는 입장에 따르면, 정보의 역할이 점점 더 커지고 있다는 사실을 인정하는 가운데 '정보화된' 사회가 자본주의적 산업사회와 근본적으로 다르지 않은 사회경제적 체제의 연장선 위에서 정보의 질적인 변화가 일고 있다는 것이 Webster의 해석이다.

그러나 기술혁신과 정보화의 급속한 진전에도 불구하고 자본주의의 큰 틀이 변한 것으로 보기는 어렵고, 또 한편으로 기술의 개발이 생산성을 높이고 높은 생산성은 다시 새로운 소비를 창출하고 이것은 다시 사회 구조에 변화를 가져온다는 것도 인정하지 않을 수 없다. 이러한 점을 감안할 때 우리는 현재 자본주의 체제 내에서 산업사회로부터 정보사회로 이행한다는 일종의 절충주의적 입장을 취하는 것이 현실적으로 설득력이 있어 보인다. 아직 우리 사회가 어느 정도 정보사회로 이행되고 있는지 알 수 없는 상황에서 어느 한쪽의 시각만 지지하는 것보다 모든 시각에서 개방적인 자세로 현실의 복합적인 현상들을 비판적으로 분석하는 것이 바람직할 것이라는 견해가 지배적이다. 최종적인 명칭이야 정보사회, 정보화사회, 디지털사회 등 어떠하든지 분명한 것은 자본주의 체제하에서 정보기술의 혁신이 엄청난 사회적 변화를 가져온다는 사실을 부인할 수는 없다.

2) 디지털정보의 이해

디지털정보를 처리하는 데 활용되는 정보기술(Information Technology, IT)은 컴퓨터(computer), 커뮤니케이션(communication), 콘텐츠(contents)의 3C로 구성된다. 컴퓨터는 정보처리기기로서 디지털정보의 저장과 처리를 위한 하드웨어와 소프트웨어로 구성된 전자적 기계장치이다. 최초의 전자식 컴퓨터는 펜실베이니아대학교의 Mauchly와 Eckert가 1946년 공동 개발한 ENIAC(Electronic Numerical Integrator & Computer)이다. 이는 미육군의 요청에 따라 개발되었다. 이후 현대의 범용화된 컴퓨터에 이르기까지 컴퓨터의 정보처리속도와 용량, 크기 등이 빠르게 발전하였다. 오늘날 친숙한 개인용 컴퓨터(PC)는 마이크로프로세서로 불리는 반도체 칩에 중앙처리장치(Central Processing Unit, CPU)와 입출력장치, 다수의 보조기억장치로 구성되며, 마이크로컴퓨터(micro computer)로도 불린다.

　정보기술에 의한 커뮤니케이션, 즉 정보통신(information communication)은 디지털기술로 컴퓨터와 통신기술을 융합함으로써 가능해졌다. 통신의 전송장치와 교환장치가 컴퓨터에 의해 제어되고 이때 전달되는 정보를 컴퓨터가 처리하게 되면서 디지털통신이 이루어지기 시작하였다. 음성, 이미지, 영상 등의 정보를 디지털로 송수신하기 위한 국제표준기술로 종합정보통신망(Integrated Service Digital Network, ISDN)이 만들어졌다. 종합정보통신망은 다양한 정보를 디지털신호로 통합 처리하여 하나의 전송망을 통해 전송시킬 수 있어 유선망을 통해 데이터전송, 텔레비전 시청, 영상전화, 팩스, 전자상거래, 원격검침 등의 다양한 활동을 펼칠 수 있는 '디지털세계'를 소비자에게 안겨주었다. 디지털기술이 미디어에 접목되면서 정보처리 및 전달방식이 동질화되어 고유의 정보처리영역을 가지고 있던 미디어의 복합화와 다중화가 촉진되었다. 이로 인해 음성, 이미지, 그래픽, 영상뿐만 아니라 유무선통신, 방송, 인터넷을 포함한 모든 멀티미디어 정보가 하나의 망에서 융합되어 제어될 수 있게 하는 광대역

통신망(Broadband Convergence Network, BcN)으로 진화하였다. 멀티미디어 정보를 자유롭게 쌍방향 커뮤니케이션할 수 있게 되면서 소비자는 '멀티미디어의 세계'를 경험하게 되었으며, 정보교류의 '쌍방향성' 혹은 '상호작용성'과 원하는 정보를 선별적으로 접할 수 있는 '선택성' 등의 혜택이 주어지게 되었다. 유무선의 통신망과 방송망이 통합된 종합정보전송 수단으로 통신망이 진화되면서 소비자는 커뮤니케이션 네트워크를 통해 다양한 포맷(format)의 소비자정보를 이용할 수 있으며 손쉽게 정보를 주고받을 수 있게 되었다. 이러한 정보환경은 발전된 소비자정보공간을 제공할 수 있다는 의미가 있다.

마지막으로 디지털정보의 콘텐츠를 살펴보면, 디지털방식의 문자, 음성, 영상, 이미지, 프로그램 등 멀티미디어 정보의 내용물과 기술요소를 포함한다. 오늘날 소비자는 통신망을 통해 제공되는 디지털콘텐츠를 열람하거나 활용하는 것을 넘어 스스로 디지털콘텐츠를 생산할 수 있기에 이르렀다. 이는 개방, 참여, 공유의 가능성을 제공하는 웹 2.0의 특성과 맞물려 정보이용자로서의 소비자가 자발적인 정보의 생산자이자 유통자로 변모하게 되었음을 의미한다. 개인이 관심을 가지는 분야의 사진이나 영상, 그래픽 등의 형태로 정보를 직접 제작하고 통신망을 통해 공유하는 UGC(User Generated Contents) 또는 UCC(User Created Contents)가 대표적인 예이다. 디지털기술을 통해 다양한 형태의 미디어 정보가 통합된 양식으로 저장되고 전송할 수 있게 되면서 소비자가 이용할 수 있는 디지털콘텐츠의 양과 범위가 크게 확대되었다. 과거의 전통적인 인쇄매체에 해당하는 신문이나 잡지, 책 등은 온라인네트워크를 통해 열람 가능한 전자신문과 전자출판의 형태로 전환되어 소비자에게 제공되고 있으며, 이는 해당 콘텐츠 이용의 시공간적 제약을 초월할 수 있게 한다. 또한 과거에 텍스트와 이미지로 전달되던 정보가 동영상 형식으로 제공되거나 TV나 라디오와 같은 방송매체의 콘텐츠가 오디오나 비디오파일로 구독할 수 있는 팟캐스트(pod cast), IPTV의 VOD(video in demand) 서비스 등을 통해 제공되는 것 역시 디지털콘텐츠의 새로운 형태로 볼 수 있다. 새롭게 등장하는 디지털콘텐츠와 전통적인 방식으로 제공되던 콘텐츠의 디지털화는 소비자가 디지털세계에서 접할 수 있는 정보의 종류와 양을 크게 확대하였다. 이러한 정보환경은 소비자에게 다양한 정보를 접할 수 있는 기회를 제공하였다는 점과 통일된 디지털양식으로 제공되어 이용이 수월하다는 점에서 긍정적이다. 그러나 정보의 제작과 유통에 장벽이 낮아짐으로써 신뢰성이 낮은 정보가 유통될 가능성이 있으며, 많은 정보를 효과적으로 수집하고 불필요한 정보는 적절히 차단하는 등의 높은 소비자정보기술이 요구된다는 점에서 주의를 기울일 필요가 있다.

3 초연결사회의 도래

1) 초연결사회의 개념

초연결사회(hyper-connected society)는 사람과 사물을 포함한 모든 것이 네트워크로 연결된 현대사회의 모습을 나타내는 용어이다. 초연결성(hyperconnectivity)은 캐나다 사회과학자 Anabel Quan-Haase와 Barry Wellman이 처음 제시한 개념으로 이메일, 인스턴트 메시징, 휴대전화, 대면접촉, 웹 2.0 정보서비스 등을 통해 네트워크화된 조직이나 사회 내에서 사람과 사람, 사람과 기계 간의 커뮤니케이션이 확장되어 가는 현상을 설명하는 용어이다.

초연결성이 가능해진 것은 앞서 살펴본 디지털기술에 근거한 인터넷과 모바일 네트워크 기술의 비약적인 발전이 이루어졌기 때문이다. 우리는 이미 손 안에 작은 컴퓨터와 같은 스마트폰을 24시간 지니고 살고 있으며, 언제 어디서나 이동통신 데이터망을 이용하면 정보환경에 쉽게 접근할 수 있기 때문에 이러한 모바일 네트워크를 이용한 실시간 정보이용이 초연결사회의 모습인 것으로 착각할 수 있다. 그러나 초연결사회의 또 다른 핵심은 일반적으로 정보화기기로 여겨졌던 컴퓨터나 휴대전화와 같은 단말뿐만 아니라 우리 주변의 모든 사물이 네트워크로 연결될 수 있는 환경을 갖추게 되어 간다는 것이다. 연결된 사물은 모두 디지털화된 데이터를 처리할 수 있으며 네트워크에 연결될 수 있는 통신장치를 탑재하여 일상생활의 환경 그 자체가 하나의 정보 네트워크로서의 의미를 갖는다. 초연결사회가 도래하기 전의 정보환경은 인터넷이라는 특정 공간이 따로 존재하는 가운데 사용자가 인터넷 공간에 접속하여 정보를 열람하거나 요청하는 방식으로 활용되어 왔다. 그러나 초연결사회로 전환되는 과정에서 중요한 점은 우리가 사는 일상생활의 환경과 정보환경이 분리된 것이 아니라 내가 실제로 경험하는 모든 환경이 그 자체로 정보화된 네트워크로 작용하게 된다는 것이다.

2) 초연결사회의 특징

초연결사회의 특징을 초연결성에 대한 개념의 다양성에 따라 살펴보면 크게 사람 간의 연결이 크게 확대되어 전 지구적 연결이 가능해지는 Internet of People의 측면과 사람 이외의 사물이 네트워크의 핵심적 주체로 자리잡으면서 등장한 Internet of Things의 측면으로 구분하여 살펴볼 수 있다.[3]

(1) Internet of People의 확대

초연결사회의 개념을 연결이라는 점에 초점을 맞추면 사회구성원들 간의 의사소통이 기술을 매개로 극대화된 상태로 설명할 수 있다. ICT 기술을 이용한 커뮤니케이션이 발전되어 감에 따라 유선전화, TV, 유선인터넷, 휴대전화, 모바일인터넷 및 스마트폰을 이용한 의사소통의 양식으로 진화해 왔다. 이것은 커뮤니케이션이 일방향적 흐름을 가진 다대다방식에서 양방향화를 거쳐 모바일화되었음을 의미한다. 오늘날 양방향적 모바일 커뮤니케이션을 가능하게 한 네트워크 기술의 발전은 스마트폰을 중심으로 하여 PC나 전화 등과 같은 유무선 디바이스를 이용한 개인 간 연결의 극대화를 이끌었다. 즉, 유무선 연결이 가능한 다양한 디바이스를 이용하여 사람 간의 연결성이 크게 증대한 네트워크 사회를 Internet of People(IoP) 관점에서의 초연결사회로 설명할 수 있다. 사람 간 연결이 극대화된 초연결사회는 개인별로 휴대하는 스마트폰의 보급과 밀접한 관련이 있다. 스마트폰은 기존의 이동전화가 통화기능을 주요 속성으로 가지고 있던 것에 반해 간편한 조작만으로도 PC와 비슷한 기능을 구현할 수 있으면서도 이동성의 극대화와 개인화가 동시에 달성된 디바이스로서 IoP의 초연결사회를 구축하는 데 핵심적인 역할을 하였다.

(2) Internet of Things의 발전

2012년 세계경제포럼(World Economic Forum)에서는 초연결사회를 Internet of People(IoP)과 Internet of Things(IoT)를 통합하여 정의하였다. IoT가 이루는 초연결사회는 인간의 개입이 없거나 최소화된 상태에서 사물 간의 통신이 이루어지는 네트

---

[3] "최민석, 하원규, 김수민(2013). 미래창조 선도국가(A-KOREA)의 방향성과 추진전략. 전자통신동향분석, 28(2), 115-131."의 내용을 중심으로 기술

워크 환경을 의미한다. 우리말로는 '사물인터넷'으로 번역되는 IoT는 공급망관리를 위해 사물이 데이터를 인식하고 수집하여 사물의 수량이나 상태 등을 관리할 수 있는 개념으로 Kevin Ashton이 처음 제시한 개념이다. 사물인터넷은 인터넷 네트워크를 통해 정보를 생산하여 교환하고 활용하는 일련의 과정을 인간이 아닌 사물이 처리하게 된다. 사물인터넷은 RFID(Radio Frequency Identification) 태그나 셀룰러모듈 등이 탑재된 사물이 서로 연결되어 데이터를 송수신하는 기초적인 단계에서부터 지능적 통신과 정보의 처리단계, 더 나아가 네트워크를 통해 정보를 자율적으로 생성, 전달, 저장하고 가공, 변환하는 지식정보단계를 거치게 된다. 궁극적으로는 모든 사물이 연결되어 창의성을 발휘할 수 있는 지혜를 생성하는 단계로 진화한 사물인터넷이 구현될 것으로 전망된다.[4] 한편 사물인터넷의 연장선상에서 등장한 만물인터넷(Internet of Everything, IoE)은 사람과 사물 그리고 프로세스와 데이터가 상호 연결된 네트워크 환경을 의미한다. IoE는 사물과 사람, 사물과 사물 간의 네트워크가 존재할 때 이러한 네트워크들의 네트워크라는 의미로 모든 사람과 사물, 그리고 그 사이에 존재하는 프로세스 간의 연계로 무한 확장하는 네트워크 환경을 설명하는 개념이다.

이처럼 초연결사회는 모든 사물이 인터넷에 연결된 거대한 정보망과 같은 사회환경이 구현되는 것을 의미한다. 이는 미래를 그린 영화에서처럼 마치 우리 주변의 모든 사물이 로봇화, 기계화되는 모습처럼 이해될 수도 있다. 물론 초연결사회를 이루는 핵심적인 부분은 디지털기술과 정보통신기술이다. 그러나 이러한 기술적 발전에서 더 나아가 초연결사회의 또 다른 중요한 점은 이것이 사회문화적 변화로서의 의미를 가진다는 것이다. 초연결사회는 사물 간의 '연결' 그 자체가 중요한 의미를 가지는 것이 아니라 연결된 사물을 바탕으로 인간의 삶이 변화될 방향을 나타낸다는 데 의미가 있다. 초연결사회의 지향점은 연결되어 있는 모든 사물을 통해 더 나은 인간의 삶을 구현하는 데 있다. 예를 들면 도로 위의 자동차들이 서로 통신하여 안전거리를 유지하면서 사고가 발생하지 않게 스스로 주행하거나, 눈이나 비로 인해 교통상황이 좋지 않다는 정보를 입수한 알람시계가 평소보다 일찍 알람을 울리는 것과 같이 소비자

---

[4] 장원규(2013). 해외 M2M 시장의 개방형 기술 및 표준화 현황. 디지에코.

가 스스로 정보를 찾거나 문제를 해결하려 노력하지 않더라도 사물이 정보화, 네트워크화됨으로써 더 효율적이고 바람직한 결과를 만들어내는 것이다. 초연결사회의 정보환경의 근간이 되는 사물인터넷과 만물인터넷 대해서는 제2장에서 더 자세히 살펴보기로 한다.

④ 초연결사회의 패러다임 변화

1) 초연결사회에서의 가치

(1) 가치창출의 근원 : 자본에서 뇌본(腦本)으로

새로운 디지털혁명을 맞은 초연결사회의 힘은 정보와 지식을 전략적으로 생성, 획득, 배분, 적용하는 인간의 능력에 있다. 우리는 컴퓨터 기술을 바탕으로 한 정보화시대에 이어 컴퓨터 간의 연결이 이루어진 네트워크시대, 그리고 오늘날 인간을 중심으로 모든 사물이 연결되는 초연결시대로의 변화를 경험하고 있다. 초연결사회에서는 인간이 중심이 되어 인간의 창조적 행위와 지식창출을 정보통신기술이 뒷받침하게 된다. 즉, 정보통신기술의 발전으로 인간을 둘러싼 환경이 네트워크화, 지능화, 융합화되어 감에 따라 개인이 추구하려는 가치를 보다 실현할 수 있는 정교하고 효율적인 환경이 마련된 것이다. 따라서 초연결사회에서의 가치는 인간을 중심으로 창출된다고 볼 수 있다. 초연결사회에서는 모든 사물이 인간의 더 나은 삶을 위해 서로 연결되고, 이것이 곧 새로운 비즈니스의 기회가 되기 때문에 기업은 인간중심적 사고를 기술적 발전 방향으로 삼게 된다.

한편 인간의 창의성은 초연결사회에서의 새로운 가치창출의 근원으로 간주된다. 인간의 창의성은 연결성이 극대화된 사회의 새로운 가능성을 탐구하고 당면한 문제를 해결하는 데 중요한 역할을 한다. 이것은 인간 자신이 생산의 주체이자 곧 수단이 되는 것을 의미한다. 우리 사회는 인간의 창의력으로부터 창출되는 무한한 가능성의 사회, 즉 자본사회에서 뇌본사회로 진입하고 있다. 가치창출의 근원이 물질에서 정신으로 옮겨가면서 인간활동의 장이 보이는 세계(macrocosm)로부터 보이지 않는 세계(microcosm)로 이동하고 있다.

(2) 가치창출의 한계 : 유한에서 무한으로

가치창출의 근원이 물질에 있었던 산업사회에는 물질의 희소성으로 인해 가치창출의 한계가 뚜렷하고 상품가격은 장기적으로 오르는 하방경직적 구조를 갖는다. 그러나 정보와 지식은 나눌수록 그 가치가 커지기 때문에 디지털화된 초연결사회에서의 가치 창출의 한도는 무한대에 가깝다. 즉, 두뇌상품은 물질이 차지하는 비중이 워낙 작기 때문에 장기적으로 값이 내릴 수밖에 없는 상방경직적 구조를 갖는다. 동일한 투입요소의 추가에 대한 산출물은 엄청나게 늘어날 수 있기 때문에 한계생산성은 체증하고 한계비용은 체감하는 이른바 '수확체증의 법칙'이 적용된다. 무실물의 세계에서는 제조원가와 재료가 중요하지 않고 오직 창조된 가치가 승패를 좌우한다.

그뿐만 아니라 연결성이 극대화된 초연결사회에서는 배타적인 경쟁이 아니라 융합하고 공유하는 패러다임이 강화된다. 산업 간의 경계가 점차 모호해지고 산업 내, 산업 간 융합이 활발하게 나타난다. 예를 들면 ICT 기업인 구글이 사물인터넷을 바탕으로 한 무인자동차를 개발하는 데 많은 투자를 하는 것과 같다. 초연결사회에서는 모든 사물과 환경이 ICT로 연결되기 때문에 이러한 디지털기술과 정보통신기술을 보유한 기업이 다른 산업영역과 융합하는 현상이 나타나게 된다.

또한 인간의 삶의 환경에서 연결성이 증대됨에 따라 개개인은 과거에 비해 적은 노력과 비용으로 연결을 통한 가치를 누릴 수 있게 되었다. 촘촘하게 연결된 관계에서 개인 간의 공유가 활발해짐에 따라 소비자는 곧 생산자가 되기도 하며 한계비용이 거의 0에 가깝게 작아진 상태에서 새로운 가치를 경험할 수 있게 되었다. 이는 유형적인 자원으로 가치를 창출할 때 자원의 양에 따라 한계가 있었던 것을 극복하는 대안적인 패러다임이다. 이러한 과정에서 자원의 가장 효율적인 활용이 가능해진다.

(3) 가치의 흐름 : 저량에서 유동으로

산업사회에서는 정지된 상태에서 쌓아놓은 양(stock)이 부의 크기와 비례하기 때문에 보유와 축적에 관심이 모아졌다. 그러나 정보와 지식은 정지된 상태에서 쌓아놓은 양으로는 그 가치가 무(zero)이고, 활용하는 순간부터 가치를 발휘하기 때문에 회전력과 유통속도를 높일수록 가치가 증폭된다. 즉, 정보와 지식은 보유가 아닌 활용을 통해 고부가가치가 창출되고, 흘러가는 정보를 집어내는 능력이 중요하므로 'know-

디지털소비의 방식, 저장에서 이용으로

국내 음원시장이 향후 5년 동안 두 배 이상 성장이 예상된다는 전망이 나왔다. 음악 스트리밍 시장의 대중화와 함께 관련 업체의 수익도 늘어날 것으로 보인다. 31일 하나대투증권 리서치센터에 따르면 지난 2년 동안 국내 음원시장은 연평균 36% 증가하면서 전 세계에서 가장 빠른 성장률을 기록했다. 멜론과 지니를 운영하는 로엔엔터테인먼트, KT뮤직의 매출은 연평균 각각 32%/66% 늘었다. 이런 고성장의 배경에는 가격 인상에도 음악 스트리밍 확대로 유료 가입자가 늘어났기 때문으로 풀이된다. 국제음반산업협회(IFPI)에 따르면 글로벌 음악 스트리밍 서비스 매출은 11억 달러를 기록하는 등 꾸준한 성장세다. 이와 달리 음원 다운로드 서비스 매출은 2% 줄어 39억 3,000만 달러에 그쳤다. 3세대(3G), 롱텀에볼루션(LTE), 와이파이 등 고도화되는 이동통신망 트렌드에 발맞춰 MP3 파일 다운로드보다 스트리밍으로 즐기는 경우가 늘어나는 추세다. 이 같은 현상은 사용자가 음악을 듣는 시간이 줄어서가 아니라 보다 저렴한 가격으로 이용할 수 있는 환경이 갖추어졌기 때문이다. 라디오 스트리밍 업체인 판도라의 경우 청취 시간이 4년 전 월 15시간에서 월 23시간으로 늘어났다고 밝혔는데, 이는 국내 평균인 월 24시간과 큰 차이가 없다. 핵심은 유료 스트리밍 시장이다. 최대 시장인 미국의 유료 스트리밍 가입자는 2014년 기준 770만 명으로 연평균 62% 증가했다. 글로벌시장의 경우 최근 5년 동안의 연평균 성장률이 47%에 달했다. 이런 추세는 5년 동안 이어질 것으로 예상되는데, 무엇보다 구글(구글플레이 뮤직)이나 애플(애플뮤직)과 같은 글로벌업체의 적극적인 시장 진출이 영향을 끼쳤다고 봐야 한다. 하나대투증권 리서치센터는 기존의 불법/라이트음원 소비자를 무료 플랫폼으로 이끌고 궁극적으로 전 세계에서 유료 가입자 비중(41%)이 가장 높은 국내 환경에서 멜론·지니·벅스 등의 유료 플랫폼으로 이어지는 효과가 나타날 것이라고 전망했다. 2분기 기준으로 국내 유료 스트리밍 가입자는 540만 명 정도다. 아직까지 스마트폰 가입자와 비교했을 때 상대적으로 수가 적다. 약 240만 명가량의 성장 여력이 남아 있다고 봐야 한다.

"가속도 붙은 음악 스트리밍 시장 ⋯ 수익원으로 자리잡을까?" 기사에서 발췌(디지털데일리, 2015.7.31.)

〈www.ddaily.co.kr〉

how'보다는 'know-where'가 중요하다. 유동성(liquidity)의 효율성을 극대화시킨 현대문명이 인터넷이며, 인터넷에는 저량(stock)이 전혀 없다. 인터넷은 인간이 발명한 컴퓨터와 통신의 결합으로 이루어진 새로운 우주이며, 별처럼 수많은 정보기지(web site)를 인간이 빛의 속도로 왕래할 수 있는 거대한 망(network)이다. 인터넷은 디지털신경망(digital nervous system)으로서 이 신경망 위에서 일어나는 웹생활방식(web lifestyle)을 통해 디지털사회의 신인류를 탄생시키고 있다. 이제 인터넷은 디지털시대를 살아가는 기본적인 수단이 되었고 더 나아가 초연결사회에서 일상적으로 접하는 모든 환경과 사물이 인터넷을 근간으로 연결되어 가고 있다.

2) 초연결사회의 질서

(1) 시공의 질서 : 시공의 제약에서 초월로

산업사회, 즉 물질의 세계에서의 시간과 공간은 직선적이고 절대적이다. 세상이 다 바뀌어도 시간만은 변하지 않았고, 언제 어디서든지 같은 속도로 직진했다. 공간의 이동은 물리적 수단과 과정, 그리고 시간소요가 필수적이었다. 한마디로 시공의 제약을 철저하게 받아 일하는 시간 및 장소와 쉬는 시간 및 장소를 철저히 구분지었다. 그러나 디지털세계의 등장은 시공의 패러다임을 완전히 바꾸어 놓았다. 물질과 공간과 시간이 나누어지지 않는 새로운 시공질서를 탄생시켰다. 사이버공간에서 비트를 압축하고 확장하는 기술은 시간조절의 무한가능성을 열어주어 시간을 관리할 수 있는 대상, 즉 시간의 상대성을 낳았다. 이와 같이 달라진 시간 개념은 '시간의 품질'이라는 새로운 개념의 경쟁력을 낳았고, 단순히 시간을 절약하는 시테크의 차원을 넘어 시간 그 자체를 상품화시켜 무한한 시장으로 내놓고 있다. 24시간 열려 있는 네트워크를 어느 시점에 클릭(click)하느냐로 승부가 나는 세상이 되었다. 컴퓨터와 통신으로 이루어진 네트워킹 속에서 인간에게 하루 24시간이 열려 있고, 일하는 장소는 지구의 전지역으로 확대되어 언제, 어디서든지 일하는 상태로 복귀가 가능하게 되었다. 낮과 밤의 경계, 가정과 직장의 구분이 파괴되었다.

(2) 뉴턴역학에서 양자역학으로

산업사회는 뉴턴역학(Newtonian Mechanics)이 지배하는 결정론과 인과론의 세계였다. 만물은 선형적(linear)으로 움직여 위치와 운동속도를 알면 미래를 예측할 수 있었고, 일관된 흐름이 있어 압력과 출력이 비례했으며, 초기의 조건에 의해 결과가 정해졌다. 그러나 물질로부터 탈출하는 디지털세계에서는 전자가 입자인 동시에 파동이라는 이중성으로부터 출발하는 양자역학(Quantum Mechanics)이 지배한다. 양자역학은 전자의 움직임을 제어해 통제 가능한 자원, 즉 정보로 바꾸면서 일상생활로 현실화되고 있다. 그 결과 시간과 공간을 뛰어넘어 빛의 속도를 인간이 현실에서 쓸 수 있게 되었다. 뉴턴역학으로 설명되지 않는 세상이 열렸고, 그 자리에 상대성 원리와 입자이면서 파동이라는 전자의 이중성과 불확정성의 양자역학이 자리잡고 있다. 양자역학이

지배하는 새로운 세계는 혼돈(chaos)의 세계이며 예측불능의 복잡계(complexity)로서 모든 사물이 비선형적(nonlinear)으로 불규칙하게 움직이기 때문에 위치와 속도를 동시에 정확히 알 수 없는 불확정성의 원리가 적용된다. 시간과 공간의 개념도 상대적인 것으로 변하고, 변화는 단속적이어서 계단 모양을 연상시키며 예측을 불가능하게 만든다. 무질서와 불확실성을 극복하고 창조적 변화와 창조적 균형을 모색하는 사회가 초강국이 된다.

(3) 생존논리 : 대립과 투쟁에서 융합과 포용으로

산업사회를 지탱해온 경쟁이라는 생존논리는 디지털시대의 생태계에서는 무의미하다. 산업사회의 상품은 사용하는 만큼 줄어들고 나누는 만큼 각자의 몫이 감소하지만, 정보와 지식은 합치면 더 커지고 나눌수록 더 커지는 역설의 세계를 펼친다. 경쟁을 대체할 새로운 패러다임은 생태계 속에 있으며, 자신이 살아남기 위해서는 다른 생명체군도 살려야 하는 생태계의 상생(相生)의 원리가 그것이다. 경쟁의 시대는 막을 내리고 상생의 시대가 열리면서 대립과 투쟁에서 융합과 포용으로의 전환이 필수적이다. 사회의 분화와 기술의 융합화를 통해 시너지효과(synergy effect)가 일반화되는 상생시대의 행동강력은 '윈윈(win-win)'의 우호적 관계이다. 분권화와 융합화는 기술의 무한개발 시대를 예고하며 피할 수 없는 선택으로 다가오고, 이해당사자 집단과의 유기적 연관성은 필수적이다.

⑤ 디지털경제와 공유경제

정보네트워크의 발달은 경제활동의 원리가 근본적으로 달라지고 경제질서가 혁명적으로 변화하는 기반을 만들었다. 디지털기술과 정보네트워크를 바탕으로 구체화되기 시작한 디지털경제라는 새로운 경제 패러다임을 이해하는 일은 초연결사회를 살아가야 하는 소비자에게 필수적이다. 이 장에서는 디지털경제의 개념과 주요원리에 대한 이해를 바탕으로 소비자가 디지털경제를 어떻게 맞이해야 하는지 생각해보기로 한다. 나아가 초연결사회의 새로운 경제 패러다임으로 등장한 공유경제에 대해서도 함께 살펴본다.

1) 디지털경제의 개념

디지털기술이 정보와 미디어의 전 영역으로 확산되고 전 세계가 네트워크로 연결됨에 따라 디지털과 네트워크에 기반한 새로운 경제, 즉 디지털경제가 등장하였다. 디지털경제는 '재화와 서비스의 생산, 분배, 소비 등 주요 경제활동이 디지털화되고 네트워크화된 정보와 지식이라는 생산요소에 주로 의존하는 경제'[5], '디지털기술이 경제의 모든 영역에서 중요한 기반으로 자리잡게 된 경제시스템'[6], '디지털기술의 활용을 통해 생산, 소비, 유통 등 제반 경제활동의 방식이 근본적으로 바뀌게 된 경제시스템'[7] 등 새로운 경제시스템을 일컫는 의미로부터 '디지털기술과 인터넷의 확산에 의해 촉발되어 구체화되기 시작한 새로운 경제 패러다임, 더 나아가 사회질서를 총칭'[8]하는 보다 포괄적인 개념에 이르기까지 다양하게 사용되고 있다. 정보통신기술의 발전에 따라 디지털경제는 현재 계속 변화하는 과정에 있다. 따라서 디지털경제의 실체를 정확하게 그려내는 것이 어려울 뿐만 아니라 용어에 대한 합의된 개념 정의가 존재하기 어렵다. 그러나 공통적으로 디지털경제는 디지털혁명이 가져온 새로운 경제질서를 지칭한다. 디지털경제는 단순히 경제부문에만 국한되지 않고 정치, 사회, 문화 등 삶의 모든 부문에 걸쳐 광범위한 파급효과를 가진다. 이 책에서는 디지털경제를 포괄적으로 바라보는 관점을 채택하여 '경제기반이 디지털화되고 네트워크화됨으로써 지식과 정보의 창출, 확산, 활용이 개인과 기업, 국가의 부를 창출하는 핵심 요소로 등장하고, 경제활동 및 생활방식의 근본적 변화가 초래되는 새로운 경제 패러다임'을 의미하는 것으로 잠정 정의하고자 한다.

디지털경제가 등장한 배경에는 디지털기술의 발전과 이를 활용한 기술혁신이 있다. 컴퓨터와 반도체의 발전으로 디지털정보를 처리할 수 있는 개인용 컴퓨터가 개발되어 개인이 디지털시대의 정보네트워크를 구성하는 기본단위가 되면서 디지털경제가 성

---

[5] 2000년 4월 27일 LG경제연구원 창립 14주년 기념세미나에서 오문석 연구위원이 발표한 "디지털경제의 도래와 우리 경제에의 시사점"의 p.1을 참고함.

[6] 강용중(2000). 하반기 경제운영에 바란다 : 지식기반경제 부문. 나라경제, 통권 117호, 8월호, 현대경제연구원〈http://epic.kdi.re.kr/home/nara/200008/index.htm〉

[7] 곽용선(2000). 디지털경제의 실체, 지식경제리포트, 제2000-02호, 2000. 2. 3., 7-13. 현대경제연구원 〈http://ns.hri.co.kr/m3/ker/200002/pub13.htm〉

[8] 산업연구원의 21세기 준비 연구보고서 시리즈 2000-14 : 박기홍, 조윤애, 주대영, 김기홍, 한병섭(2000)의 '디지털경제와 인터넷 혁명'의 p. 13을 참고함.

립될 수 있는 바탕이 마련되었다. 이와 함께 통신기술의 발전과 정보통신망의 확산으로 디지털정보를 대량으로 빠르게 전달할 수 있게 되어 디지털경제의 발전을 촉진시켰다. 또한 인터넷을 기반으로 전자상거래가 활성화되면서 기존의 상거래가 갖는 시간적, 공간적, 금전적 제약을 상당 부분 극복하고 새로운 경제활동의 장이 펼쳐지게 되었다. 마지막으로 다양한 형태의 디지털기기들이 스마트폰과 같은 하나의 멀티미디어 기기로 통합되고 일상적으로 이용하는 개인용 정보단말기로서의 역할이 확대되면서 디지털경제의 영향이 개인의 일상생활에까지 깊이 파고들게 되었다.

2) 디지털경제의 경제원리

(1) 네트워크 외부성

디지털경제를 구성하는 요소인 네트워크의 특성에서 언급한 바와 같이 네트워크의 사용자가 늘어날수록 기존 사용자의 효용이 늘어나는 네트워크 외부성은 디지털경제를 이해하는 데에 가장 중요한 경제원리이다.

네트워크 외부성은 실제 네트워크상에서 이용자가 많아질수록 개별 이용자가 얻는 효용이 커지는 직접적인 네트워크 외부성뿐만 아니라 컴퓨터 하드웨어와 소프트웨어, 혹은 디지털 카메라나 비디오테이프 등의 보완재들 사이에서도 간접적인 네트워크 외부성이 나타난다. 따라서 디지털경제에서는 인터넷, 정보통신망, 하드웨어, 소프트웨어, 컨텐츠, 그리고 관련 정보기기들 모두 네트워크 외부효과를 갖는다.

네트워크 외부성이 존재하는 디지털경제에서는 기술적인 우위뿐만 아니라 네트워크를 최대한 확대하는 것이 시장에서의 성공과 직결된다. 따라서 디지털경제에서는 호환성과 표준화가 네트워크의 범위 확대를 위해 매우 중요한 의미를 갖게 된다. 즉, 호환성은 규모의 경제, 학습효과, 기술파급효과 등을 극대화시키고, 시장에서 결정되는 사실상의 표준(de facto standard)을 선점하는 것은 네트워크 외부효과를 높여 시장경쟁에서 우위를 차지하게 만든다. 인터넷 관련 사업자들이 무료로 가입자를 모집하거나 소프트웨어 사업자들이 기존 사용자들에게 최신판을 할인해주며 회원제로 운영하는 것 등은 네트워크의 외부효과를 높이기 위한 전략으로 이해할 수 있다.

그러나 소비자의 관점에서 보면 네트워크 외부성의 이면에는 하나의 네트워크(혹은 기술)로부터 다른 네트워크로 옮겨가는 비용(switching cost)이 발생하여 하나의 네트워크에 속박되는(lock-in) 효과가 작용할 수 있고 이것은 결과적으로 소비자에게 불리한 거래를 발생시킬 수 있는 위험이 있다.

(2) 상방경직적 비용구조

디지털경제에서의 주요 제품들은 기술집약적인 반면 물적자원에 대한 의존도가 낮기 때문에 최초의 연구개발 비용이 매우 높은 반면 단위 생산에 필요한 한계비용은 매우 낮은 특성을 갖는다. 또한 디지털 제품들의 연구개발에 소요되는 초기의 고정비용은 생산 이전 단계에서 이미 발생하고 실패할 경우 회수가 불가능한 매몰비용의 성격을 갖는다.

따라서 디지털제품의 경우 가격이 기존의 가격기제에서처럼 한계비용에서 결정된다면 제품을 개발한 기업은 수익을 창출할 수 없기 때문에 지적재산권 보호나 제품 차별화에 기초한 독점적 우위를 차지하기 위한 경영전략이 채택될 확률이 높다. 이와 같이 초기의 엄청난 개발비용과 추가 생산에 드는 매우 낮은 한계비용의 상방경직적 비용구조를 갖는 디지털제품 시장은 결과적으로 독점적 경쟁시장의 형태를 띨 가능성이 크다. 독점적 경쟁시장은 소비자에게 불리한 시장환경을 조성하기 때문에 지적재산권의 지나친 보호는 소비자의 입장에서 반드시 바람직한 것은 아니다.

(3) 수확체증의 법칙

앞에서 언급한 상방경직적 비용구조는 디지털경제에서 수확체증의 법칙이 작용하는 결과를 낳는다. 즉, 디지털경제에서의 생산비용은 초기 개발비용 이후 추가적인 생산에 거의 영에 가까운 한계비용으로 인해 추가 요소투입에 따른 수확이 증가하게 된다.

수확체증의 법칙이 앞에서 지적한 네트워크 외부성과 함께 작용하게 되면 디지털 제품 시장에서의 선발자는 독점적 이익을 극대화하게 된다. 디지털 제품이 시장에 먼저 출시된다면 거의 영에 가까운 한계비용으로 네트워크의 외부효과를 극대화시키며 더욱 시장을 선점하는 현상, 즉 선발자의 이익(first mover's advantage)이 세계적인 거대기업에 의한 독과점 현상을 야기하게 된다.

디지털경제의 이러한 특성은 연구개발을 통한 새로운 제품의 생산에 대해 일시적으로는 정당한 대가로 인정될 수 있는 부분도 있지만, 독점적 이익이 소비자가격에 전가되거나 기술적으로 열등한 선점기업이 선발자의 이익을 챙기는 결과를 초래하여 시장의 효율성이 낮아질 가능성이 있다.

(4) 마찰 없는 경제

디지털경제의 핵심 요소인 정보와 지식이 디지털기술과 네트워크를 통해 신속하게 공유될 수 있게 됨으로써 정보의 비대칭성에서 기인했던 제반 비효율성이 제거되어 마찰 없는 경제, 즉 완전경쟁시장에 가까워질 가능성을 가진다. 완전경쟁시장의 이론적 조건인 시장 진입장벽이 낮아져 다수의 공급자가 존재하고 소비자가 많은 정보를 소유하게 되면서 효율적인 시장이 형성될 가능성이 있다. 또한 공급자의 입장에서는 가격을 변경하는 데에 드는 비용(menu cost)이나 고객정보 획득에 드는 비용 등 거래에 수반되는 비용(transaction cost)이 거의 영에 가까워 가격이 기존 시장보다 낮게 형성될 뿐만 아니라 하나로 수렴되는 일물일가의 법칙(law of one price)이 성립될 가능성도 있다.

여기에서 소비자의 관점에서 놓쳐서는 안 될 한 가지 쟁점은 정보의 신속한 공유로 인해 정보의 비대칭성에 기인한 시장의 제반 비효율성이 제거되는 이면에는, 개별 소비자에 대한 자세한 정보가 공급자에게 거의 비용 없이 제공될 수 있어 개별 소비자의 취향과 소비패턴을 겨냥한 개별마케팅(individual marketing)이 가능하다는 점이다. 이와 같이 개별 소비자에 대한 자세한 정보는 공급자로 하여금 물리적으로 동일한 제품에 대해 매우 다양한 변형(versioning), 즉 색상과 디자인, A/S, 판매방법, 판매시기, 지불조건 등에서 차별화함으로써 각각의 소비자가 기꺼이 지불하려는 가격(reservation price)을 받을 수 있도록 하여 결과적으로 소비자잉여를 흡수할 가능성이 있는 것이다. 개별 소비자에 대한 데이터베이스를 기반으로 제품 차별화의 맞춤 생산이 용이해진 디지털경제는 경제이론에서 추론하는 것과는 상반된 불완전경쟁시장으로 접근할 가능성이 있다.

산업사회에서는 경제시스템 내에 존재하는 결핍을 해결하기 위해 자원과 기술, 인간의 노력이 요구되었고, 시장 내에서의 교환가치가 중요한 의미를 가졌다. 그러나 디지털경제에서는 더 많은 선택권과 정보를 바탕으로 과거에 비해 더욱 풍요로워진 자원과 높은 수준의 기술을 활용할 수 있게 되었다. 인터넷상에서 다수의 공급자와 다수의 소비자가 만나 가상의 시장공간이 무한대로 펼쳐지고 이것은 그동안 제한되어 있었던 전통적 상거래의 범위를 대폭 넓힘으로써 연결망의 크기만큼 더 나은 선택의 기회를 소비자에게 제공하였다. 이 과정에서 비용은 낮아지고 더 적은 투입과 더 많은 산출물을 얻게 되는 효율적 시장이 형성된다.

3) 디지털경제의 시장구조적 특성

디지털경제에서의 시장은 완전경쟁적 조건과 불완전경쟁적 조건이 공존하는 복잡한 양태를 띨 것으로 예측되는데 디지털경제의 이러한 시장 특성을 살펴보도록 한다.

(1) 완전경쟁적 특성

① 시장 진입과 퇴출의 자유

디지털경제에서는 네트워크에서 판매자와 소비자가 직접 연결되어 거래가 이루어질 수 있기 때문에 시장에의 진입과 퇴출이 거의 비용 없이 자유롭게 이루어질 수 있다. 이것은 디지털 재화의 생산에는 물적 재화의 생산에 비해 자본이나 입지 등의 진입장벽이 훨씬 적기 때문이다. 즉, 홈페이지와 아이디어만으로도 사업을 시작할 수 있고, 제조업의 경우에도 인터넷을 생산, 조달, 판매 등에 이용함으로써 창업에 드는 비용을 현저하게 낮출 수 있다. 기존의 실물시장에서는 자본과 기술로 인한 진입장벽이 존재하지만, 인터넷을 기반으로 한 전자상거래에서는 아이디어와 창의력에 근거하여 보다 저렴한 자본으로 진입이 가능하기 때문에 시장에의 참여와 퇴출이 상대적으로 자유롭다.

② 완전 정보

인터넷에 접속하면 필요한 정보를 누구나 손쉽게 얻을 수 있기 때문에 소비자는 생산자와 거의 대등한 수준의 정보를 보유할 수 있는 가능성이 열렸다. 소비자가 거의 비용 없이 무수히 많은 정보를 얻을 수 있게 됨으로써 최적의 구매를 할 수 있게 되었고 이로 인해 시장의 효율성이 획기적으로 향상될 수 있게 된 것이다.

이와 같이 디지털 시장은 진입장벽의 해소와 정보의 공유라는 완전경쟁시장의 조건을 갖춤으로써 불완전경쟁시장에서 기업이 누릴 수 있었던 이윤을 소비자의 몫으로 돌리고 시장의 주도권을 소비자중심으로 전환시키는 장점을 가지고 있다. 그러나 이에 못지않게 디지털경제는 초기의 승자가 시장을 선점할 수 있는 불완전경쟁적 특성도 가지고 있음을 놓치지 말아야 한다.

(2) 불완전경쟁적 특성

① 생산물의 차별화

디지털 시장에서의 완전 정보의 조건은 소비자뿐만 아니라 기업에게도 매우 유리한 조건을 형성한다. 즉, 기업도 인터넷을 통해 개별 소비자에 대한 자세한 정보를 거의 비용 없이 획득할 수 있게 됨으로써 개별 소비자의 취향과 소비패턴을 겨냥한 개별 마케팅(individual marketing) 혹은 일대일 마케팅(one-to-one marketing)을 수행할 수 있게 되었다. 개별 소비자에 대한 자세한 정보는 공급자로 하여금 물리적으로 동일한 제품에 대해 매우 다양한 변형(versioning), 즉 색상과 디자인, A/S, 판매방법, 판매시기, 지불조건 등에서 제품을 세분화, 다양화, 정교화시켜 제품 차별화를 손쉽게 만든다. 이러한 제품 차별화는 공급자로 하여금 각각의 소비자가 기꺼이 지불하려는 가격(reservation price)을 받을 수 있도록 하여 결과적으로 소비자잉여를 흡수할 가능성을 높인다. 개별 소비자에 대한 데이터베이스(database)를 기반으로 차별화된 맞춤 생산이 용이해진 디지털경제의 시장은 생산물의 차별화라는 불완전경쟁시장의 조건을 가지고 있다.

② 생산자의 단일화

디지털 제품은 생산량을 늘리면 늘릴수록 한계생산비용이 감소하기 때문에 수확체증의 기술을 보유하는 기업은 그 기술을 사용하여 생산한 제품에 대한 시장수요가 존재하는한 끊임없이 생산을 지속하게 되고 결과적으로 시장 전체를 장악할 수 있게 된다. 이와 같이 수확체증의 기술을 보유하는 기업은 더 많이 생산할수록 더 저렴한 가격으로 공급이 가능하지만, 신규로 시장에 진입하는 기업은 초기의 막대한 제품개발

비용으로 인해 상대적으로 높은 가격으로 시장에 진입해야 하기 때문에 선발자의 경쟁 상대가 될 수 없다. 기업은 수확체증의 기술을 보유하기까지가 힘들지 일단 보유하게 되면 막강한 시장지배력을 행사할 수 있게 되고 시장을 독점할 수 있게 된다.

또한 외부와의 상호연결(interconnection)의 특성을 갖는 디지털 제품은 이용자의 수가 늘어날수록 효용이 증가하는 네트워크의 외부성으로 인해 시장의 표준을 장악하는 기업이 독점적 지위를 확보하게 된다. 이와 같이 디지털경제의 시장은 수확체증의 법칙과 네트워크의 외부성으로 인해 선발자의 이익(first mover's advantage)을 가

소프트웨어 프로슈머

"한컴 마스터 분들은 품질 향상은 물론 한컴 제품을 널리 알리는 역할까지 합니다."

소비자를 제품개발에 참여시키는 경우가 늘어나고 있다. 사용자의 요구사항과 편의를 반영하기 위해서는 기업의 시각이 아니라 소비자의 시각에서 제품이 개발되어야 한다는 인식이 높아졌기 때문이다. 제품개발이나 생산, 유통 등에 참여하는 소비자를 일컬어 프로슈머(prosumer)라 부른다. 프로슈머는 기업의 입장에서 제품개발의 비용을 절감하고 효율적인 생산이 이루어질 수 있도록 돕는 역할을 할 뿐만 아니라 기업의 이미지를 긍정적으로 만드는 데에도 일조한다.

한글과컴퓨터와 같은 소프트웨어 기업 역시 이러한 인식을 바탕으로 제품개발 및 마케팅에 소비자의 의견을 반영하기 위해 제품모니터링을 진행하는 한컴마스터를 모집하여 운영하고 있다. 한컴마스터는 제품의 오류를 찾아내는 모니터링활동에서부터 새로운 기능을 개발하는 데 아이디어를 제공하기도 한다. 이스트소프트 역시 대학생 소프트웨어 프로슈머를 모집하여 제품의 테스트를 진행하거나 창업코칭을 받을 수 있는 혜택을 제공하고 있다.

미래창조과학부에서는 'SW 프로슈머 평가사업'을 진행 중에 있다. 이 사업은 중소, 창업기업의 소프트웨어를 전문가와 프로슈머가 미리 사용하고 제품의 품질이나 시장성에 대한 평가와 피드백을 제공하기 위한 것으로 새롭게 출시되는 소프트웨어의 완성도를 높이는 데 일조할 것으로 기대되고 있다.

소프트웨어는 사용자의 다양한 경험이 중요할 뿐만 아니라 수시로 제품의 사양을 높이는 업데이트가 진행될 수 있다는 점에서 소비자의 의견을 적극적으로 반영하여 완성도를 높일 수 있는 기회가 많은 편이다. 프로슈머의 참여를 늘리기 위해 여러 가지 혜택을 제공하거나 프로슈머 소비자 모임을 운영하는 것은 기업의 입장에서 비용이 발생하는 일로 여겨질 수 있다. 그러나 프로슈머의 참여를 적극적으로 이끌어내고 있는 기업의 담당자들은 지금 당장의 비용보다 더 큰 효과가 있다고 입을 모은다. 소비자가 요구와 경험에 잘 부합하는 제품을 생산함으로써 생산에 소요되는 비용을 효율적으로 절감할 수 있을 뿐만 아니라, 소비자의 의견을 귀담아 듣는 기업으로서의 이미지를 높일 수 있다. 나아가 프로슈머로서 활동한 소비자들이 기업의 제품을 알리는 홍보도우미로서의 역할까지 해내기도 한다. 프로슈머를 통해 기업은 비용절감과 이미지제고, 홍보효과를 누릴 수 있고 소비자는 보다 완성도 높은 제품을 사용할 수 있게 된다는 점에서 앞으로 소비자와 기업이 원-원(win-win) 관계로 나아가는 데 프로슈머가 가교 역할을 할 것이다.

능하게 함으로써 불완전경쟁시장의 조건을 갖추고 있다.

그러나 이러한 불완전경쟁적 특성은 소비자 타성(consumer groove-in)에도 기인한다. 즉, 소비자는 지식집약형 제품에 익숙해지기 위해 훈련이 필요하기 때문에 일단 어떤 제품에 익숙해지고 나면 비슷한 서비스를 제공하는 다른 제품을 사용하기 위해 또 다시 시간을 할애하려 하지 않는 경향이 있다. 그러므로 시장을 선점해서 소비자들과 먼저 만난 제품의 시장지배력은 더욱 커질 수밖에 없고, 결과적으로 자연독점이 발생할 수 있는 측면도 있다.

이상에서 살펴본 바와 같이 디지털경제의 시장구조는 완전경쟁시장과 불완전경쟁시장의 조건이 혼재한다. 디지털경제의 특성상 완전경쟁시장의 효율성과 불완전경쟁시장의 비효율성이 함께 작용하는 복잡한 양상이 지속될 것으로 보인다. 따라서 디지털경제의 긍정적인 면은 극대화하고 부정적인 효과는 최소화하면서 소비자주권을 실현할 수 있는 환경으로 발전시켜 나가야 한다.

4) 초연결사회의 공유경제[9]

초연결사회는 사람뿐만 아니라 사물과 데이터, 프로세스를 포괄하는 우리 주변의 모든 것들이 네트워크화되어 가는 현상이 실현된 사회의 모습을 일컫는다. 세계적인 경제학자 Jeremy Rifkin은 그의 저서 *The Zero Marginal Cost Society*에서 모든 사람과 모든 사물을 연결시키는 사물인터넷의 발전으로 자본주의는 위축되고 공유경제 (sharing economy)가 가능해져 협력적 공유사회(Collaborative Commons)로 전환되어 갈 것임을 주장하였다. 초연결사회로 이행됨에 따라 새로운 경제 패러다임으로 주목을 받고 있는 공유경제에 대해 살펴보도록 한다.

(1) 공유경제의 개념

Rachel Botsman과 Roo Rogers는 그들의 저서 *What's Mine is Yours*에서 공유경제의 개념을 제시하고 그 핵심적 원리로 협력적 소비(collaborative consumption)를 설명한다. 공유경제는 재화에 대한 배타적인 소유권을 주장하는 것이 아니라 재화에 대한

---

[9] "차두원, 진영현(2015). 초연결시대, 공유경제와 사물인터넷의 미래. 한스미디어."를 중심으로 설명함.

접근권 혹은 사용권의 개념에서 이를 타인과 공유하거나 교환하면서 가치가 창출되는 구조를 가지고 있다. 이것은 시장에서 추구되는 가치가 교환가치에서 공유가치로 변화되었음을 의미한다.

공유경제 시스템이 주목을 받게 된 배경을 살펴보면 경제적 상황, 기술환경의 변화, 소비자의 인식변화 등이 복합적으로 작용하였음을 확인할 수 있다. 먼저 세계적인 경제위기로 인해 구매력이 저하된 소비자들이 대안적 소비를 탐색하게 되면서 공유가치에 대한 관심이 높아졌다. 이와 함께 기술의 발전속도가 점점 빨라짐에 따라 첨단제품의 수명이 짧아지고 있다. 소유한 제품이 금세 구형으로 전락하게 되는 상황에서 더 많은 재화를 소유하고 축적하는 것은 더 이상 의미를 가지지 못하게 되었다. 이로 인해 소비자는 소유에 대한 집착을 버리게 되고 필요한 재화와 서비스에 그저 접속하여 이용하고자 하는 태도를 가지게 된다. 여기에 사람과 사람, 사람과 사물 간의 연결성이 증대된 초연결사회가 도래하면서 이와 같이 소유에서 벗어나고자 하는 소비자에게 공유경제 시스템의 도구적 장치와 환경이 마련되었다. 이는 공유경제의 확산에 결정적 역할을 하였다.

공유경제의 대표적인 예로는 2010년 6월 샌프란시스코에서 서비스를 시작한 우버(Uber)를 살펴볼 수 있다. 우버는 스마트폰 앱을 통해 차량 공유서비스 플랫폼을 제공하는 콜택시 서비스와 유사하다. 또 다른 대표적인 공유경제의 예는 에어비앤비(AirBnB)다. 에어비엔비는 개인의 주거공간을 임대해주는 서비스로, 여행객들에게는 온라인으로 호텔보다 저렴하면서도 현지 생활문화를 접할 수 있는 서비스를 제공하고 집주인은 유휴 공간을 임대해줌으로써 수익을 얻게 되는 공유경제 비즈니스모델이다. 이러한 상업적 공유경제는 현재 주로 소비재를 중심으로 하여 인터넷 네트워크를 통해 재화나 서비스를 필요로 하는 소비자와 이를 제공할 능력이 있는 소비자 혹은 생산자를 연결해주는 P2P(Person to Person) 유형에 가깝다. 앞으로는 사물인터넷의 발전을 통해 공유경제 비즈니스모델뿐만 아니라 공공영역을 포함한 모든 생활의 영역에서 협력적 공유경제 시스템이 가능해질 것으로 전망된다. 사람과 사람을 연결해주는 것에서 더 나아가 사물과 사람이 연결될 수 있게 됨으로써 공유경제의 폭과 깊이는 더욱 확대될 것으로 예상된다. 앞으로의 공유경제 시스템은 우버나 에어비앤비와 같이 각 개인을 공유경제 비즈니스모델로 연결하는 것에서 더 나아가 우리 주변을 둘러싼 사물을 포함한 모든 환경, 사회 공동체, 공공영역 등을 포괄하는 방향으로 발전해나갈 것으로 예측되고 있다.

(2) 사물인터넷과 공유경제

현대 경제체제의 새로운 변화를 예견한 Rifkin은 사물인터넷을 사람, 기계, 천연자원, 생산라인, 물류네트워크, 소비습관, 재순환흐름, 그리고 모든 사회적, 경제적 삶의 각 영역들을 센서와 소프트웨어로 연결시킬 수 있는 것으로 간주하였다. Rifkin은 사물인터넷이 경제 패러다임을 전환시키는 제3차 산업혁명으로서 2050년에는 자본주의를 대신할 경제시스템이 될 것이라고 전망하였다. 사물인터넷은 수많은 사람들을 서로 협력할 수 있는 사회적 네트워크로 연결하고 새로운 경제기회를 창출할 수 있는 가능성을 가지기 때문에 협력적 공유사회로 전환될 수 있는 기술적 인프라를 구축한다. 이러한 기술적 인프라가 대부분의 한계비용을 0으로 만들 수 있다는 Rifkin의 주장은 인프라를 구축하게 되기까지의 자본과 지속적인 보수와 관리에 필요한 비용 등을 무시하는 오류가 있다는 비판도 존재한다. 이러한 비판에도 공유경제 시스템이 기존의 경제시스템에 비해 한계비용을 매우 낮출 수 있는 효율성을 가지며 현대의 경제 시스템을 이루는 생산과 소비의 방식을 변화시킬 가능성이 있다는 점은 분명해 보인다.

(3) 공유경제와 소비자의 변화

공유경제 시스템으로 변화되어 가는 과정에서 필연적으로 소비자의 역할과 소비생활의 변화를 수반하게 된다. 소비자는 타인에게 자신이 소유하고 있는 재화에 대한 권리를 공유함으로써 새로운 가치를 창출해낼 수 있다. 재화의 소유자는 잉여자원을 활용해 수익을 창출하고, 공유를 통해 재화를 사용하는 사용자는 소유가 아닌 사용의 개념에서 적은 비용으로도 동일한 가치를 누릴 수 있게 된다는 점에서 상호호혜적 관계가 성립된다. 또한 사회적 측면에서도 유휴자원의 생산성, 혹은 가치가 최대로 활용됨으로써 자원의 순환을 돕는 이점이 있다. 이 과정에서 전통적으로 재화를 구입하여 사용해오던 소비자는 다른 사람의 재화 이용을 위한 공급자 역할을 담당하게 된다.

　여기에서 한 발 더 나아가 사물인터넷 플랫폼은 모든 사람들을 프로슈머로 변모시킬 수 있는 가능성을 가지고 있다. 촘촘하게 연결된 사물인터넷 네트워크를 통해 사람과 사람, 그리고 사람과 사물이 모두 긴밀하게 연결되고, 사람들의 모든 활동들이 곧 협력적인 활동이 되어 모든 소비자가 생산적 활동을 담당하게 되는 것이다. 이는 기업이 담당해오던 생산과 유통의 역할을 대체할 수 있는 잠재력을 지니는 것과도 같다. 협력적 공유사회를 주장한 Rifkin에 따르면 궁극적으로 대부분의 사람들이 재화나 서비스를 거의 무료로 이용할 수 있게 될 것이라고 주장하였다. Rifkin의 주장과 같이 극단적인 모습의 협력적 공유사회가 도래하지 않더라도 생산성을 가진 소비자가 늘어나고 보다 효율적인 소비생활의 영위가 가능해짐에 따라 공유경제를 통한 소비생활의 질적 향상을 기대해볼 수 있을 것이다.

제 2 장

초연결사회의
소비자정보환경

디지털기술과 정보통신기술의 발전으로 구축된 전 세계의 인터넷 네트워크는 1990년대 중반 이후의 삶을 변화시킨 첫 번째 디지털혁명의 대표적인 모습으로 일컬어진다. 이후 모바일 네트워크의 확대로 고정네트워크를 이용한 인터넷에서 벗어나 스마트폰과 같은 모바일디바이스를 이용한 네트워크의 이용이 활발해지면서 시간과 공간에 따라 연결이 제한되지 않아 항상 연결된 상태를 유지할 수 있게 하였다. 모바일 인터넷의 발전은 진정한 의미에서의 유비쿼터스 환경을 구축해 나가는 기반이 되었다. 이로써 사람과 네트워크의 연결성이 매우 긴밀한 첫 번째 디지털혁명의 완숙한 모습이 그려지고 있다. 나아가 오늘날에는 사람과 사물, 사물과 사물 간의 연결을 가능하게 하는 수준으로 인터넷의 연결성이 극도로 확대된 사물인터넷(Internet of Things, IoT), 그리고 여기서 진일보한 개념으로 제시되는 만물인터넷(Internet of Everything, IoE)의 시대가 펼쳐지고 있다. 본 장에서는 현대사회의 가장 큰 변화를 이끌어 온 디지털혁명을 개괄적으로 살펴본다. 먼저 디지털기술과 정보통신기술의 발전을 중심으로 한 인터넷시대에서부터 모든 것이 네트워크 안으로 편입된 만물인터넷시대에 이르기까지의 소비자정보환경의 변화를 짚어보고 오늘날 소비자정보환경의 주요 이슈를 살펴본다.

① 디지털기술의 발전과 인터넷

1) 인터넷의 기원[1]

냉전체제가 한창이던 1960년대 초, 미군은 적의 핵미사일 공격에 대비하여 전 세계에 산재해 있는 컴퓨터들과 미사일 기지들 간의 상호소통이 가능할 수 있는 컴퓨터 통신망에 관심을 갖고 컴퓨터 네트워크의 확립 기반을 마련하였다. Rand Corporation의 Paul Baran은 데이터를 '패킷(packet)'이라는 더 작은 조각으로 나눈 후 이 패킷들을 전화선을 통해 송출하는 방식인 패킷교환 기술을 활용한 분산 소통망(Distributed Communication Network)을 제안하였다. 1966년 미 국방부기술연구소(Advanced Research Project Agency, ARPA)는 자료를 패킷으로 분할하고, 이를 다시 결합시키는 기술을 개발하여 아르파넷(ARPANET)이라는 최초의 네트워크를 탄생시켰다.

1970년대 초 ARPANET에 연결된 컴퓨터가 매년 두 배로 증가하였고, 1972년에는 전자우편(e-mail)이 처음으로 시작되는 등 네트워크의 잠재력이 인정되기 시작하였다. 그러나 ARPANET에의 접근이 제한적이었기 때문에 1980년대 초에 이르러 여러 기관들은 독자적인 컴퓨터 네트워크를 구축하였다. 예를 들면, AT&T의 UUCP(Unix to Unix CoPy), 노스캐롤라이나대학교의 USENET, 대학의 연구자들이 주로 사용하던 CSNET(Computer Science NETwork), IBM의 BITNET 등이 구축되었다.

네트워크가 증가하면서 서로 다른 통신규약에 의한 상호간 통신장애를 극복하기 위해 1983년 ARPANET은 TCP/IP(Transmission Control Protocol/Internet Protocol)라는 통신규약을 사용하기 시작하였고, 그 표준화를 지원하였다. 인터넷은 이러한 통신규약을 지칭하는 용어였으나 이제는 네트워크들의 집합체를 의미하는 용어로 통용되고 있다. 1989년 BITNET과 CSNET이 CREN(Corporation for Research and Education Networking)으로 인터넷에 연결되면서 인터넷은 명실공히 '네트워크들의 네트워크(network of networks)'로 성장하였다.

---

[1] 박준식(1999). 정보기술의 발전. 정보사회의 이해(정보사회학회 편), pp.116-120.의 내용과 Dertouzos가 1997년에 출간한 *What Will Be : How The New World of Information Will Change Our Lives*를 옮긴 이재규 역(1997). 21세기 오디세이(한국경제신문사)의 pp.64-75의 내용, 그리고 Don Tapscott가 1997년에 출간한 *Digital Economy : Promise and Peril in the Age of Networked Intelligence*를 김종량 역(1997). 디지털경제 : 네트워크 시대의 가능성과 한계(창현출판사)의 pp.52-55의 내용에서 발췌·정리함.

가정에서의 컴퓨터 보유와 모뎀을 통한 인터넷 연결이 확산되면서 ARPANET은 21년간의 서비스를 마치고 1990년 1월 1일 해체되었다. 1990년대 초에 정보제공자들은 인터넷의 문서들을 체계적으로 분류하고 정리하며, 여기에 주소를 부여하는 시스템을 구축하게 되었고, 1992년 제네바에서는 하이퍼텍스트(hypertext) 개념에 기초한 '월드와이드웹(World Wide Web, WWW)'이 소개되었다. WWW는 국제적으로 분산되어 작업하는 물리학자들 간에 에너지 물리학에 관한 정보를 공유하는 수단으로 유럽 분자물리학 실험실에서 개발되었다. 정보를 공유하기 위해 WWW 개발팀이 개발한 방법은 하드웨어나 소프트웨어의 표준에 맞추는 것이 아니라 데이터를 표현하는 표준을 개발하는 것으로서 이를 하이퍼텍스트 마크업 언어(Hyper Text Mark-up Language, HTML)라고 명명했다. HTML을 사용하여 단어나 문구에 적절한 태그를 부착하면 같은 기계상의 문서나 세계 도처에 있는 문서에서 다른 페이지와 연결이 가능했다. 이것은 웹의 국제적 주소 시스템에 또 다른 혁명을 불러일으킨 것으로써 음성, 영상을 선택적으로 포함한 어떠한 웹 문서라도 다른 번호의 재다이얼, 컴퓨터가 있는 주소 혹은 로그인 ID를 입력하지 않고 쉽게 접근하고 볼 수 있게 되었다.

1993년 일리노이대학교와 국립 슈퍼컴퓨팅 응용연구소(National Center for Supercomputing Applications, NCSA)에 근무하던 Marc Andreessen은 'Mosaic'이라는 윈도우용 프로그램을 개발하여, 문서, 그림, 영상, 소리 등을 하나의 문서에 담은 자료를 송수신할 수 있도록 하였다. Mosaic은 파일의 전송, 전자메일, USENET 토론 참여 등 상이한 프로그램으로 가능했던 각기 다른 작업을 통합시켰다. Mosaic과 WWW는 인터넷을 통해 누구나 전 세계에 연결된 네트워크에 쉽게 접근할 수 있게 하였고, Netscape Navigator나 Internet Explorer는 이것을 개선·발전시킨 것이다.

2) 인터넷과 디지털 소비자정보

인터넷 관련 표준들이 세계적이고 빠른 속도로 참여자들의 요구를 충족시키면서 발전하고 있는 가운데 인터넷은 정보의 저장과 처리뿐만 아니라 정보와 의견의 교환을 담당하는 종합적 커뮤니케이션 매체로서 소비자에게 대규모적이고 연속적으로 상호 연결된 온라인 정보세계를 제공한다. 정보력에서 생산자와 현격한 격차가 있었던 소비자는 시공을 초월한 소비자정보공간을 가질 수 있게 되면서 대등한 정보력을 보유

기가인터넷의 등장

기가인터넷의 등장으로 유무선인터넷의 속도경쟁이 치열해지고 있다. 기가인터넷은 기존의 인터넷에 비해 최대 10배 빠른 속도를 제공한다. 2014년 10월 기가인터넷 전국 서비스가 개시된 이후 가장 높은 점유율을 보이고 있는 KT의 경우 2015년 6월 기준으로 가입자 45만 명을 기록하였다. 한편 유선보다 빠른 무선시대를 열고 있는 기가급 LTE 서비스 역시 통신사 간 경쟁이 뜨겁다. 기가급 LTE 서비스는 이종망 병합기술방식으로 3밴드 LTE와 기가와이파이의 속도를 더한 가장 빠른 이동통신기술로 주목받고 있다. 2015년 6월 세계최초로 KT가 기가 LTE를 상용화하여 기존 LTE보다 15배 빠른 무선인터넷 환경을 구축하였다. 이종망 병합기술은 5세대(5G) 통신서비스의 핵심기술로 평가되어 향후 통신서비스의 새로운 시대가 열릴 것을 예고하고 있다. 다만 무선서비스의 경우 기가급 LTE 서비스를 이용할 수 있는 단말기가 한정되어 있어 아직까지 대중적으로 이용되기는 어려운 실정이다. 향후 사물인터넷이 보급화되면서 기가인터넷을 활용한 서비스의 확장 또한 기대되고 있어 통신사들이 시장을 선점하기 위해 치열한 경쟁을 펼치고 있다.

할 수 있는 가능성을 지닌 강력한 경제 주체로 급부상하게 되었다.

아날로그 소비자정보는 사물을 매개로 전달되기 때문에 사물이 가는 곳 이상을 가지 못했으나, 디지털 소비자정보는 인터넷을 통해 정보의 물리적 소유자로부터 자유롭게 어느 시간 어느 곳으로 혼자서 여행할 수 있게 되었다. 아날로그 소비자정보와 같이 정보가 물리적 배달수단에 속해 있을 때의 정보원리(principles for an information)는 정보의 풍부성(richness)과 정보전달범위(reach) 간의 상충작용(trade-off)이라는 기본규칙의 지배를 받았다. 여기에서 정보전달범위란 정보를 교환하는 사람들의 수를 의미하고, 정보의 풍부함이란 ① 일정시간 안에 송신자로부터 수신자로 전달될 수 있는 정보의 양 혹은 정보전파폭(bandwidth), ② 정보가 개인의 요구에 맞출 수 있는 정도(customization), ③ 의사소통의 상호작용성(interactivity)의 세 가지 측면을 포함한다.

따라서 아날로그 소비자정보를 풍부하게 전달하려면 근접성이 요구되고 정보를 전달할 수 있는 소비자의 수를 제한하는 비용과 물리적 한계가 있는 정보전달 매개체가 필수적이고, 반대로 아날로그 소비자정보를 수많은 소비자에게 전달하려면 정보의 양, 소비자 요구에의 맞춤 정도, 소비자와의 양방향적 의사소통의 상호작용성을 양보해야만 했다. 그러나 전 세계의 컴퓨터를 연결하는 인터넷 환경에서는 정보원리의 상충관계가 근본적으로 성립되지 않는다. 인터넷은 엄청난 양의 정보전파폭 (bandwidth)으로 소비자 요구에 맞춰(customization), 양방향적 의사소통의 상호작용 (interactivity)을 통해 정보의 풍부함(richness)을 달성할 수 있을 뿐만 아니라 전 세계의 수많은 소비자에게 정보를 전달할 수 있는 획기적인 유효범위(reach)를 동시에 달성함으로써 기존의 정보원리에서 상충관계에 있는 두 가지 정보 목표를 동시에 달성하는 새로운 정보원리를 탄생시켰다.

인터넷은 바로 이와 같이 정보의 전달범위와 정보의 풍부성을 동시에 해결하는 디지털 소비자정보를 유통시킴으로써 소비자와 생산자 간의 정보비대칭을 해소할 수 있을 뿐만 아니라 오히려 소비자에게 유리한 정보비대칭도 상정해볼 수 있는 소비자정보 혁명을 가져왔다.

3) 웹 2.0과 웹 3.0

웹 2.0은 초기의 월드와이드웹(WWW)과 다른 특징을 지닌다. 웹 2.0은 초기의 웹, 즉 웹 1.0이 정보를 제공하는 일방향적 소통에 그친 것과 달리 사용자들의 교류와 협력이 가능하게 하며 사용자가 정보를 만들어낼 수 있는 환경을 제공한다. 웹 2.0의 특징은 참여, 공유, 개방으로 요약된다. 웹 2.0을 통해 사용자는 여러 정보를 수집할 수 있을 뿐만 아니라 이를 하나의 지식형태로 창조하기도 한다. 많은 사람들이 참여를 통해 집단지성을 만들어 가는 위키피디아(Wikipedia)가 그 대표적인 예이다. 정해진 기능을 제공하는 소프트웨어가 아니라 웹서비스를 통해 사용자가 원하는 기능을 선별적으로 제공하는 것도 웹 2.0의 특징이다. 온라인 사이트에 접속하여 필요한 정보를 열람하고 자신의 의견을 남길 수 있으며, 디지털 콘텐츠를 자유롭게 생성하고 편집하여 웹을 통해 공유할 수 있게 되었다. 유튜브가 그 대표적 예라 할 수 있다.

웹 2.0의 또 다른 특징은 텍스트와 문서의 형식에서 나아가 이미지나 영상과 같은 멀티미디어의 이용이 가능해졌다는 점이다. 다양한 형식의 콘텐츠가 웹 2.0을 통해 생성, 편집, 공유되고 있으며 사용자들은 웹 블로그와 같은 개인의 웹 공간에서 이러한 기능을 손쉽게 활용할 수 있게 되었다.

웹 2.0의 한계는 정보가 방대해지면서 나타난다. 그러나 웹 2.0에서 제공되고 공유되는 수많은 정보는 사용자로 하여금 지식이 아닌 정보더미에 묻히게 만드는 결과를 낳고 있다. 이로 인해 지식과 네트워크 중심으로 데이터나 정보를 개인화하고 지능화하는 웹 3.0에 대한 논의가 시작되었다. 웹 3.0은 지능화된 웹으로서 시맨틱웹(semantic web)을 기반으로 하는 것을 지칭시맨틱웹은 지능화된 웹이 정보를 이해하고 사용자가 요구하는 정보를 제공해주기 위해 논리적인 추론을 수행하는 개인화된 맞춤형 웹을 의미한다. 이는 양적으로만 팽창된 정보를 사용자에게 그대로 제공하는 것이 아니라 무수히 많은 정보 가운데 질적 정보자원을 발견하고 제시해주는 것이다.

웹 3.0으로의 발전은 소비자정보의 관점에서 의미가 크다고 할 수 있다. 방대한 양의 정보를 단순히 전달받는 것으로는 소비자의 의사결정과정을 효율적으로 지원하기 어렵다. 더욱이 양적으로 팽창된 정보환경이 소비자에게 오히려 정보의 과부하나 정보결함으로 인한 문제를 초래하여 소비생활에서 오히려 발전된 정보사회에 역행하는 효과가 나타날 가능성마저 존재한다. 소비자의 요구에 맞추어 정보가 정제되고 관련성 있는 정보로 조직화되어 개인에게 적합한 정보를 제공할 수 있는 정보환경이 구축되는 것이야말로 소비자의 정보탐색의 효율성과 효과성을 동시에 높일 수 있는 방안이 될 것이다.

② 모바일 네트워크의 발전

1) 무선인터넷과 모바일 컴퓨팅

휴대용 노트북, 스마트폰, 태블릿 PC와 같이 휴대성을 갖춘 디지털기기들이 보편화되면서 기존의 유선네트워크 환경은 더이상 적합하지 않게 되었다. 무선통신은 컴퓨터와 스마트폰과 같은 통신기기들 사이에 전자기파 신호를 주고받을 수 있도록 하는 통신기술을 의미한다. 무선통신으로 구현되는 모바일 컴퓨팅(mobile computing)은 '시간의 흐름에 따라 위치가 변하는 것'을 의미하는 '모바일'의 특성을 지니며 실시간으로 모바일기기가 인터넷과 같은 다른 컴퓨팅 환경에 접속하는 것이다. 유선네트워크를 기반으로 한 전통적인 컴퓨팅 환경에서는 사용자가 컴퓨터가 설치된 공간을 벗어날 수 없으나, 모바일 컴퓨팅은 이동하며 정보에 접속할 필요가 있을 때에도 컴퓨터를 이용한 정보활용이 가능하도록 한다. 즉, 소비자는 모바일 컴퓨팅을 이용하여 이동

중에도 실시간으로 정보를 주고받을 수 있다. 이는 소비자의 정보탐색과 활용이 시간과 공간의 제약 없이 효율적으로 이루어질 수 있게 돕는다.

모바일 컴퓨팅의 큰 특성은 '이동성'이다. 모바일기기의 사용자는 언제 어디서든지 휴대가 간편한 모바일기기를 활용하여 인터넷에 접속할 수 있고 원하는 정보를 활용할 수 있다. 특히 스마트폰에서 구동할 수 있는 여러 애플리케이션이 개발되면서 스마트폰 사용자는 무선인터넷에 접속하여 출근길에도 쇼핑이나 뱅킹을 위한 모바일시스템을 이용할 수 있게 되었다. 즉 사용자가 기기를 가지고 다니면서 어디에 있든지 다른 시스템에 실시간으로 접속할 수 있게 된 것이다.

모바일 컴퓨팅의 이러한 특성은 다음의 부가적인 특징으로 연결된다. 먼저 모바일기기를 통해 사용자가 어디에 있든지 상관없이 정보통신이 가능하다는 '편재성(遍在性)'의 특징이 있다. 또한 모바일기기는 유선네트워크를 통해 정보에 접속해야 하는 번거로움을 덜어주며 쉽고 빠르게 원하는 정보에 접속할 수 있다는 '편의성'과 '즉각적 연결성'의 특징이 있다. 마지막으로 모바일 컴퓨팅을 활용한 비즈니스모델이 발전하면서 개별 소비자의 특성이나 소비자의 지리적 위치에 기반한 서비스를 제공할 수 있게 되어 '고객화'와 '현지화'의 특징을 지니며, 모바일커머스의 기반을 제공한다는 특징이 있다. 모바일커머스는 무선인터넷을 통해 이루어지는 전자상거래를 의미하며, 이 내용은 제5장에서 자세히 다루기로 한다.

2) 이동통신의 발전

이동통신(mobile telecommunication)이란 고정된 지점 사이의 통신수단을 제공하는 고정통신에 대비된 개념으로서 사람, 자동차, 선박, 열차, 항공기 등 이동체를 대상으로 한 통신을 말한다. 주요한 이동통신의 종류로는 항만전화, 항공기전화, 이동공중전화(열차, 유람선, 고속버스 등에 설치), 무선호출, 코드리스 전화, 위성이동통신, 아마추어 무선, 어업무선 등 다양한 것이 있으나, 소비자 측면에서 볼 때에는 휴대전화가 가장 중요한 이동통신의 예이다.

과거의 이동통신이 주로 음성과 문자를 위주로 통신이 이루어지던 것과 달리 오늘날 이동통신은 음성과 문자를 비롯하여 이미지와 영상 등 모든 형태의 멀티미디어 정보를 통신할 수 있도록 발전하였다. 멀티미디어 정보를 송수신하기 위해서는 용량이 큰 데이터를 자유롭게 통신할 수 있는 기술적 환경이 요구된다. 이에 따라 데이터 전송 속도를 개선하기 위한 통신사들의 지속적인 노력이 기울여지고 있으며, 광고에서 자주 등장하는 3G, LTE, LTE-A 등은 데이터의 전송속도가 개선되면서 등장한 새로운 통신 환경을 지칭하는 용어이다. 아래에서는 이동통신의 발전과정을 살펴보도록 한다.

이동전화는 1978년 미국의 AT&T사에 의해 처음 실용화된 이후, 1984년부터 우리나라에서는 아날로그(AMPS) 방식의 서비스를 개시하였고 이를 1세대 이동통신으로 간주한다. 1996년부터는 디지털기술을 이용한 CDMA 방식의 상용서비스가 개시되었으며 이를 2세대 디지털 이동통신이라 한다. 2세대인 디지털 방식의 이동통신이 이동통신의 대중적 보급에 가장 큰 기여를 하였다. 이후 WCDMA 방식의 3세대 서비스가 개시되어 문자, 음성과 같은 2세대 이동통신이 제공하던 모든 서비스와 멀티미디어 데이터를 유선인터넷과 비슷한 속도로 이용할 수 있게 되었다. 3세대에 스마트폰이 보급되고 3G 스마트폰을 이용한 멀티미디어의 이용이 활성화되기 시작하였다. 스마트폰의 대중화와 멀티미디어 데이터의 사용량 증가는 전송속도와 품질의 개선필요성을 높였으며, 기존의 3G 방식에 비해 12배가량 빠른 전송속도를 내는 LTE 서비스가 개시되었다. LTE를 4세대 통신으로 보는 관점도 있었으나, 엄밀히 LTE는 3G와 4G의 중간 기술로 간주된다. 따라서 이를 3세대 통신에서 4세대로 진화하는 과정으로 pre-4G 또는 3.9G로 표현한다. 현재 유선인터넷 속도의 1.5배의 속도를 제공하는 LTE-A 서비스가 상용화되었으며, 이는 4세대 이동통신의 국제표준으로 채택되었다. 4세대 이동통신은 유선인터넷의 속도를 뛰어넘었다는 점에서 의미가 있다. 통신사의 속도경쟁이 치열해지면서 기존의 LTE와 LTE-A를 동시에 구현하는 광대역 LTE-A로의 진화가 이루어지고 있으며, 최대 다운로드 속도는 225Mbps로 기존 LTE보다 세 배 빠른 속도이다.

이와 같은 이동통신의 발전은 기본적인 통화 서비스를 넘어 부가적인 멀티미디어 정보서비스를 제공하기 위한 기술적 환경이 구현되어 가는 과정으로 볼 수 있다. 스마트폰이 빠르게 보급되면서 이를 이용한 다양한 부가서비스가 정착되고 있으며, 소비생활의 편의성을 높이는 애플리케이션이 개발·보급되고 있다. 소비자는 스마트폰을 활용하여 소비생활에 필요한 정보를 탐색하거나 지속적으로 구독할 수도 있으며 구

스마트홈, 스마트카 시대

2015년 미국 라스베이거스에서 열린 소비자가전쇼(CES)에서는 스마트 TV나 스마트홈 관련 상품이 다양하게 소개되며 우리 생활에 한층 가깝게 다가온 사물인터넷(IoT)의 모습을 제시하였다. 사물인터넷은 이미 2~3년 전부터 정보통신기술의 새로운 변화를 가져올 수 있을 것으로 인식되어 왔다. 대표적으로 TV와 같은 가전제품 제조업체는 스마트홈을 구현할 수 있는 사물인터넷이 가능한 제품개발에 박차를 가하고 있다. 삼성전자는 CES 2015에서 사물인터넷을 탑재한 제품들로 스마트홈을 구성하여 '다가온 미래'의 모습을 제시하였다. 스마트홈 안에서는 사용자가 잠에서 깨어난 순간을 감지해 조명, 음악, 실내온도 등이 자동으로 조절되고 사용자의 건강상태까지도 수시로 체크할 수 있는 센서를 통해 질병의 위험을 미리 예방할 수 있게 한다. 이처럼 사물인터넷은 인간이 개입하지 않더라도 센서를 이용해 사물이 알아서 작동되고 적절한 상태를 유지할 수 있게 만들어주어 인간의 생활을 풍요롭게 해줄 것으로 기대되고 있다.

사물인터넷에 관심을 가지는 또 다른 분야는 통신업계이다. 사물인터넷은 최근 부진했던 통신사들의 성장세를 다시 일으켜 세울 수 있는 기회로 여겨지고 있다. 최근 이동통신 3사는 모두 사물인터넷 관련 서비스를 출시하고 관련된 기술개발과 서비스확장을 위한 투자를 늘리고 있다. KT는 삼성전자, 노키아, 차이나모바일 등 국내외 100여 개의 IT기업이 참여하는 기가 IoT 얼라이언스를 구성하였다. 이는 사물인터넷과 관련한 사업협력이 이루어질 수 있도록 지원하는 역할을 한다. LG유플러스는 홈 IoT서비스를 출시하고 가입자를 늘리기 위한 전략을 추진 중에 있다. SK텔레콤 역시 사물인터넷 사업을 위한 여러 업체들과 협력을 진행하고 있으며, 관련 제품군을 확장하기 위한 노력을 기울이고 있다.

사물인터넷은 스마트홈뿐만 아니라 스마트카에도 적용된다. CES 2015에서는 BMW의 i3가 삼성전자의 웨어러블 스마트기기인 갤럭시 기어S로 제어되는 모습이 시현되었다. 갤럭시 기어S를 손목에 찬 사용자가 "Pick me up!"이라고 말을 하자 주차되어 있던 BMW i3가 자동으로 사용자의 앞까지 무인주행하여 도착하였다. 그 외에도 차량 외부에서 히터를 작동시키거나 차량의 상태를 원격으로 살펴보고 제어할 수 있는 기술이 탑재되었다. 현재 BMW와 같은 완성차 제조업체와 삼성전자, 애플과 같은 스마트기기 제조업체, 구글과 같은 IT 전문기업이 스마트카 시장에 진출하여 치열한 기술경쟁을 벌이고 있다.

매 시점에 유용한 가격비교나 주변 상점 검색 등을 활용할 수 있고, 모바일 앱을 통한 자산관리나 뱅킹서비스를 손쉽게 이용할 수 있다. 스마트폰은 기존의 휴대전화가 제한된 프로그램이 설치된 상태의 완제품으로 제공되던 것과는 달리 다양한 응용 프로그램을 이용자가 자유롭게 설치 및 삭제하여 활용할 수 있는 플랫폼을 제공한다는 점에서 소비자가 자신의 소비생활에 적합한 부가적인 서비스를 이용하여 소비생활의 편의를 도모할 수 있다는 특징이 있다.

3 초연결사회의 사물인터넷

1) 사물인터넷의 개념

사물인터넷(Internet of Things, IoT)은 정보통신 및 커뮤니케이션 기술의 발달로 유형적 사물뿐만 아니라 가상의 사물들이 서로 연결되어 발전된 서비스를 가능하게 하는 정보사회의 전반적인 정보인프라를 의미한다.[2] 사물인터넷이라는 용어는 1998년 처음으로 Kevin Ashton에 의해 사용되었다. 사물인터넷이 기존의 인터넷 네트워크와 다른 점은 사람이 직접 네트워크에 개입하지 않더라도 모든 것이 인터넷에 연결되어 지능적 관계를 형성한다는 것이다. 지금까지의 인터넷은 주로 사람과 사람 간의 커뮤니케이션 도구로 활용되어 왔다. 사물인터넷은 사람과 사람 간의 통신(Person-to-Person, P2P)과 구별되는 사물과 사물 간 통신(Machine-to-Machine, M2M)으로 진화된 네트워크를 의미한다. IT 분야의 대표적인 리서치기업인 가트너(Gartner)는 2014년 7월 디지털비즈니스 분야의 유망기술에 대해 발표하면서 현재 가장 높은 기대를 모으고 있는 기술로 사물인터넷을 선정한 바 있다.

여기서 한 발 더 나아가 시스코(Cisco)는 사람, 프로세스, 데이터, 그리고 사물 등 모든 것이 네트워크에 연결되었다는 의미를 강조하는 '만물인터넷(Internet of Everything, IoE)'의 개념을 제시하였다(그림 2-1 참조). 최근에는 만물인터넷이 극대화되어 모든 사물이 네트워크로 연결되는 초연결 환경이 구축되어 공간 자체가 사물인터넷과 같이 작동하게 된다는 의미를 담은 'Ambient IoE'라는 용어까지 등장하였다. 만물인터넷은 모든 것을 네트워크화함으로써 우리 사회에 전에 없던 새로운 가치를 창출해내는 환경으로 간주된다. 만물인터넷을 통해 '정보(information)'가 개인, 기업, 그리고 국가에 새로운 능력과 더 풍부한 경험을 제공하고 전에 없던 새로운 경제적 기회를 창출하는 '행동(action)'으로 바뀌게 되는 것이다(Cisco, 2012). 만물인터넷은 기존의 사람과 사람의 연결을 위한 P2P 네트워크와 사람과 사물의 연결인 P2M, 사물과 사물의 연결을 의미하는 M2M이 모두 포괄된 개념으로서 우리를 둘러싼 모든 것들이 연결되어 있음을 의미한다.

---

[2] ITU(2012). *Overview of the Internet of things*. Recommendation ITU-T Y.2060.

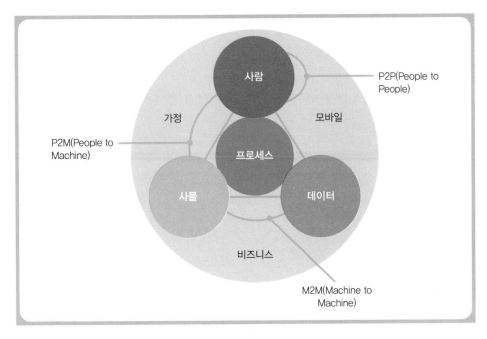

그림 2-1 만물인터넷의 개념

출처 : Evans, D. (2012) *The Internet of Everything : How more relevant and valuable connections will change the world.* Cisco IBSG.

여기에서 중요한 것은 '연결' 그 자체가 아니라 사물들이 연결되어 무엇을 하느냐이다. 만물인터넷이 구현된 하드웨어 환경에서 의미 있는 데이터의 교환, 혹은 프로세스의 공유가 이루어짐으로써 인간의 삶의 질을 높일 수 있는 어떠한 행위 또는 서비스가 이루어져야 한다는 것이다. 이때 이루어지는 서비스는 이전의 방식과 완전히 반대되는 모습을 보인다. 과거 사람이 능동적으로 접근하여 사용하던 네트워크의 연결은 주로 내가 필요로 할 때 접속하고 정보를 찾아 활용하는 방식으로 이를 '끌어당기는 방식(pull)'이라 부른다[3]. 이러한 방식에서 중요한 점은 얼마나 쉽고 빠르게 원하는 정보를 얻을 수 있는가이다. 정보서비스의 사용자는 원할 때 접속하고 스스로 무엇인가를 찾는 과정을 거쳐야 한다. 그러나 사물인터넷을 통해 구현되는 서비스의 모습은 이와는 정반대로 내가 원하는 것을 연결된 사물들이 알아서 해결해주고 처리해주는 '밀어내는 방식(push)'이다. 심지어 내가 미처 알아채지 못하는 것까지 감지하고 조언하는

---

[3] 매일경제 IoT 혁명 프로젝트팀(2014). 모든 것이 연결되는 세상인터넷. 매일경제신문사, 서울.

지능형 서비스로 변화되어 가는 것이다. 또한 필요에 따라 접속하는 것이 아니라 24시간 항상 연결된 네트워크를 통해 지속적인 관리가 가능한 서비스가 이루어지는 것이다.

　예를 들면 만물인터넷은 도시의 주차현황을 24시간 자동으로 감지하여 이를 필요로 하는 사용자에게 정보를 제공함으로써 효율적으로 주차공간을 찾게 한다. 이러한 서비스는 차량 이용자의 편의를 도울 뿐만 아니라 불필요한 이동을 줄이고 지구환경을 개선하는 데 도움을 줄 수 있다. 길가에 설치된 가로등은 길을 밝히는 본래의 용도와 더불어 도시의 공기오염도를 체크하는 역할을 하기도 한다. 수집된 정보는 도시환경 개선을 위한 자료로 송신한다. 또한 주변의 조도를 감지하고 행인이나 차량이 도로에 있는지 감지하여 적절한 조도를 유지하기 위해 스스로 제어하기도 한다. 이와 같은 만물인터넷의 예는 이미 시스코가 스페인 바르셀로나에서 현실화시키고 있는 모습이다. 우리나라에서는 서울시의 시내버스가 통신모듈을 장착하여 각 정류소에 도착할 예정 시간을 알려주는 사물인터넷 서비스가 시행되고 있다.

　앞으로는 디지털 제품과 아날로그 제품의 구분 없이 IT 기술이 접목된 사물들이 크게 늘어날 것으로 전망된다. 시스코는 2013년을 기준으로 전 세계의 100억 개 이상의 사물이 연결되어 있다고 하였으며, 2020년에 인터넷에 연결된 사물이 무려 500억 개에 이를 것으로 내다보고 있다. 이처럼 연결된 사물의 수가 늘어나는 만큼 소비자를 둘러싼 사물, 환경, 네트워크가 제공하는 서비스의 영역 또한 매우 다양해져 소비자의 생활이 크게 변화될 것으로 예상할 수 있다.

2) 사물인터넷의 활용

사물인터넷은 개인의 생활영역뿐만 아니라 공공분야와 산업분야에서 폭넓게 활용될 수 있다. 미래창조과학부는 2014년 5월 사물인터넷 기본계획을 발표하고 초연결 디지털혁명의 선도국가로 자리매김할 수 있는 비전을 제시하였다. 사물인터넷을 이용하여 새롭게 창출될 수 있는 서비스 시장으로 건강관리, 스마트홈, 스마트시티, 교통 및 물류, 에너지, 생활안전 등의 분야가 주로 논의되고 있다. 사물인터넷이 활용되는 주요 서비스분야를 크게 나누면 개인 IoT, 산업 IoT, 공공 IoT로 구분되며 본서에서는 소비자가 이용하게 되는 개인 IoT와 공공 IoT를 중심으로 살펴보고자 한다.

　개인이 이용하게 되는 사물인터넷 서비스는 사용자중심의 쾌적하고 편리한 삶을 지원하기 위한 서비스이다. 아직까지 활용의 범위가 제한적이기는 하지만 일상생활에서 쉽게 접할 수 있는 것들을 포함한다. 사물인터넷은 인간의 개입이 없이도 사물 간 통신으로 특정한 행위가 이루어지거나 제어되는 수준까지를 이르는 것이나, 현재의 보편적인 수준은 사물 간 네트워크가 연결되어 있는 것을 인간이 일정 수준 제어하거나 개입하는 방식으로 이루어지는 서비스이다. 이러한 방식으로 이루어지는 서비스는 스마트폰을 중심으로 설명할 수 있다. 현재 일반적으로 소비자가 경험할 수 있는 사물인터넷은 센서가 탑재된 사물을 스마트폰과 같이 제어가 가능한 컨트롤러를 연결하여 사용하는 것이다. 개인 IoT의 대표적인 서비스 영역으로 꼽히는 것 중 하나인 스마트홈 서비스는 스마트폰과 같은 컨트롤러를 이용하여 가전이나 조명 등을 제어하는 방식으로 이미 보편화되고 있다. 개인 IoT 분야에서 사람의 개입이 없이 사물 간 연결로 작동하는 사물인터넷이 활용되고 있는 대표적인 예로는 고속도로 하이패스 시스템이 있다. 하이패스는 우리나라에서 2000년부터 시범적으로 운영되기 시작한 서비스로 고속도로 톨게이트를 지날 때 자동으로 미리 설정한 신용카드나 단말기에 적립된 금액으로 자동 결제가 가능한 시스템이다. 이외에도 차량등록정보를 인식하여 차량이 아파트 주차장으로 진입하면 집 안에 있는 사람에게 도착정보를 영상과 음성으로 제공해주는 시스템도 일부 아파트 등의 스마트홈 서비스로 적용되었다. 최근에는 스마트폰의 GPS를 이용하여 집주인이 도착하는 것을 인지해 작동하는 에어컨이나 조명과 같은 스마트홈 시스템을 일부 가전제품 제조기업과 IT 기업에서 출시한 바 있다. 아래에서는 미래창조과학부가 2014년 사물인터넷 기본계획에서 향후 대표적인 개인 IoT 영역의 사물인터넷 활용분야로 제시한 개인 헬스케어, 스마트홈, 스마트카를 구체적으로 살펴본다.

(1) 헬스케어 분야

개인 헬스케어 분야와 관련하여 고령화로 인해 질병의 치료뿐만 아니라 건강한 상태를 유지하고 건강 수준을 증진시키려는 소비자들의 욕구가 높아짐에 따라 건강관리를 위한 사물인터넷 서비스분야의 활성화를 기대할 수 있다. 오늘날 건강의 개념은 과거 질병을 치료하거나 예방하는 수준보다 더 광범위하게 논의되고 있다. 이에 따라 헬스케어의 영역은 의료뿐만 아니라 일상적 건강을 관리하기 위한 웰니스(wellness)를 포함한다.

현재 삼성전자는 사물인터넷 플랫폼을 이용하여 개인의 건강상태를 수시로 체크하고 필요한 헬스케어 서비스로 연결해주는 지능형 서비스가 제공될 수 있는 단말기와 플랫폼을 개발한 상태이다. 스마트폰을 통해 제공하는 S헬스 기능에서는 지문, 습도, 온도 등의 센서와 함께 심박센서를 탑재하여 개인의 건강관리를 위한 기능을 제공한다. 애플 역시 헬스케어 관련 서비스 지원을 위한 헬스킷(Health Kit)을 제공하고 있으며, 구글은 구글핏(Google Fit)을 내놓은 바 있다. 그러나 국내에는 관련법의 미비로 이러한 헬스케어 플랫폼이 출시되는 데 제약이 많았다. 개인의 건강정보는 민감정보로 분류되어 관련 정보의 수집이나 이용에 있어 별도의 동의를 받도록 하고 있으며 개인의 여러 의료정보를 한데 모으는 것 역시 불가능하기 때문이다. 이처럼 개인정보보호법과 의료법에서 모바일 의료 응용 프로그램에 대하여 명확하게 가이드라인을 제시해주지 못함에 따라 우리나라의 경우 헬스케어 분야에 사물인터넷을 적용하는 것이 어렵다는 문제가 지적되어 왔다. 이에 따라 식약청은 2015년 7월 '의료기기와 개인용 건강관리(웰니스) 제품 판단기준'을 마련하여 운동과 레저 및 개인용 건강관리에 활용하는 제품을 의료기기가 아닌 공산품으로 관리하기로 하였다. 이에 따라 의료기기의 제품 허가에 소요되는 기간과 비용이 크게 줄어들 것으로 보인다. 향후 웰니스 기능을 탑재한 스마트폰이나 다양한 웨어러블기기의 모바일 헬스케어 서비스 제공이 활성화되는 계기가 될 것으로 전망된다.

(2) 스마트홈 분야

앞서 살펴본 바와 같이 스마트홈 분야는 이미 소비자의 일상생활에서 사물인터넷이 비교적 많이 접목되어 있다. 스마트홈 분야는 주거환경에서 사용하게 되는 생활가전·기기에서부터 에너지관리, 보안서비스 등을 포괄한다.

먼저 생활가전·기기는 현재 스마트폰을 기반으로 가전기기를 연결하여 제어할 수 있는 제품이 늘어나면서 빠르게 활성화되고 있다. 매년 혁신적인 제품이 소개되는 국제가전제품박람회인 International CES(International Consumer Electronics Show)에서도 IoT를 바탕으로 구현되는 스마트홈의 가전제품들이 전년도에 이어 2015년에도 뜨거운 관심을 받았다. 2014, 2015 CES에서는 인터넷 기능과 센서를 탑재한 가전기기가 구체적인 모습을 드러내며 본격적인 스마트홈 시대가 열렸음을 보여주었다. 미국의 가전제품회사 월풀(Wirlpool)은 보관된 음식정보를 제공하는 기능을 갖춘 냉장고와 스마트폰과 같은 모바일기기를 이용하여 제어할 수 있는 세탁기와 같이 센서와 네트워크 연결기능을 탑재한 스마트홈 가전제품을 선보였다. 삼성전자는 CES 전시관을 통해 날씨정보와 연동하여 집 안의 온도를 조절하거나 교통상황에 맞추어 기상시간을 조절하는 알람 등과 같은 스마트홈 기술을 선보였다. LG 역시 스마트폰을 이용하여 세탁기를 작동할 수 있는 기술과 집주인이 도착하면 조명과 음악, 에어컨이 켜지는 스마트홈 기술을 전시하였다.

비록 박람회에서 전시된 모습만큼 집 안의 제품과 기기가 연결된 스마트홈이 보편적으로 구현되고 있지는 않으나 현재 사물인터넷을 기반으로 한 스마트홈 시스템과 가전·기기가 부분적으로 사용되고 있다. 와이파이와 연결된 전기밥솥, 에어컨과 같은 가전기기를 외부에서 제어할 수 있도록 사물인터넷을 적용한 제품이 출시되고 있다.

스마트홈에 적용되는 에너지관리는 조명, 수도, 난방 등을 제어하는 것과 관련된다. 이는 이미 홈오토메이션 시스템을 갖춘 주택에서 상용화되어 사용되고 있었던 것으로, 소비자가 집의 외부에서 집의 조명, 가스, 전기 등을 제어할 수 있는 애플리케이션을 통해 원격으로 제어하는 것이 가능하다. 최근에는 스마트폰으로 창문을 개폐하고 환기, 채광조절 등의 기능을 제어하거나 자동으로 실내공기 오염도를 감지하여 환기구를 개폐하기도 하는 스마트 창호가 출시되어 조도와 온도뿐만 아니라 공기의 질까지 관리할 수 있게 되었다. 과거에는 이러한 시스템이 유선 연결망을 통해 이루어졌기 때문에 주로 새로 건축되는 아파트나 주택을 위주로 설치되었으나, 최근에는 무선인터넷의 이용이 보편화되면서 에너지관리를 위한 시스템을 갖추는 것이 보다 수월해졌다.

스마트홈 분야에서 빠질 수 없는 것이 바로 보안과 관련된 부분이다. 한국인터넷진흥원(KISA)은 국내의 보안산업 시장규모가 2016년에는 10조 3,094억 원까지 성장할 것으로 전망하고 있다. 특히 최근에는 스마트폰과 연동할 수 있는 가정용 CCTV와 보안전문업체를 통한 서비스분야가 빠르게 성장하고 있다. 집을 비운 상태에서도 스마트폰을 이용해 수시로 집 내부의 변화를 확인하고 반려동물이나 자녀의 모습을 확인할 수 있도록 네트워크에 연결된 CCTV 카메라와 통신서비스를 결합한 서비스가 출시되었다. 이러한 CCTV 카메라는 집 안을 모니터링하는 기능과 함께 양방향 음성전송기능과 집 안의 냉난방기기, 조명 등을 제어할 수 있는 기능까지 갖추며 스마트홈의 중심으로 자리잡고 있다. 보안전문업체에서도 앞다투어 보안관련 애플리케이션을 선보이고 있다. 보안 애플리케이션은 집의 방범기능을 설정하고 원격으로 집의 상황을 확인할 수 있을 뿐만 아니라 가스누출이나 화재를 감지하고 원격으로 통보하는 기능을 갖추고 있다.

이처럼 주거환경에 IT기술을 융합하여 편리하고 쾌적한 생활, 안전한 생활을 가능하게 하는 스마트홈 환경이 빠르게 발전하고 있다. 글로벌 스마트홈 시장규모는 2015년 49조 원에서 연평균 19%씩 증가하여 2019년에는 114조의 규모로 성장할 것으로 전망되며, 국내의 시장규모는 2015년 10조 원에 달할 것으로 예상되고 있다.

(3) 스마트카 분야

자동차산업에서도 사물인터넷을 접목하려는 움직임이 활발하다. 독일의 BMW사는 전기자동차 BMW i3에 삼성의 갤럭시 기어를 이용하여 음성으로 내비게이션의 주소지를 입력하고 차량을 제어할 수 있는 기능을 탑재하였다. 그뿐만 아니라 전기 충전량, 차량관리상태, 문과 선루프의 잠금상태, 창문열림 등의 상황을 한눈에 확인할 수 있는 제어시스템을 탑재하여 사물인터넷이 접목된 차량을 선보인 바 있다. 최근에는 애플워치용으로 '아이리모트(i Romote)' 애플리케이션을 서비스하기 시작하였다.

사물인터넷이 접목된 스마트카의 영역은 단지 차량의 관리 수준에 머무르지 않고 차량을 이용하는 과정을 정보화하고 편의성과 안전성을 높여주는 역할을 한다. 차량에 탑재된 센서와 네트워크 연결기능을 활용하여 차량의 결함을 사전에 진단하여 알려주는 기능이나 운행 중 충돌과 같은 사고가 발생할 수 있는 상황이 발생하는 것으로부터 사용자를 보호하는 등의 안전 기술이 탑재되는 것이다. 또한 긴급구난 정보를 자동으로 전송하는 등 차량의 이용 시 발생할 수 있는 사고나 위험을 최소화하는 데에도 기여할 수 있을 것으로 보인다. 그뿐만 아니라 차량과 차량 간의 통신(Vehicle to Vehicle, V2V), 차량과 인프라 간의 통신(Vehicle to Infrastructure, V2I) 등이 가능해지면서 자동차의 주행정보나 실시간 교통정보 등을 주고받으며 안전하고 효율적인 차량 운행이 가능해지게 한다. 최근에는 운전자의 주행 상태에 따라 조명이나 온도를 조절하고 더 나아가 차량을 안전한 곳에 정차하는 기술까지 등장했다. 이러한 기술의 개발에 힘입어 차량의 각 부분이 긴밀하게 연결되어 무인자율 주행이 가능한 차량의 개발이 가속화되고 있다.

스마트카 분야의 경쟁은 비단 완성차 업계에만 해당하지 않는다. 메르세데스-벤츠나 볼보, 현대 등과 같은 완성차 업체뿐만 아니라 애플이나 구글과 같은 ICT 기업이 스마트카 관련 분야에서 치열하게 경쟁을 펼치고 있다. ICT 분야의 기업들은 스마트폰이 스마트카 제어에 핵심적인 역할을 할 뿐만 아니라, 스마트카의 플랫폼과 관련한 시장기회가 크기 때문에 차량용 운영체제 분야에서 우위를 점하기 위한 경쟁을 벌이고 있다. 애플의 '카플레이(Car Play)'나 구글의 '안드로이드오토(Android Auto)', 마이크로소프트의 '윈도우인더카(Window in the Car)' 등과 같은 차량용 운영체제가 출시되어 일부 완성차 모델에 상용화되고 있다. KDB 산업은행에 따르면 국내의 스마트카 시장은 2013년 110억 달러를 기록하였으며, 연평균 4.2%씩 성장할 것으로 전망되고 있다.

3) 유비쿼터스 정보환경의 실현

사물인터넷은 인터넷의 보급 및 확산이 이루어지던 시기에 미래의 정보사회의 모습을 설명하던 유비쿼터스 개념과 일맥상통한다. 유비쿼터스(ubiquitous)의 어원은 '언제 어디서나', '보편적으로 존재하다'라는 의미의 라틴어 'ubique'이다. 유비쿼터스 컴퓨팅은 퍼베이시브 컴퓨팅(pervasive computing)으로도 불리며, 시간과 장소에 관계없이 언제 어디서나 정보통신망에 접속할 수 있는 환경을 의미한다. 과거 인터넷이 발달되던 2000년대 초반 유비쿼터스라는 개념이 등장하면서 언제 어디서나 인터넷에 접속할 수 있는 환경이 구현될 것이라는 비전이 제시된 바 있다. 그러나 당시 유비쿼터스의 개념이 실현되기까지는 네트워크에 접속하기 위한 센서, 디바이스, 통신환경 등이 충분히 성숙하지 못하여 구체적인 유비쿼터스 정보환경이 실현되는 데에는 한계가 있었다. 오늘날 무선 네트워크 통신기술이 발전하고 스마트센서와 단말의 보편적 활용 가능성이 높아짐에 따라 언제 어디서나 지속적으로 정보통신망에 접속된 환경을 구현할 수 있게 되었다. 유비쿼터스 정보환경은 소비자로 하여금 언제 어디서나 시간과 장소의 제약 없이 정보에 접속할 수 있는 가능성을 열어주며, 사람뿐만 아니라 사물과 환경이 컴퓨터를 기반으로 네트워크에 접속하여 정보를 교환하는 '연결'된 사회를 만들게 된다. 우리를 둘러싼 모든 사물과 환경이 디지털화되고 컴퓨터와 네트워크가 적용된다는 것을 의미한다.

유비쿼터스 컴퓨팅은 컴퓨터의 기능이 내재화(embedded)되거나 휴대성(portability)을 높이는 방식으로 구현된다. 컴퓨터가 내재화된다는 것은 그동안 컴퓨터라는 매체를 이용하여 가상공간에서 구현되던 기능이 현실세계의 환경으로 스며들어 컴퓨터가 사물이나 공간 속에 내재하는 것을 의미한다. 예를 들면 현재 우리가 네트워크에 접속하여 활용하는 개인 PC나 스마트폰, 스마트시계 등의 디바이스를 넘어 의류나 생활용품, 공간이나 도시의 거리까지도 네트워크로 연결되어 정보를 주고받고 처리하게 되는 것이다. 휴대성이 개선되는 것은 언제 어디서든지 들고 다닐 수 있는 정도로 컴퓨팅 디바이스가 작아져 유비쿼터스 환경이 구축되는 방식을 의미하는데, 착용식 컴퓨팅(wearable computing)과 같이 휴대성이 극대화된 형태의 정보환경이 구축되는 것이다.

유비쿼터스 정보환경은 이미 몇 가지 기술적 요소에 의해 구현되고 있다. 예를 들면 RFID(Radio-Frequency Identification) 기술은 무선신호를 이용하여 주위의 정보를 인식하고 처리할 수 있다. RFID는 바코드를 대체하기 위해 개발된 것으로, 바코드에 비해 거리가 떨어져 있거나 많은 물건이 적재되어 있을 때에도 활용이 가능하다는 점에서 대형유통업체들이 이를 활용하여 유통효율성을 높이고 있다. 무선센서네트워크(Wireless Sensor Network, WSN) 역시 유비쿼터스 컴퓨팅을 구축하는 기반 기술로 설명되는데, 물리적 환경에 배치되어 있는 무선센서인 모트(mote) 사이에 상호 연결된 네트워크이다. 제품에 내장된 센서는 소비자가 인지적으로 노력을 기울이지 않아도 센서들 간에 네트워크를 통해 '알아서 작동하고 조절하는' 기능을 하게 된다. 예를 들면 무선센서가 장착된 온도계가 실내 온도를 감지하고 이와 함께 실내 공간에서 사람들의 움직임을 분석한 정보를 제공받아 효율적으로 온도를 조절하는 시스템이 가능해진다.

제 3 장

소비자정보의 기초

디지털사회가 도래하면서 소비자를 둘러싸고 있는 시장환경은 끊임없이 변화하여 왔다. 이후 초연결사회로 이전되어 가면서 소비자는 모든 것이 긴밀하게 연결되어 새로운 가치를 창출해내는 새로운 경제 패러다임에 적응하는 것이 필요해졌다. 빠르게 변화하는 시장환경에 적응하기 위해 불확실성을 최소화하고 합리적이고 효율적인 의사결정을 내리기 위한 소비자정보가 어느 때보다도 중요하게 부각되고 있다. 오늘날 누구에게나 개방된 정보네트워크를 통해 소비자는 자신이 원하는 정보를 언제 어디서나 손쉽게 얻을 수 있게 되었지만 문제는 소비자가 개별 거래에서 더 나은 의사결정을 할 수 있을 만큼 정보를 충분히 얻고 있는가에 대해 고려해야 한다는 것이다. 과거에 비해 절대적으로 많은 양의 소비자정보를 사용할 수 있게 되었다는 것만으로 소비자에게 긍정적인 정보환경이 조성되었다고 단언하기 어렵다. 우리는 소비자와 생산자, 그리고 소비자와 유통자 사이에 정보의 비대칭(Information asymmetry)으로 인한 문제를 고려해야 한다. 정보의 비대칭이 존재하지 않는다면, 소비자문제가 발생할 여지는 현저히 감소할 것이다. 이 장에서는 소비자정보에 대한 기초를 바탕으로 소비자정보의 디지털화와 그 속성에 대해 살펴보고, 소비자정보의 원천과 소비자정보이론을 알아보며, 마지막으로 소비자정보 내용의 체계화에 대해 살펴보도록 한다.

1 소비자정보의 이해

1) 소비자정보의 개념

모든 소비자는 무한한 욕망을 제한된 자원으로 충족시켜야 하는 소비자경제 문제에 직면하며 광범위한 시장 거래에 참여한다. 소비자가 자신의 다양한 욕구와 욕망을 충족시키기 위해서는 매우 다양한 제품과 서비스를 필요로 하고, 그 결과 다양하고 광범위한 거래를 해야 하는 소비자는 제한된 범위의 제품과 서비스에서 전문성과 조직력을 발휘하는 사업자에 비해 매우 비전문적인 입장에 서게 된다. 그뿐만 아니라 급속한 기술혁신으로 최첨단 기능을 갖춘 신기술 상품이 쏟아져 나오는 디지털시대에는 소비자들이 자신의 욕구를 충족시키기 위하여 상품과 서비스를 선택하거나 사용, 취급하는 데 있어서 많은 어려움을 겪게 된다.

이와 같은 상황에서 상품과 서비스의 구매와 사용에 따르는 재정적, 심리적 불확실성의 회피 및 위험을 감소시킬 수 있기 위해서는 소비자정보의 역할이 매우 중요하다. 소비자정보(consumer information)란 소비자 의사결정 시 불확실 정도를 감소시켜주며 현재 및 미래의 의사결정에서 소비자 자신의 욕망충족 및 기타 목표달성에 유용하고 유의성 있는 가치를 지니는 것이라고 정의 내릴 수 있다. 가격, 품질, 판매점, 제품의 평가기준 및 대체안의 장단점, 사용방법 및 관리요령 등을 알려주는 소비자정보는 소비자의 선택, 사용, 처분행동을 바람직하게 이끈다. 따라서 소비자정보는 소비자가 현명하게 의사결정을 내리고 소비생활을 효율적으로 꾸려나갈 수 있기 위해 꼭 필요한 요소이다.

이와 같이 소비자에게 없어서는 안 될 소비자정보는 첫째로 소비자의 선택 기회를 확대시키고 소비자불만족을 줄이는 동시에 소비자만족을 극대화시킬 수 있고, 둘째로 소비자피해를 사전에 방지할 수 있으며, 셋째로 소비자가 자신을 직접 보호할 수 있는 수단이자 힘이라는 점에서 그 의의가 매우 크다.

그러나 소비자정보는 하나의 용역이라는 생산물로서 사유재보다는 공공재적인 성격을 띠고 있다. 그 이유는 일반적으로 소비자정보를 최초로 획득하는 데에는 인적·물적자원을 사용하게 되므로 비용이 들지만 일단 획득한 후에는 정보의 비소비성[1]과

비이전성[2]으로 인해 다수의 소비자가 추가적인 비용 없이 정보를 공유할 수 있게 되기 때문이다. 또한 정보의 비배타성(non-exclusion)[3]과 비경합성(non-rivalry)[4]으로 인해 많은 소비자들이 적극적으로 비용을 지불하면서 정보획득에 나서지 않고 다른 소비자가 정보를 획득하여 제공해주기를 원할 뿐 자기 스스로 정보를 획득하기 위하여 시간과 비용을 들이려 하지 않는 무임승차자(free-rider)의 성향이 나타난다.

소비자정보는 구매의사결정의 투입요소로 작용하여 대체안 평가의 불확실성을 해소해주고, 구매 후 인지적 부조화를 최소화시켜줌으로써 소비자효율성이나 구매 후 만족을 증대시켜주는 중요한 기능을 담당한다. 그러므로 소비자가 시장에서 주체적 지위를 확립하고 실질적 이익을 확보하기 위해서는 사실에 근거하고 주관적 편견이 없는 객관적이고 신뢰할 수 있는 소비자정보의 제공과 획득이 필수적이다.

2) 소비자정보의 특성

지금까지 소비자에게 필요한 정보의 내용이 무엇인지 알아보았는데 소비자에게 좀더 유용한 정보로서 도움이 되기 위해서는 소비자정보가 갖추어야 할 특성에 관한 문제 또한 중요하게 부각된다. 양질의 정보가 낮은 가격으로 제공될 때 시장의 전체적인 작용과 시장 내의 소비자 지위도 향상된다. 또한 탐색된 정보가 소비자에게 내재화되어 경험이 되고 이러한 경험은 다음의 의사결정에 영향을 주게 된다. 상세한 정보는 전문가에게는 유용한 정보가 될 수 있으나 대부분의 일반적인 소비자들에게 모두 도움이 되는 것은 아니다. 따라서 소비자정보는 이해하고 이용하기 쉬운 형태로 제공되어야 한다.

급속도로 변화하는 시장환경에서 소비자의 구매 및 사용에 대한 정보가 소비자의 관점에서 볼 때 어떤 특성을 지녀야 하는가는 소비자의 복지와 관련된다. 즉, 소비자정보가 갖추어야 할 특성을 잘 갖추고 있어야 소비자정보의 효율성이 높고, 이것은 곧 소비자복지와 연결된다고 할 수 있다.

---

[1] 아무리 사용해도 소진되지 않는 특성
[2] 타인에게 양도해도 자신에게 그대로 남아 있는 특성
[3] 특정인만을 배제하고 대가를 지불한 나머지 사람들만 소비하도록 할 수 없는 성질
[4] 상품으로부터 특정인이 얼마나 혜택을 받고 있는가가 다른 사람의 혜택에 아무 영향을 주지 않는 성질

정보가 소비자정보로서 기능을 다하기 위해서는 다음과 같은 바람직한 특성을 갖추어야 한다.

- 적시성 : 소비자가 정보를 필요로 할 때에 짧은 시간에 얻을 수 있고, 얻어진 소비자 정보원으로부터 구매의사 결정에 도움이 될 만한 최근의 정보를 얻어낼 수 있어야 한다.
- 신뢰성 : 정보가 사실에 근거한 것으로 정확한 것이어야 하고 의도적으로 왜곡하거나 편파적으로 제공해서는 안 되며, 의도적이지는 않으나 사실과 다른 잘못된 정보를 제공하지 않는 것을 포함한다.
- 의사소통의 명확성 : 정보가 명확하고 쉽게 이해될 수 있으며 정보제공자와 소비 간에 명확한 의사전달이 이루어져야 한다.
- 경제성 : 정보에 드는 비용에 관한 것으로 적은 비용으로 획득이 가능해야 한다.
- 접근가능성 : 필요로 할 때 획득이 가능해야 하고 누구든지 획득할 수 있어야 한다.
- 저장가능성 : 보관해 두었다가 필요할 때 다시 사용할 수 있으며 다시 사용 시 처음과 같은 효용을 얻을 수 있어야 한다.

3) 소비자정보의 내용

소비자에게 필요한 정보는 제품과 서비스 자체에 대한 정보뿐만 아니라 보다 포괄적인 내용을 포함한다. 소비자정보의 내용으로는 다음과 같이 상품, 시장, 질, 가격, 사용 및 관리에 대한 다섯 가지의 문제로 나누어 생각해볼 수 있다.

먼저, 상품에 관한 문제는 상품의 범주를 결정하는 것과 소비자가 판매자의 존재유무에 관한 정보를 얻을 수 있는 방법은 무엇인지에 관한 것이다. 예를 들어 신문이나 라디오, TV광고는 소비자에게 판매자가 팔고 있는 상품을 알려주는 수단이다. 즉, 현명한 소비자는 질과 가격의 다양한 범주 안에서 판단을 해야 하고 상품의 핵심 정보는 내구성, 안락성, 안전성 등과 같은 서비스의 특성을 포함한다. 판매자에 대한 정보는 기술자격, 정직성, 친숙함, 신속성, 지역적 편리함과 같은 서비스 특성을 포함한다.

질에 관한 문제는 바람직하다고 생각하는 특성에 관한 것과 그러한 특성을 측정하는 정보, 원하는 특성을 특정상품(상품, 상표, 모델, 판매자 및 판매자의 서비스 조합)

소비자에게 유용한 비교정보

2016년부터 금융소비자의 상품선택권을 강화하고 시장경쟁을 촉진하기 위해 '신비교공시 서비스'가 도입된다. 금융위원회와 금융감독원은 소비자의 금융상품 선택에 필수적인 정보를 제공하는 데 역점을 두고 '금융상품 비교공시 활성화 방안'을 마련하였다. 소비자중심 정보제공이 이루어질 수 있도록 전업권 비교공시 시스템을 도입하여 소비자가 실제로 필요로 하는 전업권의 유사상품 정보를 한곳에서 쉽게 비교할 수 있도록 할 예정이다. 실제 소비자가 이용하게 되는 금융상품은 상호 대체가 가능한 경우가 많아 소비자들이 일일이 정보를 찾아보고 비교하는 것이 쉽지 않다. 따라서 전업권에서 대체 가능한 상품의 정보가 함께 비교될 수 있도록 하는 시스템이 도입될 경우 소비자의 현명한 금융상품 선택이 가능해질 것으로 예상된다. 비교공시시스템을 통해 소비자는 자신의 재무상태와 투자목적 및 성향을 입력하고 그에 따른 금융상품의 핵심정보를 한 번에 제공받을 수 있게 된다.

이와 함께 '금융업 통일 상품비교공시기준'을 마련하여 시스템을 통해 공시되는 정보의 작성 책임과 자료제출의 체계 등이 규정될 수 있도록 하여 시스템의 신뢰성을 높이는 방안이 함께 추진된다. 이와 같은 비교공시시스템이 활성화될 경우 시장 내에서의 자율적인 경쟁 역시 촉진되어 소비자에게 긍정적인 효과가 있을 것으로 예상된다.

이 제공하는 정도에 관한 정보, 직접적으로 질의 유용 정도를 측정하는가와 어떻게 측정하는지에 관한 정보로 해결될 수 있다.

가격에 관한 문제는 특정상품의 금전적인 가격에 대한 정보, 가격과 질을 비교할 때 서비스를 고려한 가격정보, 특별가격으로 구매 가능한지에 관한 정보로써 해결될 수 있다.

사용 및 관리에 관한 문제는 사용상의 주의점과 관리요령을 이해하기 쉽게 전달할 수 있는 정보로 해결될 수 있다.

② 소비자정보의 원천

소비자정보의 원천은 소비자의 내적 정보원과 외적 정보원으로 구분된다. 소비자는 구매의사결정을 내릴 때 자신의 과거 구매경험과 같은 기억 속에 저장된 정보, 즉 내적 정보원을 먼저 검토할 수 있다. 또는 기억 속에 저장된 정보가 충분하지 못하다고 느끼는 경우 외적 정보원으로부터 정보를 탐색하게 된다. 소비자정보의 원천은 정보

표 3-1 디지털 소비자정보와 종래의 소비자정보의 비교

정보원천 유형	전통적 소비자정보			디지털 소비자정보		
	예시	장점	단점	예시	장점	단점
상업적 정보원천	제품자체, 광고, 판매원	적은 노력과 비용	필요정보누락, 피상적 정보, 낮은 신뢰성	기업홈페이지, 온라인쇼핑몰, 온라인광고, 온라인상담	자세한 정보, 상호작용적, 저장가능성, 최신의 정보	필요정보의 누락, 피상적 정보, 낮은 신뢰성
중립적 정보원천	신문, 잡지, 간행물	공정하고 사실적 정보	불완전 정보, 시간소요	기관 및 단체 사이트 및 온라인 간행물, 온라인 상담, 가격비교사이트	공정함, 신속함	정보과다, 분류의 부족
소비자 주도적 정보원천	가족, 친구, 동료, 이웃	높은 신뢰성	낮은 정확성, 간헐적 정보	온라인상품평, 리뷰, 커뮤니티사이트	폭넓은 경험정보 공유, 실시간 정보 공유	정보과다, 낮은 신뢰성

출처 : 기존정보는 Walters(1978). *Consumer Behavior*(3rd ed.) Irwin 수정, 디지털정보는 저자가 작성

출처의 특성에 따라 누가 정보를 생산 또는 제공하였는가의 관점에서 구분될 수 있다. 표 3-1에서는 정보제공의 출처에 따라 전통적으로 구분되는 소비자정보 원천별 특징을 살펴보았다.

1) 전통적 소비자정보원천

(1) 상업적 정보원천

소비자정보는 일차적으로 광고나 제품 자체 또는 판매원과 같은 마케터들로부터 제공된다. 이와 같은 정보원천을 상업적 정보원천 혹은 마케터주도적 정보원천이라 한다. 오늘날 제품이나 서비스에 적용되는 기술의 발전속도가 점차 빨라지고 첨단제품이 대중화되면서 상업적 정보원천은 더욱 중요해지고 있다. 고도의 기술이 적용된 제품들이 하루가 다르게 쏟아져 나오면서 소비자가 제품의 속성을 면밀히 검토하거나

이해할 수 있는 수준을 넘어섰기 때문이다. 이로 인해 제품의 속성이나 우수성, 또는 잠재된 위험을 판단하기 위해 제품의 생산자로부터 제공되는 정보에 대한 의존도가 높아지게 된다. 그러나 이러한 방식의 정보제공은 소비자정보원으로서 한계를 지니는데, 마케터들로부터 제공되는 정보에서는 필요한 정보가 누락될 가능성이 있으며 정보제공이 제품의 장점 위주로만 이루어짐으로써 피상적이고 신뢰성이 결여될 수 있기때문이다. 따라서 상업적 정보원천으로부터 획득된 정보를 비판적으로 수용하는 태도가 요구된다.

(2) 중립적 정보원천

소비자정보의 또 다른 원천으로는 중립적 원천이 있다. 중립적 정보원천이란 신문, 잡지, 정부기관 및 단체와 같이 객관성과 신뢰성을 갖춘 주체가 제공하는 정보를 의미한다. 주로 한국소비자원과 같이 공신력을 지닌 기관의 연구보고서나 시험검사결과, 소비자단체의 객관적 상품비교평가 등이 포함된다. 중립적 정보원천의 경우 공정하고 사실적인 정보를 제공한다는 점에서 소비자가 신뢰하고 이용할 수 있는 정보로서 가치가 높다. 중립적 정보의 경우 모든 상품이나 서비스에 대한 정보가 제공되는 것은 아니기 때문에 불완전한 정보의 한계가 있으며 정보가 제공되기까지 시간이 많이 소요되어 최신성이 결여된 경우가 있다. 한편, 중립적 소비자정보원천에 소비자가 쉽게 접근하여 이용하기 어려운 경우도 있었으나 최근 기관이나 단체의 홈페이지, 스마트폰 애플리케이션 등을 통해 손쉽게 정보를 획득할 수 있도록 보완해 나가고 있다.

(3) 소비자주도적 정보원천

마지막으로 소비자에 의해 제공되는 정보원으로 소비자주도적 정보원천이 있다. 소비자는 주변의 다른 소비자들로부터 정보를 획득하기도 한다. 소비자주도적 정보원천은 가족, 친구, 동료, 이웃 등 마케터의 직접적인 통제를 받지 않는 모든 개인 간 정보원천을 포함한다. 소비자들 사이에서 확산되는 구전이나 다른 소비자로부터 얻는 구체적인 조언 등이 그 예이다. 이러한 정보는 소비자가 비교적 이용하기 쉽고 개인의 정보요구에 맞추어 정보가 제공될 수 있다는 점에서 장점이 있다. 그러나 개인이 제공하는 주관적 정보라는 점에서 정보의 왜곡이나 낮은 신뢰성으로 인한 문제가 있다.

정보홍수시대, 정보큐레이션 인기

"정보 홍수 시대 ⋯ 맞춤형 큐레이션 서비스 인기"

필요한 정보만 선별해 보여주는 큐레이션 서비스가 인기를 끌고 있다. 넘쳐나는 정보로 선택의 폭이 지나치게 넓어지면서 결정장애(일명 햄릿증후군)에 시달리는 사람들이 늘어나고 있기 때문이다. 이용자들의 기본 정보, 소비이력 등을 바탕으로 필요한 정보를 제공해 소비자들의 스트레스를 낮추고, 효율적으로 서비스를 제공할 수 있다.

큐레이션 서비스는 특별 분야에 국한되지 않는다. 유통, 패션, 도서, 콘텐츠 등 다양한 분야에서 큐레이션을 표방한 서비스들이 등장했다.

광고도 정보도 필요한 것만=캐시슬라이드는 잠금화면에 광고, 뉴스 등 콘텐츠를 노출시키고 이를 소비하는 사용자들에게 일정 금액을 리워드해주는 모바일 서비스다. 사용자의 성별, 연령 등 기본적인 데이터와 과거 콘텐츠 소비이력을 기반으로 콘텐츠를 큐레이션해 잠금화면에서 노출시키고 있다. 예를 들면, 20대 여성 사용자에게는 패션유통관련 콘텐츠를, 10대 남성에게는 게임 콘텐츠를 주로 노출시키는 방식이다. 현재 캐시슬라이드는 가입자 1천만 명, 광고주 250여 곳을 보유하고 있다.

다음카카오의 카카오토픽은 시사, 연예, 스포츠, 유머 등 총 13가지의 카테고리를 한데 모아놓은 개인별 맞춤형 콘텐츠 추천 서비스 앱이다. 사용자가 관심 카테고리를 미리 설정해 놓으면 카카오토픽이 콘텐츠를 큐레이션 및 정렬해 보여주는 방식이다.

쇼핑도 큐레이션=오픈마켓 분야에도 큐레이션 쇼핑이 주요 화두로 떠올랐다. SK플래닛 11번가는 기존 쇼킹딜에서 큐레이션 기능을 강화한 쇼킹딜 십일시를 운영 중이다. 기존 상품 수를 4만여 개에서 7천 개로 대폭 줄여 노출 상품 집중도를 강화했고, MD 등 전문가들이 제품을 직접 골라 선보이며 소비자의 쇼핑 피로도를 낮췄다. 목적성이 뚜렷한 소비 패턴을 고려해 상품군별로 카테고리를 배열하고 있다. 그 결과 쇼킹딜 십일시의 지난해 10월 거래액은 1월 대비 3.3배가량 성장했다.

지마켓의 G9는 카테고리별 상품담당자들이 선별한 제품을 매일 오전 9시와 저녁 5시에 선보인다. 오픈 당시에는 평일에만 새로운 상품을 판매했지만 지금은 주말에도 새 상품을 선보이는 '주말딜'을 진행하고 있다. 특히 주말딜의 경우 야외활동이 많은 시간인 점을 고려해 즉석에서 사용 가능한 e쿠폰 중심으로 상품을 구성하고 있다. e쿠폰은 결제완료 후 10분 이내에 자동으로 모바일 쿠폰형태를 발급받을 수 있다. G9는 작년 9~11월 매출이 전년 동기대비 64% 성장했으며, 특히 작년 10월 기준 모바일 쇼핑 비중이 55%까지 증가했다고 밝혔다.

베스트셀러 추종은 이제 그만, 북큐레이션=지난해 11월 온라인서점 알라딘은 북큐레이션 서비스 북플을 출시했다. 북플은 SNS와 도서 추천기능을 결합한 것으로 개별 사용자에게 책을 자동으로 추천해주고, 사용자들끼리 서평, 별점, 관심도서 등을 공유할 수 있는 플랫폼이다. 사용자들은 가입 시 '경제경영', '인문사회' 등 관심분야를 선택할 수 있고, 북플은 이를 바탕으로 책을 추천한다. 이후에는 사용자의 활동 및 관심도서를 분석해 책을 추천하는 방식이다. 따라서 사용자가 서비스를 활발하게 이용할수록 관련 데이터가 축적되어 책 추천의 정확도가 높아진다.

스타네이션의 북맥도 알라딘의 북플과 비슷한 북큐레이션 서비스로 지난해 3월에 출시됐다. 북플 사용자들은 가입 시 설정한 관심분야별 인기도서를 추천받을 수 있으며, 같은 책에 관심 있는 사람들끼리 쉽게 커뮤니티를 만들 수도 있다.

- **오늘 뭐 먹지? 푸드큐레이션**=애피타이저는 개인의 취향을 분석해 음식점을 추천하는 앱 포크를 출시했다. 포크 사용자는 자신이 직접 가본 음식점을 평가할 수 있는데, 포크는 이 정보를 활용, 학습형 엔진분석을 통해 사용자가 만족할 만한 음식점을 추천해준다. 또 빅데이터 분석으로 전국 40여 만 개 음식점에 대한 공정한 순위도 제공한다.

  오마이비어는 수입맥주 중 내 입맛에 꼭 맞는 맥주를 추천해주는 큐레이션 앱이다. 앱을 내려받은 후 마셔본 맥주나 취향을 평가하고 나면, 250개가 넘는 맥주 중 사용자 입맛에 최적화된 맥주를 순위별로 추천해준다. 추천된 맥주를 맛있게 마시는 법이나 판매처, 어울리는 안주도 함께 추천한다.

- **추천에서 그치지 않고 상품을 배달까지 … 서브스크립션 커머스**=큐레이션 커머스는 상품추천을 넘어 정기적으로 배달까지 해주는 서브스크립션 커머스로 확장되고 있다. 미용제품 큐레이션 커머스 업체인 미미박스는 전문가들이 실용성과 경제성을 갖춘 미용 관련 제품을 골라 소비자에게 추천해주고 있다. 미미박스는 구독가입 시 작성한 프로필과 테마를 기반으로 상품박스를 정기적으로 배송해준다.

  패션 큐레이션 바이박스는 전문 큐레이터가 직접 선택한 제품을 소비자에게 제공하는 시스템이다. 처음에는 스타일리스트, 디자이너, 모델들이 큐레이터로 참가했지만 최근 리빙, 키즈, 아웃도어 분야까지 영역을 확대했다.

  헤이브레드는 동네 인기 빵집의 빵들을 소비자들에게 배달해주는 서브스크립션 커머스 업체다. 인공 첨가제를 쓰지 않는 곳, 셰프의 경력이 검증된 곳, 개성 있는 빵을 생산하는 곳 등 엄격한 기준에 따라 선정된 빵집의 제품들을 회원들에게 매일 아침 배달해준다. 2012년 9월 창업 이후 현재까지 판매한 빵만 30만 개, 20억 원어치에 이른다.

디지털데일리(2015.2.3.)

〈www.ddaily.co.kr〉

2) 디지털 소비자정보원천

디지털사회에 들어 인터넷이라는 새로운 매체가 등장함에 따라 이러한 소비자정보의 제공, 획득, 활용의 방식이 혁명적으로 변화할 수 있게 되었다. 유용한 소비자정보를 제공하는 영리·비영리의 인터넷 페이지들이 하루가 다르게 생겨나고 있어서 과거에는 같은 상품을 조금이라도 싼 가격에 구입하기 위하여 많은 시간과 노력을 들여 '다리품'을 팔아야 했다면, 이제는 인터넷을 이용하여 편안히 '마우스품'을 파는 것으로 대체되기에 이른 것이다.

(1) 상업적 정보원천

온라인 소비자정보원천은 전통적 소비자정보원천의 분류와 동일한 맥락을 가지고 있다. 먼저 온라인에서 제공되는 상업적 소비자정보는 제품이나 서비스의 생산자 또는 판매자에 해당하는 기업이 운영하는 홈페이지나 온라인 쇼핑몰에서 제공되는 정보가 포함된다. 소비자는 직접 해당 기업의 사이트에 방문하지 않더라도 다른 사이트에 게재된 배너광고나 기업의 상업적 광고 이메일 등을 통해 정보를 획득하기도 한다. 또한 오프라인에서는 판매원과 같은 인적 정보원천과 직접 접촉하여 정보를 획득하는 반면 온라인에서는 온라인 게시판이나 1 : 1 채팅상담 등 온라인 고객센터를 통해 비대면 방식으로 상업적 정보가 제공된다.

(2) 중립적 정보원천

온라인을 통해 제공되는 중립적 정보원천은 오프라인에서의 중립적 정보가 온라인 채널을 통해 제공되는 것이 대부분이다. 기존의 신문이나 잡지 기사가 온라인 채널까지 확장한 경우와 최근 증가하고 있는 인터넷신문사와 같은 온라인 매체가 포함된다. 정부기관이나 단체가 발행하는 연구보고서, 정보지 등을 온라인상에서 열람할 수 있도록 하거나 온라인 게시판이나 이메일 등을 활용하여 온라인 상담을 통해 정보를 제공하기도 한다. 최근에는 한국소비자원이 개발하여 보급한 '스마트컨슈머'와 같은 스마트폰 애플리케이션을 활용하여 쉽고 빠르게 정보를 탐색할 수 있는 채널을 확장하고 있다. 소비자정보의 제공방식이 온라인 채널로 확대되면서 추가된 중립적 정보원천으로는 가격비교사이트가 있다. 가격비교사이트는 온라인에서 판매되고 있는 제품의 가격을 한곳에서 모아 검색할 수 있도록 하는 것으로 '네이버 지식쇼핑' 등을 통해 서비스가 제공된다. 가격비교사이트는 중립적 기관이나 단체는 아니지만 객관적 사실(판매가격)을 검색 가능한 형태로 제공하고 있다는 점에서 중립적 정보원천으로 분류될 수 있다.

(3) 소비자주도적 정보원천

온라인 소비자주도적 정보원천은 매우 다양한 형태로 발전되어왔다. 전통적 소비자정보원천에서 소비자주도적 정보원천은 주로 가족이나 가까운 지인과 같이 직접적인 관계가 있는 소비자들 간에 정보교환이 이루어지는 것을 의미하였다. 이와 달리 온라인상에서의 소비자주도적 정보원천은 직접적인 관계가 없는 불특정 다수와의 정보교환을 포함한다. 네이버와 같은 온라인 포털사이트를 통해 공개적으로 질문을 올리고 익명의 누군가로부터 답변을 받기도 하며 특정 제품이나 서비스의 사용자들이 모여 온라인 커뮤니티를 만들고 정보를 공유하기도 한다. 최근에는 소셜네트워크서비스 (Social Network Service, SNS)를 통해 실시간으로 정보가 확산되고 있다.

온라인 소비자주도적 정보원천의 또 다른 형태로는 특정 제품이나 서비스의 사용 후 주관적 평가를 남겨 다른 소비자들과 공유하는 것이다. 주로 온라인 쇼핑몰에서 제공하는 상품평이나 포털사이트에서 제공하는 업체 정보에 소비자가 남기는 평가글이 포함되며, 여행이나 화장품 등 특정 분야의 소비자리뷰를 제공하는 리뷰사이트도 있다. 미국에서는 'Yelp'와 같은 리뷰 애플리케이션이 개발되어 스마트폰을 통해 미국 전역의 지역별 식당, 상점, 호텔 등에 대해 생생한 소비자의 경험담을 공유한다.

소비자의 경험을 토대로 작성되는 리뷰는 다른 소비자에게 간접경험의 기회를 제공한다. 특히 온라인 쇼핑몰과 같은 비대면거래의 경우 의사결정의 불확실성을 크게 지각하게 되어 다른 소비자의 의견을 참조하는 경우가 많다. 이러한 구매 후 소비경험이 공유될 수 있는 리뷰사이트들은 그동안 분산되었던 소비자들의 의견을 결집시키고 소비자의 구전이 지니는 힘을 보여주기도 한다. 이처럼 소비자 리뷰의 힘이 막강해지자 최근 소비자 리뷰를 상업적으로 활용하는 일명 '바이럴마케팅', '구전마케팅'과 같은 마케팅 기법을 활용하는 기업이 늘어나고 있다. 신제품을 출시하며 체험단 이벤트 등을 통해 온라인 구전을 퍼트려줄 소비자를 모집하고 제품이나 서비스를 무료로 체험할 수 있도록 한 뒤 일정 기간 내에 정해진 방식으로 리뷰를 작성하도록 하는 것이다. 실제로 소비자가 제품이나 서비스를 사용해본 경험을 작성한다는 점에서는 기존의 소비자리뷰와 동일하다. 그러나 무료체험이나 해당 상품의 무상제공, 또는 일종의 대가를 지급받고 작성되는 리뷰는 통상적으로 소비자가 기대하는 리뷰의 진정성과 거리가 있다. 이러한 리뷰의 경우 소비자의 경험이나 리뷰로 포장된 상업적 광고의 범주로 간주되어야 한다. 공정거래위원회는 '추천·보증 등에 관한 표시·광고 심사지침(2014년 6월 18일 개정·시행)'을 개정하여 경제적 대가를 주고 블로그, 카페 등에 추천·보증글을 올리는 경우 그 지급사실을 표준문구에 따라 공개하도록 제재하고 있다. 상품 등의 추천이나 보증글을 게재하면서 경제적 대가가 지급되었음을 공개하지 않을 경우 소비자를 기만하는 광고로 간주하여 법위반행위 금지명령과 과징금을 부과한다.

　이와 같이 전통적인 소비자정보원천이 온라인상으로 옮겨오면서 다양한 형태의 정보로 제공되고 있다. 가격비교사이트와 같이 기존의 정보탐색보다 쉽고 효율적인 탐색이 가능해진 점은 소비자에게 긍정적이나, 온라인상에서 무분별하게 유통되는 정보와 소비자가 오인할 가능성이 있는 왜곡된 상업적 정보로 인해 소비자에게 정보의 선별에 더 많은 노력이 요구되고 있다. 따라서 초연결사회의 소비자정보 활용은 전통적 소비자정보의 원천에 대한 논의에서 더 나아가 소비자가 이용할 수 있는 정보의 양과 질의 측면에서 비판적으로 검토하고 발전시켜 나갈 필요가 있다.

③ 소비자정보의 학문적 접근

1) 경제학적 접근

소비자는 선택의 불확실성을 줄이고 선택을 통해 얻는 효용을 극대화하기 위해 소비자정보를 탐색한다. 일반적으로 합리적 선택을 가정하는 경제학에서는 소비자가 완벽하게 정보를 가지고 합리적으로 행동하며 최적의 가격-품질 조합을 찾는 것으로 가정한다. 즉 경제적으로 소비자가 효용을 극대화하는 선택을 하는 데 기초가 되는 것이 소비자정보이다. 시장에 존재하는 수많은 제품과 서비스는 다양한 가격과 품질의 조합을 가지고 있으며 소비자는 그중 가격과 품질의 관계를 동시에 고려하여 최적 대안을 선택한다.

(1) 정보탐색 비용과 이익

소비자는 정보를 탐색함으로써 더 높은 품질의 제품이나 서비스를 더 낮은 가격에 선택할 수 있게 된다. 그러나 우리의 시장환경은 완전한 정보를 제공하고 있지도 않으며, 소비자가 완전한 정보를 갖추는 일이란 불가능에 가깝다. 또한 정보탐색은 시간과 노력, 금전적 비용을 수반한다. 즉, 정보를 탐색하는 데에는 그에 상응하는 소비자비용이 발생한다. 정보를 탐색하기 위해 소비자는 인지적으로 정보를 찾고 처리하기 위한 노력을 기울여야 하며 최적의 정보를 갖추기 위해 그에 따른 시간이 소요된다.

또는 정보를 탐색하기 위해 실제로 교통비나 전화요금, 유료정보를 구매하는 등의 금전적 비용도 동반될 수 있다. 이러한 비용에 대한 인식은 소비자에 따라 다를 수 있다. 예를 들면 어떤 소비자는 더 품질이 좋고 저렴한 제품을 선택하기 위해 시간을 들여 정보를 탐색하는 것에 대해 그다지 시간이 아깝다는 생각을 하지 않을 수 있으나, 어떤 소비자는 시간을 다른 곳에 투자하는 것을 더 가치 있게 여길 수 있다.

(2) 최적 정보탐색량

소비자의 최적 정보탐색량을 경제학적으로 설명한 Stigler[5]는 ① 예상되는 총비용을 최소화하고 ② 정보탐색의 한계비용이 기대한계효용을 넘지 않는 선에서 가능한 많은 정보를 탐색하는 것으로 설명하였다. 여기서 총비용이란 소비자가 제품을 구매하는 가격과 그 과정에서 탐색하는 데 소요된 비용을 의미한다. 정보탐색을 위해 지불해야 하는 소비자비용이 지나치게 높아질 경우 정보탐색을 통해 소비자가 얻는 효용을 넘어설 수 있으므로 무조건 '더 많은 정보=더 현명한 선택'으로 간주할 수 없다. 따라서 소비자는 정보를 찾는 과정에서 지불해야 하는 한계비용을 넘지 않는 선에서 가능한 한 많은 정보를 탐색하게 된다. 이와 같은 경제학적 접근은 소비자의 선택을 위한 목적으로 찾는 정보를 중심으로 소비자정보탐색의 효율성에 주로 초점을 맞추고 있다.

2) 행동과학적 접근

소비자정보탐색을 행동과학적으로 접근하는 시각에서는 구매의사결정과정의 두 번째 단계로 정보탐색을 설명하며 소비자가 어떤 정보를 어느 원천으로부터 얼마나 어떻게 탐색하는지 소비자의 행동을 중심으로 설명한다.

(1) 내적 탐색과 외적 탐색

소비자의 정보탐색활동은 크게 내적 정보탐색(internal information search)과 외적 정보탐색(external information search)으로 구분된다. 내적 정보탐색은 소비자의 기억에 관련된 것으로 예를 들면 특정 제품을 구매하기 전에 과거에 경험했던 바를 상기하여

---

[5] Stigler, G. J. (1961). The economics of information, *The Journal of Political Economy*, LXXI, 3, June, 213-225.

의사결정에 활용하는 것을 생각해볼 수 있다. 외적 정보탐색은 외부의 정보원으로부터 제품이나 서비스에 대한 정보를 획득하는 과정을 의미한다.

소비자의 정보탐색이 이루어지는 과정을 살펴보면, 내적 정보탐색과 외적 정보탐색이 매우 밀접한 관련을 가지고 상호의존적으로 이루어지는 것을 알 수 있다. 특정 제품을 구매할 때 과거에 관련 제품을 구매해본 경험이 많거나 이미 알고 있는 정보가 많을 때 소비자는 내적 정보탐색으로도 많은 정보를 활용할 수 있다. 이 경우 내적 정보탐색의 결과가 충분히 만족스럽다면 소비자는 외적 정보탐색을 거치지 않고 구매의사결정을 내릴 수 있다. 그러나 만약 기억이 오래되어 부정확하거나 새로운 제품의 속성에 대해서는 잘 알지 못하는 등 내적 정보의 양과 적합성이 떨어지는 경우 소비자는 외적 정보탐색을 하게 된다.

(2) 정보획득과 정보탐색

소비자는 외부로부터 정보를 획득하거나 탐색하는 과정에서 정보(자극)에 노출되면 이를 처리하려는 정보처리과정을 거치게 된다. 여기서 정보획득과 정보탐색은 그 의미가 조금 다르다. 정보획득은 소비자가 의도적, 비의도적으로 정보를 얻게 되는 것을 의미한다. 소비자는 시시각각 수많은 정보에 노출되어 정보를 획득하게 된다. 특히 소비자는 일상생활에서 수많은 상업적 정보에 비의도적이고 무의식적으로 노출되고 있다. 길을 걸어갈 때 보게 되는 수많은 옥외광고물, 대중교통에서 우연히 듣게 되는 라디오광고, TV를 시청하면서 보게 되는 광고방송이나 PPL(Product Placement) 등은 모두 소비자에게 외부로부터 입력되는 정보에 해당한다. 반면, 정보탐색은 소비자가 능동적으로 정보를 얻고자 하는 의지를 가지고 탐색하는 것, 즉 불확실성을 낮출 수 있는 정보를 찾기 위한 소비자의 의도된 노력을 의미한다. 소비자는 능동적으로 자신이 원하는 정보를 얻기 위해 인터넷 검색엔진을 활용할 수도 있고 판매원에게 제품에 관련된 설명을 들을 수도 있다.

(3) 정보처리과정

소비자가 외부로부터 정보를 획득하거나 탐색하는 과정에서 자극에 노출되면 이를 처리하려는 인지적 과정이 전개된다. 정보처리과정은 노출 → 주의 → 이해 → 수용 →

보유의 다섯 단계를 거쳐 이루어진다.

노출(exposure)은 소비자가 정보나 설득적 커뮤니케이션에 접하는 단계이다. 소비자의 오감 중 하나 또는 그 이상의 감각기관을 활성화하는 자극이 존재할 때 일어난다. 이는 소비자가 감각을 느끼는 데 필요한 자극강도를 의미하는 '식역(threshold)'의 최소한의 양(하한역, lower threshold)을 충족하거나 초과하였을 때 활성화된다. 온라인에서 이루어지는 상업적 광고를 보면 소비자에게 최대한 많이 노출되기 위한 전략을 쓰고 있음을 알 수 있다. 예를 들면 특정 사이트에 방문했을 때 열리는 팝업창, 마우스 포인터가 올려지기만 해도 커지는 온라인 포털에 게시된 배너광고 등이 노출을 극대화하기 위한 전략으로 구상된 광고이다.

주의(attention)는 노출 후 입력된 정보를 처리하기 위하여 정보처리능력을 집중시키는 과정이다. 소비자는 이 단계에서 관련이 없거나 불필요하게 여겨지는 상업적 설득 메시지에 대해 주의를 기울이지 않는다. 소비자는 자신의 필요나 요구에 더 관련이 깊을수록 더 많이 주의를 기울이게 된다.

다음으로 **이해(comprehension)**는 주의가 집중된 후 메시지를 기억에 저장된 의미체계에 따라 이해하는 과정이다. 이 과정에서 소비자는 입력된 정보를 인지적으로 처리하여 정보에 대한 태도나 행동방향을 결정하게 된다. 소비자는 노출된 모든 자극이나 정보에 주의를 기울이지 않을 뿐만 아니라 주의를 기울여 정보처리능력을 집중하였더라도 그중 일부가 이해되고 그 다음 단계인 수용과 보유로 넘어가게 된다.

수용(acceptance)은 이해가 이루어지고 난 뒤 메시지가 수용될 것인지 여부가 결정되는 단계이다. 소비자는 자극이나 정보에 동의할 경우 메시지를 수용하고 그렇지 않을 경우 이를 폐기한다. 따라서 정보의 이해가 이루어지고 난 뒤 소비자가 동의할 경우 정보가 수용되어 최종적으로 소비자의 기존 신념이나 태도 등을 바꾸는 역할을 하게 된다.

마지막으로 **보유(retention)**단계에서는 새로운 정보가 수용되고 기억에 저장되는 단계로, 미래에 활용 가능한 내적 정보원천으로 남게 된다.

(4) 외적 정보탐색수준

외적 정보탐색 수준은 정보탐색에서 활용한 원천이나 정보형태의 수, 고려한 대안의 수, 최종 구매에 걸린 시간 등을 근거로 판단할 수 있다. 이러한 정보탐색의 수준에 영향을 미치는 요인으로는 소비자가 경험하는 불확실성의 정도와 정보탐색 비용, 소비자의 개인적 특성 및 상황적 요인 등을 살펴볼 수 있다. 소비자가 경험하는 불확실성의 정도가 높을수록 결과의 불확실성을 감소시키기 위하여 다양한 정보를 많이 탐색하게 된다. 한편, 정보탐색 비용은 탐색량에 부정적인 영향을 미치게 된다. 소비자가 외적 탐색량을 늘리기 위해서는 시간과 금전의 기회비용이 발생하며, 인지적으로 정보처리를 하는 과정에서 발생하는 비용과 의사결정 연기로 인해 발생하는 비용, 정보과부하로 인한 비용 역시 고려되어야 한다.

한편 소비자의 외적 정보탐색량에는 제품이나 시장의 특성이 영향을 미친다. 먼저 상품의 유형을 편의품, 선매품, 전문품으로 분류할 때 편의품에 비해 선매품의 정보탐색이 많이 이루어진다. 편의품은 최소한의 노력으로 구매하는 제품이고 선매품은 품질이나 가격, 스타일 등의 비교를 통해 구매하는 상품들이 해당된다. 제품의 기능이나 스타일 등의 특성이 차별화된 정도가 심할수록 소비자는 더 많은 정보를 탐색하게 된다. 전문품의 경우 가격이 높고 품질이 중요하므로 상당히 많은 양의 정보탐색이 이루어지는 특성을 보인다. 또한 제품의 특성이 자주 변하는 제품군에 대해서는 소비자의 정보탐색량이 많은 반면 상대적으로 변화가 자주 일어나지 않는 제품군의 경우 구매 시 정보탐색을 많이 하지 않는다. 제품 가격과 관련하여 일반적으로 가격이 높은 제품을 구매해야 할 때 더 많은 정보탐색이 이루어지는 경향을 보인다.

시장특성에 따라서는 시장에 대체안이 많이 존재할수록 소비자가 대체안을 비교하기 위한 외적 정보탐색량이 증가하는 경향이 있으며, 제품이 가격분산이 크지 않을 경우에는 추가적인 정보탐색으로 얻게 되는 한계효용이 크지 않으므로 적은 정보탐색이 이루어진다. 소비자가 필요한 정보를 얻기 쉬운 환경인 경우, 즉 정보의 접근성과 이용가능성이 높을 때 더 많은 정보를 탐색하게 된다.

소비자의 개인적 특성과 정보탐색의 관계를 살펴보면, 일반적으로 연령이 높을수록 정보탐색의 수준이 낮아지는 것으로 보고되고 있다. 특히 디지털화된 정보환경에서 상대적으로 정보화에 익숙하지 못한 세대의 경우 정보탐색에 어려움을 경험할 수 있다는 점에서 연령에 따른 정보탐색량의 차이가 과거에 비해 더 심화될 가능성이 있다. 교육수준과 소득은 정보탐색과 정적 관계를 가지는 것으로 나타난다. 교육수준이 높다는 것은 상대적으로 인지처리 능력이 높다는 것을 반영한다는 점에서 정보탐색량과의 정적 관계가 있을 것으로 보인다. 소득과 정보탐색량의 관계는 상반된 관점이 존재한다. 소득과 정보탐색량이 부적 관계가 있다고 설명하는 관점에서는 소득이 낮은 소비자의 경우 재무압박을 크게 느끼게 되고 보다 저렴한 가격의 상품을 구매하기 위한 정보탐색이 더 많이 이루어져 오히려 소득이 낮은 집단에서 정보탐색량이 많아질 수 있다는 것이다. 이와 관련하여 소득이 높은 집단의 경우 시간당 임금이 높아 시간에 대한 민감도가 높고 정보탐색으로 인해 발생하는 시간의 기회비용을 더 높이 지각하게 된다는 점에서도 소득과 정보탐색의 부적 관계가 설명되기도 한다. 그러나 소득과 정보탐색량의 관계를 설명하는 다른 관점에서는 소득과 정보탐색량이 정적 관계에 있는 것으로 나타난다. 이는 소득이 높을수록 더 많은 재화와 서비스를 구매할 기회가 있으며 특히 통상적으로 정보탐색을 많이 하게 되는 가격이 높은 제품을 구매할 기회가 더 많다는 점과 교육수준과 소득은 일정 부분 관련이 있다는 점에서 이해될 수 있다.

소비자의 사전지식과 정보탐색량의 관계 역시 상반된 관점이 존재한다. 먼저 사전지식을 많이 보유하고 있을 경우 소비자는 내적 탐색만으로도 충분히 의사결정을 내릴 수 있으므로 정보탐색량이 감소한다고 보는 관점이 있다. 이와는 반대로 사전지식이 많을 때 외적 탐색을 더욱 활발하게 한다는 관점도 있는데, 이는 기존에 보유하고 있던 사전지식을 활용하여 새로운 정보를 효과적으로 탐색하고 조직화할 수 있다는 점에서 정보탐색량과 정적 관계에 있는 것으로 설명된다. 이를 역 U자의 관계를 가지는 것으로 설명하기도 하는데, 일정 수준까지의 사전지식이나 경험은 소비자의 외적 정보탐색을 활발하게 하는 촉진제 역할을 하는 반면, 일정 수준 이상을 초과하여 다른 정보가 필요없을 만큼 충분히 내적 정보를 보유한 경우에는 외적 정보탐색량이 반대로 줄어들게 된다.

4 소비자정보 내용의 체계화

1) 소비자정보 내용 체계화의 개념 및 의의

디지털혁명으로 정보의 양적 증대는 과히 혁명적으로 이루어졌으나 소비자에게 유용한 가치를 지니는 소비자정보의 질적 향상은 그 속도가 매우 저조하다. 소비자에게 다양하고 양적으로 많은 정보가 제공되는 것보다 더 중요한 것은 소비자에게 필요한 정보의 범위와 내용을 선별하고 계통을 세워 체계적으로 제공하는 것이다. 이를 위해 소비자정보 내용을 소비자에게 의미 있고 유용한 기준에 따라 짜임새 있게 분류하는 소비자정보 내용의 체계화 작업이 가장 먼저 필요하다.

체계화란 일정한 기준에 따라 관련 내용을 사용하기 쉽게 분류하는 조직을 만드는 것으로써 하나의 부분은 다른 부분과 결합하고 전체는 부분과 논리적으로 연결되는 통일된 조직구조를 만드는 것이라고 정의할 수 있다. 소비자정보 내용의 체계화란 소비자정보의 내용을 일정한 기준에 따라 상·하위 개념으로 조직적으로 분류하는 것으로써 소비자의 정보탐색을 용이하게 하고 양질의 풍부한 정보를 획득할 수 있는 기회를 제공한다는 의의가 있다. 즉 소비자정보 내용의 체계화는 소비자정보 내용의 범위와 분류기준을 모색하고 그 기준에 따라 소비자정보의 주제영역과 각 주제영역에서 다루어야 할 정보내용이 무엇인지 구성하는 것이다.

2) 소비자정보 내용의 분류기준

소비자정보의 내용은 연구자에 따라 표 3-2에서와 같이 다양하게 분류되고 있으나 대체로 구매의사결정에 관한 정보에 집중되고 있다. 이를 종합해보면 소비자정보 내용의 분류기준으로는 첫째, 상품, 가격, 품질 등과 같이 구매 시 필요한 정보종류별로 분류하거나, 둘째 구매 전, 구매, 구매 후와 같이 구매단계별로 분류하거나, 혹은 셋째 구체적인 상품별로 분류하는 세 가지로 집약된다. 그러나 소비자가 자신의 소비생활을 영위해 나갈 때 필요한 정보는 구매에 관한 내용뿐만 아니라 재무, 통신, 건강, 여가 등 다양하다. 따라서 소비자정보 내용의 분류기준은 앞에서 언급한 세 가지 이외에 소비생활영역을 추가하여 그림 3-1과 같이 정리해볼 수 있다.

표 3-2 소비자정보 내용에 관한 선행연구

Maynes (1979)	유동근 (1988)	이은희 (1993)	유현정 (1994)	이득연·천선경 (1994)	조희경·이기춘 (2000)	이영애 (2000)	문지영 (2001)	김기옥 외 (2001)
1. 일반적인 상품정보 1) 어떤 상품이 욕구충족 요구를 충족시키는가? 2) 특성 3) 다양한 특성들의 특성별 비교를 통한 바람직한 정도함 2. 시장정보 1) 바람직한 정보 ① 상품의 다양성 ② 판매점 3. 가격정보 1) 판매가격 2) 판매가격 4. 질정보 1) 바람직한 정보 ① 상품의 특성 ② 상품의 견본 2) 이해력 3) 질 평가의 정확성 4) 응답성 5) 비교성 6) 중요성 7) 전반적 측정의 유용성	1. 매가 대안의 존재에 관한 정보 1) 이용 가능한 판매점들의 가격에 관한 정보 2. 가격 및 유지비 3. 평가기준들의 가중치 4. 수성별 특성들을 통한 바람직한 정도함 5. 이용하는 판매점에 관한 정보	1. 대체안의 존재에 관한 정보 2. 이용 가능한 판매점과 관련한 정보 3. 평가기준(속성)의 개발 4. 각 상표의 특정 평정 및 사용방법에 관한 정보 5. 사용방법 관리방법에 관한 정보	1. 상품정보 1) 제품기능/속성 2) 상표 및 대체안 추가성 3) 신상품의 세부특성 2. 가격정보 1) 제품의 가격 2) 상표별 가격 차이 3) 대금지불 방법 3. 시장정보 1) 제품취급 상점 위치 2) 이용 가능한 시장범위 3) 제품 구입이 능한 곳 4. 점포정보 1) 품질표시 2) 품질 테스트 5. 서비스정보 1) 제품사용 및 관리방법 2) 애프터서비스 3) 효율적인 구매방법	1. 구매 전 단계 1) 일반생활정보 2) 정책제도 관련정보 2. 구매 단계 1) 구입처정보 2) 상품비교정보 3) 위해안전정보 4) 거래조건정보 3. 구매 후 단계 1) 상품사용정보 2) 피해보상 3) A/S 정보	1. 구매전정보 1) 사업자정보 ① 회사상호 안내, 사이버개시점, 주소 ② 연 락 처, E-mail 2) 운영정보 ① 방문자 수, 상품 수, 자료갱신일 2. 구매 단계 1) 상품정보 ① 제품명, 모델명, 제품 크기, 제품사진, 제품 색 ② 제품사진, 축소버전, 제품원본사진 ③ 제품성능 및 성능, 재고 여부 2) 가격정보 1) 판매가격, 소비자가격 3) 사용정보 ① 제품사용방법, 제품구입시 매뉴얼/선택방법 ② 제품관리방법	1. 제품관련 정보 1) 가격정보 2) 대체안의 제 정보 3) 상품의 특징 및 사용(관리)방법 정보 4) 전문가·타 이용객의 의견에 대한 정보 2. 거래관련 정보 1) 개인정보보호 정책정보 2) 대금결제방법 정보 3) 배송방법 정보 4) 배송처리 여부 정보 5) 쇼핑몰 실제 연락처(구입처) 6) 해당 쇼핑몰의 이용안내(구매가이드라인)에 대한 정보	1. 사업자정보 ① 회사안내 ② 회사안내 ③ 사업자번호 ④ 회사 연락처 ① 주소 ② 전화, Fax 번호 ③ E-mail 2. 상품정보 ① 상품가격, 특성, 상품 사양 및 사진 ① 가격정보 ① 판매가격 ② 소비자가격 3. 상품가격비교 ① 사용방법 ② 구매방법 ③ 선택방법 ④ 관리방법 5. 품질정보 ① 다른 상표와 비교평가 ② 전문가 및 소비자 의견 6. 시장정보 ① 주변상품정보 ② 할인정보 ③ 특별한 상품 정보 7. 거래 조건에 관한 정보 ① 이용안내 및 이용약관 2) 자료조건 및 배송조건 8. 서비스정보 1) A/S 2) 소비자상담 ① 방문록 ② 게시판 ③ Q&A	1. 상품정보 2. 구매정보 3. 가격정보 4. 품질정보 5. 판매점정보 6. 생활지식정보 7. 자원관리정보 8. 소비자보호제도 관련정보

그림 3-1 소비자정보 내용의 분류기준

소비자정보 내용을 소비생활영역을 기준으로 분류한다면 포함시켜야 할 소비자정보의 내용의 범위가 더욱 확대되어 다양한 소비자의 정보욕구를 충족시킬 수 있다는 장점이 있다. 소비자정보 내용의 체계화는 기존의 분류기준인 정보종류, 구매단계, 상품종류보다 더욱 포괄적인 소비자정보를 포함할 수 있는 소비생활영역을 기준으로 구성하는 것이 바람직하지만, 체계화의 목적에 따라 구매나 구체적인 상품과 같이 하위 영역별로 체계화를 시도해볼 수 있다.

3) 소비자정보 내용의 분류체계

소비생활영역을 기준으로 소비자정보의 내용을 분류하기 위해서는 소비자가 소비생활을 영위해 나갈 때 소비자정보가 유용한 가치를 발휘할 수 있는 소비생활의 하위 영역에 초점을 맞춰야 한다. 다시 말해서 소비생활영역 자체를 구분하려 하기보다는 소비자정보가 요구되고 또 주어졌을 때 유용하게 활용될 수 있는 소비생활영역이 무엇인가에 초점을 맞춰 정보 활용의 측면에서 소비자정보가 요구되는 소비생활영역을 모색해야 한다. 여기에서는 소비생활영역을 기준으로 소비자정보 내용을 분류하여 체계화를 시도한 연구(김영림, 2004)를 그림 3-2에서 소개함으로써 소비자정보 내용의 분류체계를 예시하고자 한다.

　한편, 소비자정보는 특정한 목적을 가진 특정한 소비자에 의하여 특정한 상황하에서 유용하게 사용되는 개별적인 성격이 강하다. 다음의 소비자정보는 보편적인 대다수의 소비자들에게 공통적으로 필요한 소비자정보의 유형에 해당한다.

(1) 가격정보

소비자가 상품에 대한 가치를 판단할 때 사용하는 가장 중요한 정보의 하나가 가격이다. 대다수의 소비자가 재화를 선택할 때 가격을 중요한 판단기준으로 사용하므로 사업자로 하여금 정확하게 가격을 표시하게 하는 것이 소비자의 선택권을 보호하는 가장 기본적인 방법이 된다. 이를 위하여 가격표시제의 실시, 가격표시의무의 부과, 부당한 가격표시 금지 등의 원칙이 실천되고 있다.

(2) 품질정보

기술발달과 국제교역의 증가로 수없이 많은 상품이 시장에서 선을 보이는 상황에서 소비자들이 안전하고 품질이 좋은 상품을 고르는 것은 쉽지 않다. 따라서 소비물의 품질에 대한 정보도 소비자들에게는 매우 절실하게 필요하다. 이에 각종 표시의 규제나 품질인증마크, 공공기관에 의한 상품비교테스트 등의 방법을 통하여 이러한 품질정보를 드러내도록 노력하고 있다.

(3) 환경관련정보

최근 환경보전에 대한 사회적 관심이 증가함에 따라 소비자들의 힘으로 환경을 지키려는 노력들이 많이 경주되고 있다. 이에 과거에는 그다지 관심을 끌지 못했던 상품의 환경관련 정보에 대한 중요성이 점점 커지고 있다. 이를 위하여 상품의 환경마크 표시를 강조하여 구매를 촉진시키기도 하며, 리필제품의 소비도 늘어나고 있다.

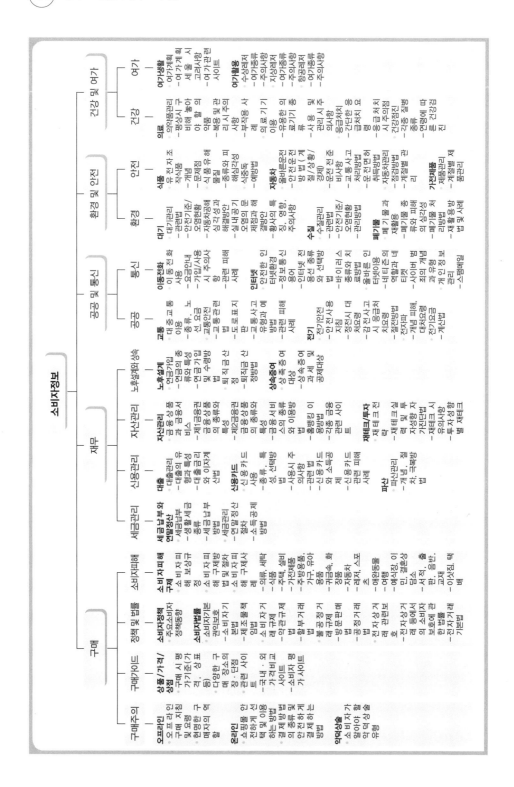

그림 3-2 소비자정보 내용의 분류체계

건강계획
- 1일 영양 권장량
- 한국인의 1일 영양 권장량
- 식생활평가
- 자가평가법
- 식이요법/ 다이어트
- 식단구성법

체력관리
- 체력진단과 운동활용
- 체력자가 진단법
- 손쉽게 활용 가능한 운동

소비자안전
- 놀이안전
- 놀이안전 사고유형과 방지대책
- 화재안전
- 화재시 행동요령과 소화하기
- 가정안전
- 안전사고 유형과 대책방법
- 인터넷안전
- 전 음란사이 트로부터 보호하기
- 인터넷 중독예방법
- 권장사이트 (어린이, 청소년 등)

생태계
- 생태계 보호
- 자연환경 파손현황
- 생태계의 중요성과 보존방법

환경친화소비
- 소비실천
- 중요성
- 소비사례

대자요령
- 개인정보 보호관련법
- 개인정보 보호방법
- 개인정보 유출관련 피해사례

가스
- 가스안전
- 안전사용 지침
- 가스누출 시 응급처치요령
- 가스 절약 방법
- 가스요금 요금안내

수도
- 수도안전
- 옥내누수 점검과 대처요령
- 겨울철 수도 계량기 관리방법
- 절수방법
- 수도요금 요금안내

보험
- 보험가입
- 보험용어
- 야외활동 시 위험한 보 험약관 내용
- 보험가입 절차 및 방법

전략
- 라이프 사이클에 따른 재테크 전략
- 부동산투자
- 부동산투 자의 장·단점
- 부동산과 세금의 관계
- 증권투자
- 증권용어
- 증권투자 장·단점
- 사이버 주식투자방법

- 전자상거래
- 회원권등록
- 금융서비스
- 의료서비스
- 법무서비스

소비자상담 및 정보제공 사이트
- 정부기관 사이트
- 지방자치 단체 사이트
- 소비자단체 사이트

(4) 신용정보

현대사회는 신용사회라고 할 만큼 신용정보의 중요성이 커지고 있다. 따라서 소비자들이 금융권은 물론 자동차, 백화점 등 개별 기업에 의해서도 신용이 매겨지고 있으며, 이러한 신용에 관한 정보도 매우 중요시되고 있다.

(5) 위해정보

현행 소비자기본법상, 소비자의 생명과 신체 및 재산상의 위해를 방지하기 위하여 위해정보 보고기관은 위해정보를 보고하도록 되어 있다. 위해정보 보고기관은 경찰청, 소방서, 보건소, 병원, 학교, 소비자단체 등 매우 다양한데, 이들은 위해물품 및 용역명, 위해경위, 위해내용 및 위해부위, 소비자 인적사항 등에 관하여 소비자보호원에 통지하여야 한다. 이러한 위해정보는 지속적으로 수집 분석되어 소비자정보로 제공되고 있다.

법령정보 찾는 법

❖ **대법원의 대국민서비스 사이트**
- 대국민서비스(www.scourt.go.kr/portal/main.jsp)에 접속하여 최근법령정보를 열람, 검색하여 확인
- 종합법률정보(http://glaw.scourt.go.kr)에 접속하여 법령, 판례, 규칙 등 검색 가능

❖ **법제처의 법령정보 사이트와 애플리케이션**
- 국가법령정보센터(www.law.go.kr)에서 법령 전문을 검색·열람할 수 있으며, 최신법령정보와 행정규칙, 판례, 해석, 서식 등이 제공됨
- 찾기쉬운 생활법령정보시스템(http://oneclick.law.go.kr)에서 나이 및 결혼, 관심사별 맞춤 생활법령 확인 가능
- 법제처에서 배포한 스마트폰 애플리케이션 '국가법령정보(Korea Laws)'를 이용하여 현행법령, 연혁법령, 행정규칙, 법령용어, 판례 등 열람 가능

제2부

초연결사회의
소비생활

제 4 장

소비자정보와 소비생활

① 소비자정보의 디지털화

1) 디지털 소비자정보의 등장과 발전

컴퓨터의 정보처리(processing) 부문과 통신기술의 정보전송(transmitting) 부문이 상호 결합될 수 있는 2진법에 따른 공통 언어 시스템에 의해 정보의 디지털화가 가능해졌으며, 이러한 정보를 송수신할 수 있는 정보환경이 갖추어졌다. 아날로그정보는 정보형태에 따라 각기 다른 저장방식과 재생방식을 필요로 하는 데 반해 디지털정보는 정보형태에 관계없이 동일한 저장방식과 재생방식을 필요로 한다. 그러므로 영상, 소리, 문자 등 외형상 다른 형태의 정보라도 전송이나 인출방식이 컴퓨터라는 동일한 매체를 통해서 재생될 수 있기 때문에 디지털 정보는 아날로그정보와 달리 원본과 복사본의 구별이 없다. 또한 디지털 정보는 2진법으로 동질화됨으로써 어떤 순서로든지 사용될 수 있기 때문에 텍스트에서 음성으로 혹은 그 반대로 마음대로 재배치할 수 있다.

디지털의 기술적 발전으로 정보가 아날로그 형태에서 디지털 형태로 바뀜에 따라 '정보'에 대한 새로운 정의가 불가피해졌다. 일반적으로 정보란 "주어진 환경 속에서 인간의 모든 지적 행위를 구조화시켜주는 유형적 표상의 결과 또는 상태이자 인간의 정신적 활동에 필요한 자료의 수집과 해석을 지속시켜 주는 과정"[1]으로 정의된다. 이러한 정의에 따른다면 디지털 방식으로 이루어지는 수학적 연산 처리가 바로 '인간의 지적 행위를 구조화시켜주는' 핵심적 과정으로써 '정보'는 이와 같은 과정으로 처리될 수 있는 모든 자료 연관으로 파악할 수 있다. 즉, 디지털 코드로 환원되어 저장, 처리, 전달될 수 있다면 그것이 새로운 의미에서의 '정보'인 것이다. 이러한 디지털정보는 기존의 미디어에 새로운 컴퓨터 및 통신기술이 결합되어 종래와는 다른 새로운 형태의 정보 수집, 처리와 가공, 전송, 분배, 이용 등이 가능해진 '뉴미디어'를 통해 자유롭게 전달될 수 있게 되었다.

소비자정보의 디지털화에 따라 디지털 소비자정보는 "소비자가 의사결정을 내릴 때 다양한 선택 대안 가운데에서 가능한 한 불확실성을 감소시켜줄 수 있는 대안을 선택하게 하는 유형화된 물질이나 에너지"로 정의해볼 수 있다.

2) 디지털 소비자정보의 속성

디지털 소비자정보는 뉴미디어를 통해 시공의 제약 없이 자유롭게 소비자에게 전달될 수 있게 됨으로써 소비자의 정보력을 획기적으로 높이는 효과를 가져온다. 디지털 소비자정보의 속성에 대해 정리된 바 없으나, 정보와 정보기술의 특성에 대한 선행연구[2]의 내용에서 유추하여 다음과 같이 정리해볼 수 있다.

- 지향성(intentionality) : 개별 소비자나 다수의 소비자가 불확실한 환경에 대해 얻고자 하는 어떤 인식이 담겨 있으므로 디지털 소비자정보는 특정 목표 지향적이다.
- 지속성(continuity) : 지향성을 지닌 개별 소비자들의 생물학적 존재시간을 뛰어넘을 수 있는 디지털 소비자정보는 그 자체의 시간과 생명력을 가진다.
- 유연성(flexibility) : 디지털 소비자정보는 그 형태와 존재방식이 다양하고 유연하다.
- 연결성/연계성(connectivity) : 디지털 소비자정보는 네트워크를 통해 소비자능력이 결합되고 확대될 수 있는 연결성과 연계성을 가진다.

---

[1] 전석호(1997). 정보사회론 – 커뮤니케이션 혁명과 뉴미디어 – . 나남출판.
[2] 박준식(1999). 정보기술의 발전, 정보사회의 이해(정보사회학회 편). 나남출판.

- 소통성(communicativeness) : 정보의 물리적 양뿐만 아니라 처리속도와 능력이 증대되어 정보처리비용이 획기적으로 감소됨으로써 디지털 소비자정보의 순환성과 소통성은 증가된다.
- 이동성(mobility) : 컴퓨터와 커뮤니케이션 기기를 통해 디지털 소비자정보는 시간과 공간을 자유롭게 이동할 수 있다.

디지털 소비자정보는 특히 그 형태와 존재방식의 유연성, 어떤 정보와도 네트워크를 통해 결합될 수 있는 연결성 및 시공을 초월한 이동성에서 혁신적이다.

3) 디지털 소비자정보의 유통과 교환

인터넷 관련 표준들이 세계적이고 빠른 속도로 참여자들의 요구를 충족시키면서 발전하고 있는 가운데 인터넷은 정보의 저장과 처리뿐만 아니라 정보와 의견의 교환을 담당하는 종합적 커뮤니케이션 매체로서 소비자에게 대규모적이고 연속적으로 상호 연결된 온라인 정보세계를 제공한다. 정보력에서 생산자와 현격한 격차가 있었던 소비자는 시공을 초월한 소비자정보공간을 가질 수 있게 되면서 대등한 정보력을 보유할 수 있는 가능성을 지닌 강력한 경제 주체로 급부상하게 되었다.

아날로그 소비자정보는 사물을 매개로 전달되기 때문에 사물이 가는 곳 이상을 가지 못했으나, 디지털 소비자정보는 인터넷을 통해 정보의 물리적 소유자로부터 자유롭게 어느 시간 어느 곳으로 혼자서 여행할 수 있게 되었다. 아날로그 소비자정보와 같이 정보가 물리적 배달수단에 속해 있을 때의 정보원리(principles for an information)는 정보의 풍부성(richness)과 정보전달범위(reach) 간의 상충작용(trade-off)이라는 기본규칙의 지배를 받았다. 여기에서 정보전달범위란 정보를 교환하는 사람들의 수를 의미하고, 정보의 풍부함이란 ① 일정시간 안에 송신자로부터 수신자로 전달될 수 있는 정보의 양 혹은 정보전파폭(bandwidth), ② 정보가 개인의 요구에 맞출 수 있는 정도(customization), ③ 의사소통의 상호작용성(interactivity)의 세 가지 측면을 포함한다.

따라서 아날로그 소비자정보를 풍부하게 전달하려면 근접성이 요구되고 정보를 전달할 수 있는 소비자의 수를 제한하는 비용과 물리적 한계가 있는 정보전달 매개체가 필수적이고, 반대로 아날로그 소비자정보를 수많은 소비자에게 전달하려면 정보의 양, 소비자 요구에의 맞춤 정도, 소비자와의 양방향적 의사소통의 상호작용성을 양보해야만 했다. 그러나 전 세계의 컴퓨터를 연결하는 인터넷 환경에서는 정보원리의 상충관계가 근본적으로 성립되지 않는다. 인터넷은 엄청난 양의 정보전파폭으로 소비자 요구에 맞춰, 양방향적 의사소통의 상호작용을 통해 정보의 풍부함을 달성할 수 있을 뿐만 아니라 전 세계의 수많은 소비자에게 정보를 전달할 수 있는 획기적인 유효범위를 동시에 달성함으로써 기존의 정보원리에서 상충관계에 있는 두 가지 정보 목표를 동시에 달성하는 새로운 정보원리를 탄생시켰다.

인터넷은 바로 이와 같이 정보의 전달범위와 정보의 풍부성을 동시에 해결하는 디지털 소비자정보를 유통시킴으로써 소비자와 생산자 간의 정보비대칭을 해소할 수 있을 뿐만 아니라 오히려 소비자에게 유리한 정보비대칭도 상정해볼 수 있는 소비자정보 혁명을 가져왔다.

4) 디지털 소비자정보의 영향

디지털 소비자정보의 긍정적 영향으로는 소비자와 생산자 간의 거래능력, 즉 교섭력을 대등하게 만들 수 있는 정보력을 소비자에게 제공함으로써 소비자시장의 효율화를 가져올 수 있다는 점이다. 즉, 공급자가 소비자에 비해 월등히 많은 정보를 갖고 있는 정보의 비대칭 상황에서의 시장의 효율성은 낮아질 수밖에 없으나, 공급자와 대등한 수준의 정보를 거의 비용 없이 소비자가 보유하게 되면 시장의 효율성은 향상되어 경제 시스템의 효율화를 이룰 수 있게 된다.

공급자와 거의 대등한 정보력을 보유하게 된 소비자는 손쉽게 자신의 취향에 맞는 공급자를 선택하게 되고 이러한 환경에서의 공급자들은 자신의 이윤을 낮추고 소비자에게 유리한 가격을 제시하게 됨으로써 결국 제품의 가격이 낮아지는 효과가 있다. 디지털화된 시장에서의 진입장벽이 낮아짐으로써 공급자는 자유롭게 시장에 참여할 수 있고 소비자는 거의 완전한 정보를 갖게 되면서 애덤 스미스의 완전시장에 가까운 시장이 인터넷에서 만들어지고 있다. 정보의 비대칭성에서 기인했던 제반 비효율성이 디지털 소비자정보로 인해 제거되면서 마찰 없는 경제(friction-free economy), 즉 이상적으로 수요와 공급이 결정되는 완전균형상태에 도달할 수 있는 효율적인 경제 시스템이 구축될 가능성이 열렸다. 소비자가 디지털 소비자정보를 거의 비용 없이 소유할 수 있게 됨으로써 결국 시장의 주도권은 소비자 중심으로 전환되어 소비자주권의 실현이 가능하게 되었다.

디지털 소비자정보는 컴퓨터 장비와 인터넷 서비스를 제공받을 수 있어야 획득할 수 있기 때문에 소비자의 지불능력과 이용능력 및 지불의지와 이용의지가 요구된다. 그러나 이러한 능력과 의지는 소비자마다 차이가 있고 그 차이는 성, 세대, 계층, 지역에 따라 다르며 디지털 소비자정보라는 자원을 중심으로 지금까지와는 다른 형태의 불평등구조가 소비자 사이에 구조화될 가능성이 있다.

또한 디지털 소비자정보를 제공하는 주체가 주로 자본력을 가진 공급자일 때 그것은 상업논리에 입각한 정보제공일 가능성이 높고 결과적으로 완전 정보는 상징에 그칠 뿐 실제로 소비자들에게는 제한적인 정보만이 전달될 수 있다. 자본의 실리적 편향성은 없는 자보다는 있는 자를 추구하기 때문에 불특정 다수의 소비자의 정보욕구를 충족시킬 수 있는 정보의 보편화가 무시되고 부유층 소비자를 겨냥한 정보 제공으로 정보불평등이 조장될 수 있다.

② 디지털 소비자정보의 격차

앞에서 살펴본 바와 같이 디지털 소비자정보는 소비자에게 긍정적인 영향뿐만 아니라 부정적인 영향도 미치는데, 이 가운데에서 컴퓨터나 인터넷 등 새로운 정보기기 및 기술이 확산되면 될수록 이를 이용하는 인종간, 소득간, 학력간, 세대간 격차, 즉 디지털격차(digital divide)에 대한 관심이 고조되고 있다. 그 이유는 정보기기 구입비 및 정보이용료 지불능력과 정보활용 지식 등에 따라 정보량이 많은 층과 적은 층 간의 정보격차는 더욱 심화될 것으로 예측되고, 특히 전달되는 정보의 양이 급속히 증가하고 커뮤니케이션 기술이 빠르게 개발됨에 따라 이를 이용할 수 있는 사람과 이용할 수 없는 사람 간의 능력 차이로 인한 정보격차는 더욱 심화될 것이기 때문이다.

최근의 급속한 정보통신기술의 발달은 소비자의 생활영역을 시공을 초월한 사이버 스페이스를 통해 획기적으로 확대하였으나, 정보기술 이용능력, 정보기기 및 정보이용료 지불능력, 컴퓨터에 대한 공포 등의 차이에 따라 정보격차를 심화시키고, 결과적으로 생활의 질적 차이를 가져오고 있다. 즉, 사이버스페이스의 이용에서 정보획득은 물론이고 전자상거래, 원격진료, 재택근무, 홈뱅킹 등 소비자생활의 근간과 관련되기 때문에 사이버스페이스에서 배제되면 사회적 참여는 물론 소비생활마저 제약이 따른다는 것을 의미한다.

1) 정보격차의 개념과 원인

1970년 Tichenor 등의 지식격차 연구를 출발점으로 정보격차에 대한 학문적 관심이 모아지기 시작했으나 아직 정보격차에 대한 통일된 견해는 정립되어 있지 않다. 정보격차와 관련된 연구들을 보면 지식격차(knowledge gap), 정보격차(information gap), 정보불평등(information inequity), 정보빈곤(information poor), 커뮤니케이션 효과의 격차(communication effect gap) 등의 용어로서 정보격차의 개념을 서술하고 있다. 이 용어들 사이에는 근본적으로 동일한 가설을 내포하고 있는데, 그것은 사회 안의 정보 흐름이 증가하게 되면 교육수준과 사회경제적 지위가 높은 사람들이 낮은 사람들보다 정보를 받아들이기에 유리하므로 정보의 격차가 확대된다는 것이다.

즉, 정보격차란 "정보의 접근과 이용이 각 개인마다 다르게 작용하는 정보불평등 현상"[3]을 의미하며 본질적으로 커뮤니케이션과 사회계층의 문제, 즉 가진 자와 못 가진 자 사이에 발생하는 커뮤니케이션 불평등에 대한 개념이라고 할 수 있다. 이와 같이 정보격차의 개념은 정보기기를 비롯한 미디어의 소유, 정보기기 및 정보서비스에 대한 접근, 커뮤니케이션 능력의 격차라는 분석적 개념으로 나누어 볼 수 있다.

정보격차가 발생하는 원인은 다양한 측면에서 찾아볼 수 있으나 크게 사회구조적인 차원과 개인적·심리적 차원으로 나누어 볼 수 있다.

먼저 사회구조적 측면에서 볼 때 새로운 정보기기 및 서비스의 소유와 접근의 가능성 여부에 달려 있다. 새로운 정보기기 및 서비스의 소유와 접근을 결정하는 일차적인 원인은 바로 소유와 접근에 대한 지불능력, 즉 개인이나 집단의 경제적 여건이다. 따라서 경제적 여건이 뒷받침되는 개인이나 집단일수록 뉴미디어를 선택하여 이용할 가능성이 큰 반면 경제적인 수준이 열악한 개인이나 집단은 뉴미디어의 수용이 불가능

---

[3] 전석호(1997). 정보사회론 – 커뮤니케이션 혁명과 뉴미디어 – . 나남출판, p.49.

하거나 상대적으로 상당히 지연될 수밖에 없다. 정보서비스가 제공되는 곳도 이윤획득의 가능성이 큰 지역, 즉 대도시 지역부터 먼저 이루어지게 되며 농촌지역이나 도시의 빈민지역은 정보서비스 대상에서 제외되거나 서비스된다 하더라도 매우 지연될 수밖에 없다.

정보격차의 원인을 개인적·심리적 요인에서 찾고자 할 때 가장 많이 언급되는 것은 교육수준이다. 일반적으로 교육수준이 높을수록 높은 정보추구 동기를 가지고 있는 반면 교육수준이 낮으면 정보추구 동기가 낮아 정보수요의 격차가 발생하게 된다는 것이 초기 지식격차연구의 중요한 연구결과의 하나이다. 그리고 컴퓨터 등의 새로운 커뮤니케이션 기술을 조작할 수 있는 기본적인 능력이 정보격차를 유발하는 커다란 요인으로 작용하고 있다. 이는 성간 정보격차(gender gap)나 세대간 정보격차(generation gap)를 설명하는 데 유용한 변수이다.

2) 소비자정보격차

정보사회에서는 정보의 접근과 이용의 불평등으로 인한 정보격차가 개인의 생활에 지대한 영향을 미치게 된다. 그 가운데서도 소비자의 소비생활은 정보격차에 따라 매우 다르게 나타날 수 있다. 소비생활에서 정보사용능력은 일종의 자원으로 활용되어 문제인식에서부터 정보탐색, 선택에 이르는 과정뿐만 아니라 재화나 서비스의 사용과 사용 후 처리의 과정까지도 영향을 미치게 된다. 우리의 삶이 디지털화, 정보화되어 감에 따라 디지털 정보의 활용능력이 소비생활의 질을 좌우하는 능력이 되었으며, 정보능력을 더 많이 보유한 자녀세대로부터 부모세대에게 소비생활이나 소비문화의 전달이 이루어지는 역사회화현상이 나타나기에 이르렀다. 이성림·박명희·서정희(2004)의 연구에서는 가족 내에서 부모자녀간 정보격차에 따라 구매의사결정 의존도가 달라질 수 있음을 시사하였다. 이들은 정보화에 익숙한 세대의 경우 정보능력을 배양할 수 있는 기회가 많은 반면, 상대적으로 정보화환경에 익숙하지 못한 장·노년세대의 경우 정보화의 필요성 인지도 낮고 정보화환경에 노출될 가능성도 낮은 점을 지적하였다. 이로 인해 정보격차는 시간에 따라 자연스럽게 해소되는 것이 아니라 소득불평등, 정보화기기 접근성, 이용능력의 부재로 정보격차가 더욱 심화될 것이라고 보는 '격차이론'이 더 타당함을 주장하였다.

소비자의 정보격차는 정보화 수준이 다른 소비자들 간에 소비생활양식이 다르다는 것 이상의 의미로 해석되어야 한다. 정보격차로 인해 발생하는 사회구조적 불평등의 심화는 소비생활에서도 동일하게 나타날 수 있다. 정보화에 익숙한 세대 또는 집단의 경우 정보화된 소비시장에 대한 판단이나 예측이 수월한 반면 고령 소비자, 다문화소비자, 북한이탈주민, 저소득층, 장애인, 농어촌 소비자 등 상대적으로 정보능력이 부족한 소비자의 경우 전통적인 소비시장의 영역에서 벗어나지 못함으로 인해 변화하는 소비환경에 대한 적응력이 떨어지고 시장의 중심적인 존재가 되지 못하게 된다. 즉 정보화에 익숙한 소비자를 중심으로 시장환경이 조성되어 갈 것으로 예상된다. 이로 인해 상대적으로 정보화에 익숙한 소비자들을 중심으로 시장이 형성되어 정보화능력을 갖춘 자와 못 갖춘 자 사이의 소비생활에서의 불평등이 심화될 수 있다.

3) 새로운 소비자정보격차 : 모바일 디바이드, 스마트 디바이드

PC 기반의 단일한 정보환경에서 모바일, 스마트기기 등의 다양한 매체를 이용한 정보환경으로 소비자의 정보통신 환경이 고도화되고 있다. 이러한 변화는 다중적인 영역의 소비자정보격차를 발생시킨다.

오늘날 소비자의 정보환경을 크게 변화시킨 원인으로는 스마트폰의 보급과 모바일인터넷의 발전을 꼽을 수 있다. 스마트폰은 손안의 PC로 언제 어디서나 원하는 정보에 쉽게 접근할 수 있고 개인화된 인터페이스를 제공한다는 점에서 소비자정보 활용의 무한한 가능성을 제공한다. 그러나 바꾸어 말하면 스마트폰과 모바일인터넷을 자유자재로 사용할 수 있는 소비자와 그렇지 못한 소비자와의 정보격차는 더욱 심화될 가능성이 있다는 것으로, 새로운 정보격차의 원인으로 지적된다. 이러한 정보격차를 가리켜 '모바일 디바이드(Mobile divide)'라 한다. 과거 일반 휴대전화가 보급되던 시기에는 특별히 고령소비자나 저소득층도 이용에 어려움을 겪지 않았기 때문에 휴대전화의 사용으로 컴퓨터나 인터넷으로 인한 디지털격차를 해소할 수 있을 것으로 내다보기도 하였다. 그러나 스마트폰의 등장으로 모바일 디바이드는 새로운 국면으로 접어들게 되었으며, 스마트기기의 보유, 기능의 이해 및 활용, 확장된 서비스의 이용 등 다차원적인 측면에서 격차가 나타나게 되었다.

모바일 디바이드는 스마트폰의 이용자와 비이용자의 사이에서 나타나는 격차만을 의미하지 않는다. 이미 우리나라의 스마트폰 가입자는 2014년 9월 말 4천만 명을 넘어섰다. 그러나 이와 같은 양적 확대를 통해 모바일 접근격차가 감소된 것이 곧 모바일 디바이드의 해소로 간주되지 않는다. 모바일 디바이드의 경우 질적인 활용격차와 의식격차가 동시에 나타나며, 접근격차의 경우 기기의 보급으로 빠르게 해소될 수 있는 반면 후자의 경우 의식개선이나 이용능력 제고를 위한 교육 등을 통해 서서히 개선된다. 따라서 모바일 디바이드의 양적, 질적 격차를 해소하기 위한 다차원적 접근이 요구된다.

한편, 스마트폰은 이동전화의 의미를 넘어 소비자의 일상 깊숙이 파고든 정보통신 매체로서 소비생활의 다양한 영역에서 활용되고 있다. 스마트폰의 등장과 함께 성장해온 애플리케이션 시장은 정보제공, 쇼핑, 오락, 금융 등의 전 영역으로 확대되고 있으며 이러한 애플리케이션을 이용해 소비자는 하루에도 수십 번씩 네트워크에 접속하여 소비생활을 꾸려나간다. 한편 스마트폰과 모바일인터넷이 PC 기반의 유선인터넷을 단순히 대체한 것이 아니라 PC 기반의 유선인터넷과 스마트폰 및 모바일인터넷을 동시에 활용하고 있어 유·무선 융합기반의 소비자정보환경에 대한 이해가 시급하다. 즉, 아침에 잠자리에서 일어나 스마트폰으로 지난밤에 온 메일함을 체크하고 이동 중에는 스마트폰 애플리케이션을 이용해 친구들과 모바일 SNS인 카카오톡으로 대화를 나누거나 쇼핑을 하기도 하지만, 출근하여 PC를 이용한 업무를 시작하면 모바일로 받았던 이메일에 PC 환경에서 답장을 하고, 카카오톡 PC 버전에 접속하여 대화를 이어가며, 모바일에서 봐 두었던 쇼핑품목이 PC 기반 웹사이트에도 연동되어 있어 다시 한 번 확인 후 결제를 하는 융합적인 이용행태를 보인다는 것이다. 따라서 유·무선 융합기반의 정보환경에서 나타날 수 있는 새로운 정보격차의 양상을 고려할 필요가 있다.

4) 정보격차의 측정

우리나라에서는 정책적으로 '정보격차지수 및 실태조사'를 매년 실시하고 있다. 정보격차실태조사는 시계열적으로 추진하여 정보격차해소 정책의 연간 추진성과를 계량적으로 측정하고 평가하는 목적으로 활용된다. 2013년에 이루어진 정보격차실태조사를 기준으로 살펴보면, 6개 소외계층(장애인, 저소득층, 장노년층, 농어민, 북한이탈

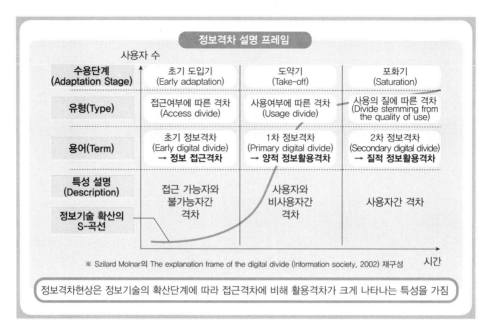

그림 4-1 정보격차 설명프레임
출처 : 미래창조과학부(2014). 2013 정보격차지수 및 실태조사

주민, 결혼이민자)을 포함한 전국의 만 7세 이상의 국민 17,500명을 대상으로 하여 접근지수, 역량지수, 양적 활용지수, 질적 활용지수를 산출한다. 2013년부터는 기존의 PC 기반 정보격차와 함께 스마트 격차지수 및 모바일 격차지수를 함께 산출하고 있다.

정보격차현상은 정보기술의 확산단계에 따라 접근격차에서 양적 활용격차로, 다시 질적 활용격차로 이전되어 가는 특성을 보인다. 이는 그림 4-1에서와 같이 정보기술의 확산과정을 S-곡선으로 나타낼 수 있다. 초기 도입기(early adaptation) 단계와 도약기(take-off) 단계에서는 정보기기의 보유나 이용여부에 관한 정보접근 및 양적 활용격차가 나타나고 포화기(saturation) 단계에서는 접근격차나 양적 활용격차뿐만 아니라 정보활용능력 및 활용유형, 즉 질적 활용격차가 크게 나타난다. 이러한 측면을 반영하여 최근에 수행되고 있는 정보격차실태조사에서는 접근, 역량, 활용부문의 다차원적 측정이 이루어지고 있으며, 스마트폰의 보급으로 나타나는 새로운 정보격차의 양상을 포함하기 위하여 스마트 격차지수 및 모바일 격차지수를 포함한다.

정보격차지수는 PC 기반의 '정보격차지수'와 신(新)정보격차지수로서 '스마트 격차지수', 모바일정보화 수준을 측정하기 위한 '모바일 격차지수'로 구분된다. 각 정보격차지수를 산출하는 공식은 다음과 같다.

- PC 기반 정보격차지수＝접근격차(0.3)+역량격차(0.2)+활용격차(0.5)
- 스마트 격차지수(신정보격차지수)＝접근수준(0.2)+역량수준(0.4)+활용수준(0.4)
- 모바일 격차지수＝모바일 접근격차(0.2)+모바일 역량격차(0.4)+모바일 활용격차(0.4)

PC 기반 정보격차지수의 산출에 활용된 각 개념을 정리하면 다음과 같다. 먼저 접근격차는 필요 시 PC나 인터넷에 접근이 가능한 정도를 의미하는 것으로 가구에 PC나 인터넷 이용여부, 정보이용시설 접근 용이성 등을 포함하는 개념이다. 역량격차는 PC 기반 인터넷 기본용도별 이용기술을 보유하고 있는 정도로, PC 환경설정, 워드, 정보검색, 이메일, 전자상거래 등을 이용할 수 있는 능력을 측정한다. 마지막으로 활용격차는 PC 기반 인터넷 이용시간 및 기본용도별 이용정도, 일상생활 도움정도 등을 측정한다.

스마트 격차지수에서 활용된 접근수준의 개념은 가구 내 유무선 초고속 인터넷 접속 가능여부와 유무선 정보기기(PC, 모바일 스마트기기) 보유여부를 측정한 것이며, 역량수준은 PC 이용능력, 모바일 스마트기기 이용능력을 설명하는 개념이다. 활용수준은 유선 및 모바일인터넷 이용여부, 인터넷 서비스 이용다양성, 정보생산/공유정도, 네트워킹정도, 인터넷을 통한 사회 및 경제활동 정도를 측정하도록 구성되었다.

모바일 격차지수를 산출하기 위한 접근격차 개념은 모바일 스마트기기(스마트폰, 태블릿 PC) 보유여부를 의미하며, 역량격차는 모바일 스마트기기 이용능력, 활용격차는 모바일 스마트기기 기본 활용정도(인터넷 서비스 이용다양성) 및 응용 활용정도(정보생산/공유정도, 네트워킹 정도, 사회 및 경제활동 정도)로 구성된다.

최근에는 PC 기반의 유선인터넷 환경에서의 기본적인 정보화 수준의 차이를 의미하는 기존의 정보격차는 크게 개선되었으나 스마트폰이나 태블릿 PC와 같은 모바일 스마트기기의 보급으로 인해 기존의 PC 및 유선인터넷 기반의 기존 정보격차와 스마트기기 및 모바일 기반의 새로운 정보격차가 중첩되어 발생하고 있다. 향후 유무선 통합 스마트환경으로의 이전이 더욱 가속화될 것이라는 전망 가운데 새로운 정보격차의 해소를 위한 정책적, 교육적 노력이 필요한 실정이다.

스마트 디바이드

"소외계층, 스마트 정보화 수준 여전히 취약"

소외계층의 PC 기반 유선인터넷 환경의 정보격차는 향상됐으나, 유무선 융합기반의 정보격차 수준은 전체 국민에 비해 커서 개선이 필요한 것으로 나타났다. 미래창조과학부와 한국정보화진흥원은 12일 정보격차 해소사업의 정책성과를 점검하고 효과적인 정책 추진방향을 도출하기 위해 분석한 '2014년도 정보격차 실태조사' 결과를 발표했다. 유선인터넷 환경에서의 PC 기반 정보격차 수준을 측정하고 분석했을 때, 지난해 소외계층의 정보화 수준은 전년대비 1.4%p 향상돼 전체 국민의 76.6%로, 측정을 시작한 2004년 45%에 비해 31.6%p가 향상됐다.

❖ 소외계층별 전체 국민 대비 종합 정보화 수준
또한, 소외계층의 인터넷 이용률(55.4%) 및 가구 PC 보유율(70.6%)은 전체 국민(83.6%, 78.2%)에 비해 여전히 낮은 수준이지만, 정보격차는 매년 감소하고 있는 추세이다. 유무선 융합 스마트 환경에서의 '스마트 정보격차 수준(신정보격차지수)'을 산출한 결과, 지난해 소외계층 스마트 정보화 수준은 전체 국민의 57.4%인 것으로 측정됐다.

❖ 전체 국민 대비 소외계층 스마트 정보화 수준
낮은 스마트폰 보유율, 낮은 기기 이용능력 등으로 소외계층이 유무선인터넷을 일상생활에서 다양하게 이용하지 못하고 있어, PC 기반에 비해 스마트 정보격차 수준이 상대적으로 더 취약한 것으로 나타났다. 또한, 스마트폰 대중화 현상과 정부의 스마트 정보격차 해소 노력에 힘입어 소외계층 스마트폰 보유율은 2013년 42.8%에서 2014년 52.2%로 상승했으나, 여전히 전체 국민(78.3%)에 비해서는 26.1%p 낮은 수준인 것으로 나타났다. '스마트 정보격차지수'는 유무선 통합 스마트 환경에서 정보격차 수준을 종합적으로 진단하기 위해 이번에 시범 산출됐으며, '15년 실태조사부터 PC 기반의 기존 정보격차지수를 대체할 예정이다. 강성주 미래부 정보화전략국장은 "이번 조사를 통해 현재 소외계층의 PC 기반 정보격차 수준은 상당히 개선됐지만, 유무선 융합 환경에서 스마트 정보화 수준은 상대적으로 낮게 나타났다."며 "지난해 10월 부산 ITU 전권회의 개회식에서 박근혜 대통령이 '초연결 디지털 혁명'의 기회와 혜택을 모든 인류가 누릴 수 있도록 국제사회가 정보통신 격차해소를 위해 적극 협력해 달라고 당부했듯이, 미래부는 소외계층 대상의 스마트 정보격차 해소를 위한 정책을 보다 적극적으로 추진해 나갈 것"이라고 밝혔다.

미래부는 이번 정보격차 실태조사 결과를 토대로 2015년도에는 소외계층의 차별 없는 스마트 정보 이용환경 조성을 위해 모바일 정보접근성 제고, 소외계층 태블릿 PC 및 모바일 기기 보급 지원, 소외계층의 스마트 정보 역량 강화를 위한 맞춤형 교육 등을 진행할 계획이다. 한편 이번 조사는 일반 국민 5천500명과 4대 소외계층인 장애인·저소득·장노년·농어민 각 2천700명 및 신소외계층인 북한이탈주민·결혼이민여성 각 600명 등 총 1만7천500명을 대상으로 전문조사기관에 위탁해 대인면접조사를 거쳐서 산출했다.

ZDNet Korea(2015.2.12.)
⟨www.zdnet.co.kr⟩

제 5 장

소비자정보와 전자상거래

디지털경제, 특히 인터넷의 보급이 우리들의 소비생활에 미치는 영향 중에서 가장 직접적이고 강력한 것은 이른바 전자상거래의 도입이라고 할 수 있을 것이다. 특히 인터넷을 이용한 전자상거래는 대규모의 새로운 유통매체의 등장이라는 측면에서 소비생활을 변화시켰을 뿐만 아니라 유통산업의 구조를 재편하였다. 기업은 전자상거래에 최적화된 마케팅, 재고관리, 조직관리 전략을 수립하여 기존의 경영과는 다른 패러다임을 적용하고 있다.

또한 전자상거래로 인해 변화된 시장환경을 적절히 통제하고 관리하기 위한 정부의 노력이 필요하며, 국경을 초월한 거래의 확대로 인해 발생하는 국제적 분쟁의 해결을 위한 관심과 노력이 요구되고 있다. 전자상거래는 소비자, 생산자(기업), 학계, 정부, 국제기구 등 많은 분야에서 관심을 끄는 이슈임에 틀림없다. 본 장에서는 그중에서도 소비자를 중심으로 필요한 개념과 이슈들을 정리해보도록 한다.

① 전자상거래의 개념

전자상거래(e-Commerce, EC)란 개인, 기업, 정부 등의 경제주체 간에 인터넷을 포함한 컴퓨터 네트워크를 이용하여 상품 및 서비스 또는 정보를 교환하는 거래를 말한다. 컴퓨터 네트워크 중에서도 보편적으로 이용되고 있는 인터넷을 이용한 거래 (Internet Business)를 지칭하기도 한다. 전자상거래는 거래가 이루어지는 여러 가지 차원에서 전통적인 상거래와는 구별되는데, 다음과 같은 전자상거래를 이루는 여러 가지 요소들을 중심으로 그 개념을 살펴보면 다음과 같다.

① 대상거래 : 전자네트워크상의 가상점포의 상거래
② 참가주체 : 소비자, 판매자, 결제업자, 배송업자, 인증기관
③ 거래채널 : 영업거점인 전자네트워크상의 가상점포와 광고
④ 거래매체 : 단말기 등의 인터페이스
⑤ 주문방법 : 온라인 또는 오프라인
⑥ 지불방법 : 신용카드, 직불카드, 자금이체, 전자화폐, 전자 크레디트
⑦ 배송방법 : 상품의 배달 또는 다운로드

우선 대상거래의 측면에서 살펴보면, 일반적으로 상거래를 위하여 발생하는 일련의 과정들, 즉 '상품 등의 광고 → 상품에 대한 문의 → 매매계약 → 배송 → 판매대금결제 → 사후대응'의 거래 과정 중 전부 또는 일부가 전자네트워크상에서 이루어지는 거래를 전자상거래라고 지칭할 수 있다. 특히 이 중에서 상품에 대한 정보제공과 매매계약이 전자네트워크상에서 이루어지는 것은 필수적인 요건이다. 이러한 거래의 메커니즘 속에서 전통적인 소비자와 판매업자만이 거래의 과정에 참가하는 것이 아니라, 신용카드나 전자화폐 등과 같이 결제를 위한 전문결제업자, 실제로 상품을 소비자에게 배달하기 위한 배송업자, 그리고 전자상거래 판매자의 신용을 보증할 수 있는 인증기관 등이 추가로 전자상거래 판매자의 신용을 보증할 수 있는 인증기관 등이 추가로 전자상거래에 참여하게 된다. 이 중에서도 특히 인증기관의 존재는 전자상거래의 고유한 참가자라고 할 수 있을 것이다.

거래채널은 판매자의 영업거점이 실제로 존재하는 점포가 아니라, 전자네트워크상에 존재하는 가상점포를 통하여 이루어진다는 점을 지적할 수 있다. 특히 인터넷 홈페이지를 통하여 화상(정지영상)뿐만 아니라, 음성, 음향, 동영상 등을 전송할 수 있는 기술이 확대됨에 따라 가상점포의 흡인력은 갈수록 확대될 것으로 예상된다. 또한 거래매체는 판매자와 소비자의 면대면(face-to-face) 접촉에 의하는 것이 아니라 단말

기를 통한 인터페이스에 의존하게 된다. 따라서 종전에는 제품판매가 판매원, 접객요원의 인상과 판매술에 의존하는 것이었다면, 전자상거래에서는 가상점포의 인터페이스가 얼마나 사용자의 편리성과 수요를 충족시키는 방향으로 이루어져 있느냐에 달려 있다고 하겠다. 따라서 주문방법도 온라인상에서 즉각적으로 일어나는 것이 보통이다. 간혹 예외적으로 인터넷상에서 상품에 대한 정보를 제공하고 별도로 주문은 전화·우편 등을 통한 오프라인에서 가능하도록 되어 있는 경우도 있으나 이는 예외적인 보조 주문방법이고 역시 전자상거래에서의 주문은 온라인상에서 바로 이루어지게 된다.

전자상거래상의 지불문제는 실제 화폐의 교환보다는 신용카드, 직불카드, 자금이체, 전자화폐, 전자 크레디트 등 매우 다양한 방법에 의하여 이루어지고 있다. 현재는 신용카드의 사용이 가장 널리 이용되는 방법이기는 하지만, 앞으로 보안 등을 비롯한 기술적 문제가 해결됨에 따라 온라인결제솔루션의 사용이 널리 보급될 것으로 예상된다. 마지막으로 상품의 배송은 구입물품이 실제 상품일 경우 배송업체를 통한 배달을 통하여 이루어지거나, 그 물품이 소프트웨어나 영상화일인 경우와 같이 전자적 형태를 띠고 있는 경우 바로 내려받기(down-load)를 통하여 배송할 수도 있다. 다운로드의 경우 배송의 비용이 거의 들지 않기 때문에 상품가격을 인하할 수 있을뿐더러 배송된 자료가 바로 소비자의 컴퓨터에 기록되기 때문에 널리 사용되는 방법이 될 것이다.

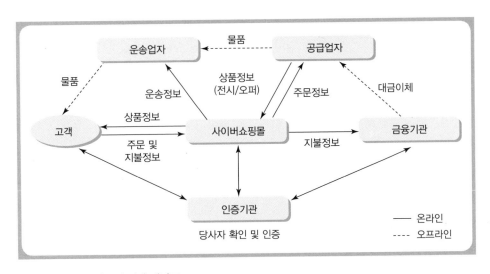

그림 5-1 전자쇼핑몰의 거래 개념도
출처 : 최동수(1998). 정보사회론, 법문사, p.306.

이와 같은 전자상거래 중에서도 특히 가장 전형적인 거래는 사이버쇼핑몰을 중심으로 한 거래인데, 그 거래의 과정을 개념적으로 나타내면 그림 5-1과 같다.

2 전자상거래의 패러다임

1) 전통적 상거래와의 차이점

이러한 전자상거래는 기존의 거래와는 확연히 구분되는 여러 가지 특징이 있다. 이러한 특징들은 오프라인의 실물거래와 비교할 때 잠재적인 장점과 단점을 동시에 보여주고 있으며, 특히 전자상거래에 고유한 소비자문제 발생의 주요한 원인이 된다. 그러한 특징들에 대하여 하나씩 살펴보면 다음과 같다.

전자상거래는 직접 만날 필요가 없고(paperless), 국경을 초월하며(borderless), 아무 때나 거래를 이룰 수 있다는(timelagless) 등의 세 가지 특징이 있다.

첫째, 전자상거래는 소비자와 판매자가 직접 만날 필요 없이 거래가 이루어지므로 물품구매를 위해 소비자와 판매자 간에 있을 수 있는 사회적 상호관계가 생략된다. 여러 가지 구매전후의 소비자문제의 발생가능성이나, 성인용품 등을 비롯하여 소비자의 프라이버시를 요구하는 상품들이 전자상거래를 통하여 널리 유통될 수 있는 것도 전자상거래의 이러한 특징에 의거한 것이다.

둘째, 전자상거래는 국경을 초월하여 이루어진다. 소비자의 입장에서는 아마존이나 델과 같은 외국기업의 상품이나 한솔 CSN과 같은 국내기업의 상품을 구분할 필요가 전혀 없기 때문이다. 이러한 특성 때문에 미국을 비롯한 선진국에서 세계적 규모의 전자쇼핑몰을 구축하려는 노력이 무한대로 이루어지고 있다. 최근 해외 사이트로부터 직접 물건을 주문하여 국제 배송을 받는 이른바 '해외직구'를 하는 소비자들이 늘어나면서 조세나 문화적 차이, 법적 규제 대상이 되는 상품의 구매로 인한 여러 가지 문제가 발생하고 있다. 전자상거래의 범세계적 문제점에 관해서는 후에 다시 검토하게 될 것이다.

셋째, 전자상거래는 시간적 제약도 초월한다. 휴일이나 밤늦은 시각에나 누구나 인터넷과 연결된 단말기만 있으면 구매를 할 수 있다. 이것을 판매자의 입장에서 생각하

표 5-1 다른 판매방법과의 차이점 요약

	전통적 판매	통신판매	전자상거래
거점	물리적 공간	방송, 우편망	가상공간
정보제공수단	간판, 진열	우편, 책자	서버이용, 디지털정보
유통채널	기업 → 도매상 → 소매상 → 소비자	기업 → 판매업자 → 소비자	기업 → 소비자
구매신청	구두(口頭)	전화, 우편	인터넷, 통신망
대금결제	현금/신용카드 지불	송금, 신용카드	전자화폐 등
배송	직접 수령	물품 위주	물품배송, 다운로드
거래대상	일부지역 영업시간 제한	전국 규모 지역 24시간 영업	전 세계적 규모 지역 24시간 영업
고객수요파악	영업사원에 의한 파악	주문집계를 통한 파악	온라인 수시파악
마케팅	일방적, 1대 다수 마케팅	일방적, 1대 다수 마케팅	일대일 인터랙티브 마케팅
고객만족	지연된 대응	지연된 대응	즉각적 대응

면 점포 없이 세계 각국의 소비자를 24시간 맞이할 수 있다는 뜻이 된다. 여기에 전자상거래의 무한한 성장 가능성이 존재한다.

이러한 전자상거래의 특징을 정보제공수단, 구매신청, 대금결제, 배송의 측면에서 전통적인 판매방식이나 통신판매의 경우와 대비시켜 설명하면 표 5-1과 같이 요약할 수 있다.

2) 전자상거래의 유형

전자상거래의 주체별 유형을 나누어 보면 크게 기업, 정부 등의 조직간 전자상거래(Inter-Organizational EC; B-to-B Business)와 기업 등이 일반소비자를 대상으로 한 전자상거래(Customer-oriented EC; B-to-C Business)로 분류할 수 있다. 최근에는 소비자들 간의 물품교환/판매나 경매 등이 활성화되어 소비자 간의 거래(Inter-Customer EC; C-to-C Business)의 형태나, 소위 역경매(reverse auction)라고 불리는 형태의 거래방법을 통한 소비자의 기업에 대한 전자상거래(B-to-C Business) 등

표 5-2 전자상거래의 유형 : 거래주체별

구분	B-to-C	B-to-B	C-to-C	C-to-B
의의	기업이 소비자를 상대로 영업을 하는 경우	기업과 기업 간의 거래관계의 경우	소비자 상호 간의 거래관계	소비자가 기업을 상대로 거래를 요구하는 경우
상품조건 요구자와 상품조건 수요자의 방향관계	기업 → 소비자	기업 ↔ 기업	소비자 ↔ 소비자	기업 ← 소비자
예	인터넷 쇼핑몰	농수산업관련 기업간 거래 종합 사이트	소비자 간의 경매 중고물품 교환 등	소비자가 거래조건을 수용하는 역경매
예시 사이트	interpark.com	foodmerce.com	auction.co.kr	lawmarket.co.kr

의 형태도 있다. 이를 간단히 요약하면 표 5-2와 같다. 본서에서는 B2C를 중심으로 소비자와 관련한 전자상거래의 유형을 살펴보고자 한다.

B2C 전자상거래는 소수의 판매자와 다수의 구매자가 거래를 하는 것으로 전자상점과 전자몰 형태의 업체로 나누어 볼 수 있다. 전자상점(electronic storefront)은 고유한 URL 혹은 인터넷 주소를 보유하여 온라인 매장을 운영하는 형태이다. 이와 달리 전자몰(electronic mall)은 하나의 인터넷주소하에 여러 상점을 그룹화한 것으로 다양한 상품과 서비스를 한곳에서 쇼핑할 수 있도록 구성된 상점이다. 우리나라의 경우 롯데, 현대, 신세계 등의 백화점 업체, CJ나 GS와 같은 홈쇼핑 업체 등의 유통업체들이 각기 다른 전자몰을 운영하고 있으며, 오프라인 쇼핑몰이나 백화점과 유사하게 하나의 도메인하에 여러 개별 상점이 상품을 진열, 판매하도록 한다.

최근 B2C 전자상거래의 특징을 살펴보면, 쇼핑몰과 포털사이트의 제휴와 통합 경향이 두드러지게 나타난다. 포털사이트는 쇼핑과 관련한 정보를 검색할 수 있는 기능에서 더 나아가 가격을 통합검색하여 비교할 수 있도록 하고, 등록된 사이트로 직접 연결하여 제품구매에 이르기까지의 일련의 과정을 손쉽게 처리할 수 있도록 서비스를 제공하고 있다. 최근에는 온라인쇼핑 시 번거로운 개인정보제공이나 결제방식을 간편하게 사용할 수 있도록 포털사이트 아이디를 이용하여 등록된 전자상점과의 거래를

옴니채널 소비자

'블로그 후기 안 믿는다' … 소비자 구매 행태 O2O로 전환

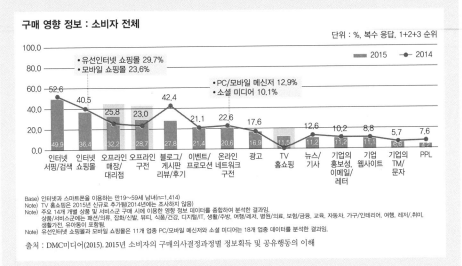

구매 영향 정보 : 소비자 전체

단위 : %, 복수 응답, 1+2+3 순위

- 유선인터넷 쇼핑몰 29.7%
- 모바일 쇼핑몰 23.6%
- PC/모바일 메신저 12.9%
- 소셜 미디어 10.1%

(2015 / 2014)

인터넷 서핑/검색 52.6 (49.9) | 인터넷 쇼핑몰 40.5 (36.4) | 오프라인 매장/대리점 25.8 (32.2) | 오프라인 구전 23.0 (28.7) | 블로그 게시판 리뷰/후기 42.4 (27.8) | 이벤트/프로모션 21.1 (21.4) | 온라인 네트워크 구전 22.6 (20.6) | 광고 17.6 (16.9) | TV 홈쇼핑 11.5 | 뉴스/기사 12.6 (11.2) | 기업의 홍보성 이메일/레터 10.2 (11.2) | 기업 웹사이트 8.8 (11.1) | 기업의 TM/문자 5.7 (6.6) | PPL 7.6 (4.2)

Base) 인터넷과 스마트폰을 이용하는 만19~59세 남녀(n=1,414)
Note) TV 홈쇼핑은 2015년 신규로 추가됨(2014년에는 조사하지 않음)
Note) 주요 14개 개별 상품 및 서비스군 구매 시에 이용한 영향 정보 데이터를 종합하여 분석한 결과임.
　　　상품/서비스군에는 패션/의류, 잡화/신발, 뷰티, 식품/건강, 디지털/IT, 생활/주방, 여행/레저, 병원/의료, 보험/금융, 교육, 자동차, 가구/인테리어, 여행, 레저/취미,
　　　생활가전, 유아동이 포함됨.
Note) 유선인터넷 쇼핑몰과 모바일 쇼핑몰은 11개 업종 PC/모바일 메신저와 소셜 미디어는 18개 업종 데이터를 분석한 결과임.

출처 : DMC미디어(2015). 2015년 소비자의 구매의사결정과정별 정보획득 및 공유행동의 이해

우리나라 국민 10명 중 4명은 오프라인 매장에서 물건을 구매하는 것으로 나타났다. 전체 응답자의 절반가량은 인터넷 검색을 통해 쇼핑정보를 얻지만 파워블로거 리뷰 등 홍보성 짙은 블로그 후기의 영향력은 전년 대비 가장 감소하고 온라인 동영상 광고 접촉률은 2배 이상 증가했다.

시장조사업체 DMC미디어(www.dmcmedia.co.kr, 대표 이준희)가 24일 발표한 '2015 업종별 소비자 통합 보고서 : 2015년 소비자의 구매의사결정과정별 정보획득 및 공유행동의 이해'에 따르면 인터넷과 스마트폰을 이용하는 소비자(만 19세~59세 남녀 1,414명 표본조사) 가운데 상품이나 서비스를 구매하기 전에 블로그나 게시판 후기를 확인한다는 응답자가 31.3%에서 21.8%로 작년 대비 약 9.5%p 감소한 것으로 나타났다.

또한 구매에 영향을 미치는 요인에 대한 설문에서도 블로그나 게시판 후기는 42.4%에서 27.8%로 조사돼 변화폭이 가장 두드러졌다. 반면 오프라인 매장이나 대리점을 방문해 정보를 얻는다는 응답은 28%에서 34.7%로 증가했으며 지난해 대비 6.4%p 많은 32.2%의 응답자가 구매 결정에 영향을 미치는 요인으로 오프라인 매장 방문을 꼽았다.

구매장소에 있어서도 오프라인 매장을 선택한 응답자는 10명 중 4명꼴인 44.3%로 가장 높았으며 유선인터넷 쇼핑몰(33.4%), 모바일 쇼핑몰(13.3%), TV홈쇼핑(7.7%) 순으로 나타났다. 일상의 많은 부분이 디지털화되고 있음에도 오프라인은 여전히 소비자의 구매 과정에서 중추적인 역할을 담당하고 있는 것.

소비자가 백화점 등 오프라인 매장에서 제품을 보고 실제 구매는 가격이 저렴한 온라인으로 진행하는 '쇼루밍(showrooming)'과 반대로 물건에 대한 정보를 인터넷 등 온라인에서 취합한 후 구매는 직접 오프라인 매장에서 하는 역쇼루밍이 혼재한 소비 패턴이 정착됨에 따라 온라인과 오프라인의 경계가 사실상 허물어지고 있는 셈이다. 따라서 향후 온오프라인을 통합해 소비자와의 접점을 확대하는 'O2O(Online to

Offline)' 옴니채널 방식의 마케팅 전략 구축이 중요해질 것으로 보인다.

정보 획득 경로 : 소비자 전체

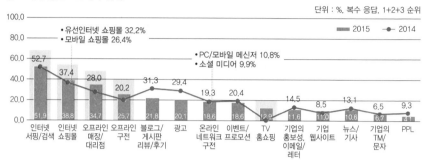

단위 : %, 복수 응답, 1+2+3 순위

■ 2015 ● 2014

• 유선인터넷 쇼핑몰 32.2%
• 모바일 쇼핑몰 26.4%

• PC/모바일 메신저 10.8%
• 소셜 미디어 9.9%

인터넷 서핑/검색 52.7 / 51.9
인터넷 쇼핑몰 37.4 / 38.8
오프라인 매장/대리점 28.0 / 34.7
오프라인 구전 20.2 / 25.7
블로그/게시판 리뷰/후기 31.3 / 21.8
광고 29.4 / 20.1
온라인 네트워크 구전 19.3 / 18.6
이벤트/프로모션 20.4 / 18.6
TV 홈쇼핑 12.9
기업의 홍보성, 이메일/레터 14.5 / 11.6
기업 웹사이트 8.5 / 11.0
뉴스/기사 13.1 / 10.6
기업의 TM/문자 6.5 / 6.7
PPL 9.3 / 4.1

Base) 인터넷과 스마트폰을 이용하는 만19~59세 남녀(n=1,414)
Note) TV 홈쇼핑은 2015년 신규로 추가됨(2014년에는 조사하지 않음)
Note) 주요 14개 개별 상품 및 서비스군 구매 시에 이용한 정보획득 경로 데이터를 종합하여 분석한 결과임.
상품/서비스군에는 패션/의류, 잡화/신발, 뷰티, 식품/건강, 디지털/IT, 생활/주방, 여행/레저, 병원/의료, 보험/금융, 교육, 자동차, 가구/인테리어, 여행, 레저/취미,
생활가전, 유아동이 포함됨.
Note) 유선인터넷 쇼핑몰과 모바일 쇼핑몰은 11개 업종 PC/모바일 메신저와 소셜 미디어는 18개 업종 데이터를 분석한 결과임.

출처 : DMC미디어(2015). 2015년 소비자의 구매의사결정과정별 정보획득 및 공유행동의 이해

한편 온라인 쇼핑몰 중에서는 오픈마켓에서 구매한다는 응답이 45.5%로 가장 많았다. 종합쇼핑몰 (23.2%), 소셜커머스(15.3%), 개인쇼핑몰(11.7%) 순으로 조사됐다. 이 중 소셜커머스는 유일하게 모바일 쇼핑몰을 통한 구매가 유선인터넷 쇼핑몰보다 3배가량 더 많은 것으로 나타났다. 업종별로 살펴보면, 화장품/뷰티제품은 오픈마켓의 유선인터넷 채널에서 구매하는 비중이 상대적으로 많았다. 레저/취미용품은 유선인터넷 종합쇼핑몰에서, 생활/주방용품과여행상품은 모바일소셜커머스에서 구매하는 경향이 파악됐다.

구매단계에서 유선과 모바일 인터넷, 소셜미디어 광고의 접촉 빈도는 작년 대비 감소한데 반해 온라인 동영상 광고는 7.9%에서 18.6%로, IPTV 광고는 9.3%에서 14.7%로 증가했다. 이는 동영상 콘텐츠에 대한 소비자의 수요 증가가 온라인 동영상 광고시장과 온라인 동영상 플랫폼시장의 성장을 견인하고 있음을 보여준다.

디지털데일리(2015.8.24.)
〈www.ddaily.co.kr〉

가능하게 하는 쇼핑서비스(예 : 네이버체크아웃)를 제공하는 등 포털사이트와 온라인 쇼핑몰의 통합서비스가 확대되고 있다.

전자상거래의 최근 변화 중 하나로 상품의 인도방식의 변화를 살펴볼 수 있다. 전자상거래는 가상의 점포에서 구매하고 상품을 배송받는 방식으로 거래가 이루어지는 것이 보편적이었다. 소비자는 온라인상점에서 주문 후 업체가 상품을 배송하는 기간을 기다려 상품을 인도받아야 하는데 적어도 주문 후 2일 이상 걸리는 것이 일반적이다. 그러다 보니 온라인상점이 제공하는 가격할인이나 쿠폰 혜택 등을 적용받고 싶

어도 배송기간을 고려할 때 급하게 필요한 상품은 온라인으로 구매하는 것이 불가능하였다. 또한 온라인몰에서 제공하는 혜택은 그대로 누리면서 상품을 직접 확인하거나 착용해보고 구매하고자 하는 요구가 있을 때 이를 해결하기 위해 오프라인 유통매장을 갖춘 일부 온라인몰에서는 온라인으로 주문 후 일정 시간 후 오프라인 매장에서 상품을 인도할 수 있는 픽업 서비스를 제공하기 시작하였다. 대표적인 예가 롯데닷컴의 스마트픽 서비스, 갤러리아몰의 픽앳스토어 서비스이다. 이 서비스를 이용하면 소비자는 온라인몰에서 제공하는 혜택을 받으면서도 배송기간을 기다리지 않고, 상품을 직접 눈으로 확인하거나 착용해보고 현장에서 교환도 가능한 방식으로 구매할 수 있어 전자상거래의 비대면거래로 인한 소비자불편이나 문제를 해소할 수 있게 되었다.

③ 전자상거래의 영향

전자상거래는 소비자, 판매자, 결제업자, 배송업자 모두에게 많은 잠재적인 이득을 제공한다. 아래에서는 전자상거래가 미치는 긍정적, 부정적 영향을 소비자와 공급자로 구분하여 살펴본다.

1) 소비자에게 미치는 영향

통계청에 따르면 2014년 연간 온라인쇼핑 거래액은 45조 2,440억 원으로 전년 대비 17.5% 증가한 것으로 나타났다. 1996년 설립된 인터파크를 시작으로 온라인쇼핑의 시장규모는 매년 두 자릿수 이상의 성장세를 보여왔다. 이와 같은 온라인쇼핑의 거래액 증가는 유통산업의 구조변화를 의미함과 동시에 소비자들의 거래방식이 전통적인 오프라인 거래에서 온라인거래로 지속적으로 이동하고 있음을 의미한다. 그렇다면 소비자의 거래방식 변화는 소비자에게 어떠한 영향을 미치는가에 대해 살펴보기로 한다.

우선 소비자들에게는 시간/장소 등 물리적 제약에서 벗어난 구매를 가능하게 하고, 자택에서 전 세계적 규모로 상품의 비교분석이 가능하다. 전자상거래는 컴퓨터 네트워크를 통해 비대면거래로 이루어지므로 지역뿐만 아니라 세계시장에 접근이 가능하다는 장점이 있다. 이러한 특성은 소비자에게 다양한 상품과 서비스에 접근할 수 있는 가능성을 열어주며, 정보검색과 구매 및 유통의 비용이 낮아져 경제적인 측면에서 구매의 효율성을 증대시킨다. 특히 디지털 상품들은 즉시 다운로드가 가능하므로 배달을 기다릴 필요가 없다. 또한 상품탐색에서 대금지급까지 하나의 네트워크로 완결됨으로써 물품구매가 매우 편리해질 뿐 아니라, 인터넷을 통한 많은 정보 획득과 다양한 선택의 기회를 제공함으로써 편리하고 합리적인 구매가 가능해질 수 있는 것이다. 이와 같이 소비자가 적은 비용으로도 자신이 원하는 제품이나 서비스, 정보에 쉽게 접근할 수 있게 되는 것은 소비자 만족수준을 높이는 효과를 가져온다. 이처럼 소비자가 개별적인 구매에서 얻게되는 경제적 효용은 전자상거래를 통해 소비자가 직접적으로 얻는 긍정적 효과로 볼 수 있다.

한편 전자상거래는 상거래를 위해 갖추어야 하는 유형적 자원의 투자가 상대적으로 적다는 점에서 기업의 시장 진입장벽을 낮추는 효과가 있다. 시장 진입장벽이 낮아져 소규모의 회사들이 온라인시장에 진출할 수 있게 되면서 온라인시장은 무한경쟁의 시장으로 거듭나고 있다. 이론적으로 이와 같이 다수의 기업이 시장에 진입함으로써 시장경쟁이 촉진될 경우 이는 궁극적으로 낮은 가격에 높은 품질의 제품이 제공될 수 있는 시장환경을 조성할 가능성을 가지며 소비자에게 더 나은 거래조건을 제공할 수 있다.

또한 전통적인 상거래 환경에서는 일정한 수익이 기대되지 못하는 상품이 쉽게 사장되었으나 온라인시장에서는 제품의 판매를 위해 수반되는 전시비용이나 물류비용이 매우 낮아지기 때문에 상대적으로 수요가 적은 비주류 상품의 수요에 대응할 수 있게 되었다. 소비자는 상점을 방문하여 제품을 찾는 것이 아니라 인터넷 검색을 통해 자신이 원하는 상품정보를 손쉽게 찾을 수 있게 되어 비인기 제품에 대한 소비자욕구를 충족할 수 있게 되었다. 아마존닷컴과 같은 온라인비즈니스 기업의 경우 틈새상품들의 판매량이 인기가 많은 소수의 베스트셀러 판매량을 압도하는 수준에 이르는 현상이 나타나고 있으며 이를 '롱테일법칙(Long Tail Theory)'이라 한다. 롱테일법칙은 많이 팔리는 상품을 왼쪽에서부터 가로축에 나열하고 각 상품의 판매량을 세로축에 표시할 때 많이 팔리는 상품의 판매량을 연결한 선이 급격하게 떨어지는 반면 적게 팔리는 상품의 판매량을 연결한 선은 마치 동물의 긴 꼬리와 같이 길게 늘어져 이들의 판매량을 합칠 경우 많이 팔리는 인기상품을 넘어선다는 것이다. 온라인시장에서의 롱테일법칙에 따르면 비용대비 수익이 적어 그동안 관심을 받지 못한 상품도 시장에서 유통되어 틈새상품에 대한 다양한 소비자의 요구에 대응할 수 있다는 점에서 소비자에게 긍정적인 효과가 있다.

이러한 전자상거래의 장점에도 불구하고 전자상거래에는 위험요소도 있다. 전자상거래의 위험성은 크게 ① 판매자들이 물리적 소재지를 가지고 있지 않으므로 사기·기만거래의 가능성이 증가한다는 점, ② 개인정보의 유출과 보안문제가 심각하게 제기된다는 점, ③ 소비자피해구제가 곤란한 경우가 많다는 점 등 소비자문제와 관련한 것으로 요약할 수 있다.

이러한 문제점이 발생하는 기본적인 원인은 전자상거래가 비대면거래라는 점에서 소비자가 판매자의 신용을 정확하게 알기 어렵고 무수히 많은 상점이 존재하여 소비자가 모든 상점을 비교하여 구매하기도 어렵다는 데 있다. 소비자가 물리적인 공간이 아니라 가상의 공간에서 판매자를 만나게 되기 때문에 실제로 감시하기 어렵고, 허구의 업체가 난립할 가능성이 높다는 데 그 위험성이 더욱 커진다고 할 수 있다.

또한 전자상거래에서의 소비자문제는 ① 다수의 피해자가 발생할 가능성이 높고, ② 사전규제가 사실상 불가능하며, ③ 빠른 기술적 변화로 인하여 소비자보호를 위한 대책이 늘 지체될 수밖에 없으며, ④ 규제사항이 정부의 여러 부처에 걸치는 영역에 있는 경우가 많아 어려움이 많을 뿐 아니라, ⑤ 거래가 국제적으로 발생하여 그 표준과 관할도 국제적으로 논의되어야 할 필요가 존재한다는 등의 해결상의 어려움도 크다. 이러한 점을 고려할 때 전자상거래의 소비자문제는 전통적인 상거래보다도 훨씬 더 중요한 의미를 갖게 된다. 이에 제7장에서 전자상거래상의 소비자문제의 유형을 살펴보고 해결방안을 모색하도록 한다.

2) 공급자에게 미치는 영향

판매자의 경우에 전자상거래가 주는 장점은 매우 큰데, 그중에서도 주요한 것만 기술한다면, 우선 적은 자본의 개인도 창업이 가능할 뿐만 아니라, 창업의 기간(가상점포 구축, 판촉, 결제, 배송 등)이 혁신적으로 간편해진다는 것이다. 또한 이론적으로는 적은 수의 종업원으로 세계규모의 시장을 24시간 상대할 수 있는 반면, 매장, 매장재고, 점포장식, 상품교체의 필요성은 적다. 단, 이 경우에도 화면상의 인터페이스는 꾸준히 업데이트할 필요가 존재한다. 마케팅에 있어서도 소위 일대일 마케팅 등 철저히 소비자 개인별로 차별화된 마케팅이나 판촉활동(promotion)이 가능해짐으로써 매우 혁신적으로 매출을 증가시킬 수 있는 것이다. 또한 파넴 데이터, 재고, 사무, 경리 등의 내부 관리도 용이해진다는 장점이 있다. 또한 이러한 비용절감을 통하여 실제 매장 업체들보다 경쟁력 있는 가격에 상품을 공급할 수 있다.

결제업자들은 우선 전자화폐의 시장과 소액결제시장이라는 새로운 시장과 영업기회를 확대할 수 있는 반면, 현금이동은 최소화하고 전자데이터에 의한 일원적 관리가 가능해짐으로써 사무, 회계비용을 대폭 절감할 수 있게 된다. 또한 지금까지 유지해왔던 복수의 영업점포망에 드는 비용도 감축할 수 있게 된다.

배송업자들도 새로운 사업의 기회를 맞고 있다. 다운로드가 불가능한 물리적 상품의 경우 결국 배송의 과정을 거쳐야 하는데, 이 과정에서 배송업자의 시장규모가 매우 확대될 수 있는 것이다. 이러한 배송의 네트워크도 전산 및 통신기술에 힘입어 크게 효율화할 수 있게 되었다. 이러한 여러 가지 잠재적 이익들을 요약하면 표 5-3과 같다.

표 5-3 전자상거래의 잠재적 이익

주체	잠재적 이익
소비자	• 시간/장소 등 물리적 제약에서 벗어난 구매 가능성 • 자택에서의 세계적 규모의 상품 비교분석 • 배달의 즉시성(디지털 상품의 다운로드) • 상품탐색에서 대금지급까지 하나의 네트워크로 완결
판매자	• 적은 자본의 개인도 창업가능 • 창업의 기간(가상점포 구축, 판촉, 결제, 배송 등)의 간편화 • 세계규모의 시장, 24시간의 시장 • 매장, 매장재고, 점포장식, 상품교체 불필요(단, 인터페이스는 업데이트 필요) • 적은 수의 종업원 • 효과적인 마케팅(일대일 마케팅 등)과 판촉 가능 • 판매 데이터, 재고, 사무, 경리 등의 관리용이 • 가격할인 가능
결제업자	• 현금이동의 최소화 • 전자 데이터에 의한 일원적 관리 → 사무, 회계비용 절감 • 복수의 영업점포망 불필요 • 시장확대 → 소액결제시장, 전자화폐시장
배송업자	• 배송 네트워크의 효율화 • 비즈니스의 저변과 규모의 확대

핀테크 시대 열린다

'가상화폐'에 눈돌리는 금융권 … 핀테크 더 진화한다

국내금융사들이 '비트코인' 등 가상화폐 기술에 눈을 돌리고 있다. 핀테크 시장에 대한 금융사들의 관심이 뜨거워지면서 간편결제, P2P 대출 등 새로운 금융서비스에 금융사들이 눈을 돌리고 있지만 '가상화폐'의 경우 기존 화폐시장을 흔들 수 있다는 점에서 대부분의 금융사들이 보수적인 입장을 견지해 왔다. 하지만 최근 들어 가상화폐를 직접 서비스에 연계시키려는 움직임이 본격화되고 있고, 가상화폐를 구현하는 기술 중 핵심인 '블록체인(Block chain)'에 대한 금융사들의 관심도 뜨거워지고 있다.

KB국민카드는 1일부터 비트코인 업체인 코인플러그와 함께 카드업계 포인트를 가상화폐인 비트코인으로 전환할 수 있는 '포인트리-비트코인 전환 서비스'를 선보였다. 이 서비스는 국민카드의 포인트 서비스인 '포인트리'가 1,000점(스타샵 적립 포인트리 제외) 이상인 경우 KB국민카드 홈페이지 또는 모바일 애플리케이션을 통해 이용 가능하다. 코인플러그가 운영하는 비트코인 거래소 고시 시세에 따라 1점 단위로 연간 30만 점 범위 내에서 포인트리를 비트코인으로 전환할 수 있다.

전환된 비트코인은 온라인 여행사 '익스피디아'를 비롯해 CJ E&M의 VOD 서비스 '빙고', '파리바게뜨 인천시청역점' 등 국내 120여 개 온·오프라인 가맹점에서 사용 가능하다. 국내에선 핀테크가 새로운 금융 IT기술로 각광받고 있지만 다른 나라보다 발전된 신용카드 문화와 실시간 금융결제기반을 어떻게 뛰어넘느냐가 핀테크 성공의 관건으로 지목돼왔다. 하지만 국내 금융서비스 환경을 넘어야 할 벽으로 보지 않고 발전적으로 보완해줄 수 있는 기술에 금융사들이 많은 관심을 보이고 있는 상황이다.

국민카드와 코인플러그의 사례 역시 우리나라의 독특한 신용카드 문화와 결합해 새로운 서비스가 창출된 사례로 여겨진다. 실제 국내에서 일반화된 신용카드사의 포인트 서비스는 세계에서도 흔히 찾아볼 수 없는 서비스다. 코인플러그 윤호성 이사는 "해외의 경우 카드 사용 포인트에 따라 여행상품권 등을 주는 경우는 있지만 국내처럼 다양한 분야에서 사용할 수 있는 포인트 정책을 쓰는 곳은 거의 없다."며 "포인트를 비트코인으로 전환하는 것은 사실상 세계 최초라고 본다."고 전했다. 그동안 비트코인업체들이 국내에서 비트코인 전용 금융자동화기기(ATM) 출시 등 저변확대를 위해 노력해왔지만 제한적인 영역에서만 사용이 가능했다. 하지만 신용카드사와의 협력을 통해 일반인들에 대한 비트코인 인지도 증가면에서 괄목할 만한 성장이 기대된다. 블록체인에 대한 관심도 뜨겁다. 블록체인은 거래에 참여한 모든 사용자에게 거래내역을 보내주고, 거래할 때마다 이를 대조하는 방식으로 데이터 위조를 막는 기술로 비트코인의 보안을 담당하는 기술로 주목받고 있다. 이미 블록체인은 국내 핀테크 시장에서 다양한 분야에 활용되는 주요한 기술로 지목받고 있다. 코스콤, JB금융지주 등 최근 진행된 핀테크 경진대회에서 선정된 유망기술 중 하나가 바로 블록체인을 활용한 다양한 본인인증, 송금서비스 등이다.

윤호성 이사는 "금융사들이 비트코인을 기술적인 관점에서 보고 있다."며 "은행들이 블록체인을 활용하는 방안을 여러 가지로 모색하고 있는 것으로 안다. 조만간 다양한 서비스들이 창출될 수 있을 것으로 본다."고 전했다. 업계에서는 국내 금융사들도 가상화폐, 그리고 이를 구현하는 기술을 금융서비스에 접목하려는 시도가 빨리 진행될 것으로 기대하고 있다. 업계의 한 관계자는 "국내 금융사들이 해외 핀테크 사례를 적극적으로 검토하고 있는데 여기에는 가상화폐의 사례도 빠지지 않는 편"이라며 "해외와 국내의 핀테크 서비스 시차가 점차 줄어들고 있어 가상화폐 기반의 금융서비스, 혹은 통신사 기반의 서비스 등이 연이어 나올 가능성이 높다."고 전했다.

디지털데일리(2015.9.2.)

〈www.ddaily.co.kr〉

④ 전자상거래의 새로운 유형

1) 모바일커머스

모바일기기로 수행되는 전자상거래는 모바일커머스 또는 m-Commerce로 불린다. 스마트폰이 보급되고 모바일인터넷이 점차 발달하면서 모바일기기를 이용한 상거래가 활성화되기 시작하였다. 정보통신정책연구원에 따르면 2013년 10월 기준 우리나라의 휴대전화 보급률은 인구 대비 109%에 이르는 것으로 나타났으며 전체 이동통신 가입자의 68.0%가 스마트폰 이용자인 것으로 나타났다. 또한 통계청에서 발표한 온라인쇼핑동향을 살펴보면, 2014년 기준 연간 온라인쇼핑 거래액은 45조 2,440억 원으로 전년 대비 17.5% 증가한 것으로 나타났으며, 온라인쇼핑 거래액 중 모바일쇼핑 거래액은 14조 8,090억 원으로 무려 125.8% 증가한 것으로 나타났다. 이는 최근 온라인 전자상거래의 많은 부분이 모바일커머스를 통해 성장하고 있음을 보여주는 것이다. 모바일커머스의 성장은 전자상거래 유통 구조에도 많은 변화를 예고하고 있다.

모바일커머스가 기존의 전자상거래와 달리 가질 수 있는 가장 큰 특징은 모바일기기의 이동성과 관련된다. 모바일커머스는 소비자가 이동 중에도 언제 어디서나 전자상거래를 이용할 수 있도록 무선네트워크와 전자상거래 환경을 제공한다. 이러한 특성과 관련하여 모바일커머스에서는 위치기반서비스를 활용한 전자상거래가 활용되고 있다. 소비자는 스마트폰을 휴대하고 이동하는 도중 필요에 따라 자신의 위치를 중심으로 국한된 거래정보를 얻을 수 있다. 즉 소비자는 모바일커머스 서비스를 제공하는 애플리케이션에 자신의 위치정보를 공유하고 그에 따른 레스토랑이나 숙박업소 등의 정보를 제공받는 것이다. 대표적으로 미국의 Yelp는 모바일 애플리케이션을 통해 소비자가 위치한 지역 근처에 추천할 만한 레스토랑, 숙박업소 등의 정보를 알려주는 서비스를 제공한다. 우리나라의 위메프(we make price)와 같은 소셜커머스 업체에서도 소비자의 위치정보를 이용하여 인근 업체의 할인쿠폰을 구매할 수 있도록 모바일 애플리케이션 서비스를 제공한다.

모바일커머스가 성장하면서 휴대전화를 이용한 지불시스템이 중요한 이슈로 떠오르게 되었다. 1996년 이후 정착된 PC 기반의 온라인 전자상거래와는 달리 모바일커머

모바일 쇼핑

모바일쇼핑의 비중이 날로 늘어가고 있다. 통계청의 발표에 따르면 2015년 7월 기준 온라인쇼핑의 거래액은 4조 7,750억 원이며, 전체 소매판매액 30조 1,430억 원의 15.8%를 차지하였다. 온라인쇼핑 거래액 중 모바일쇼핑은 2조 1,320억원으로 온라인쇼핑 거래액의 44.6%를 차지하는 것으로 나타났다. 온라인쇼핑의 경우 전년 동월대비 21.2%의 증가세를 보였고, 모바일쇼핑은 63.9% 증가하여 특히 모바일쇼핑의 성장세가 두드러지는 것으로 나타났다. 올해 온라인쇼핑과 모바일쇼핑의 거래액은 집계 후 최대치를 기록하였다. 특히 온라인쇼핑 거래액 중에서도 모바일쇼핑의 거래액이 크게 증가하고 있으며, 스마트폰의 보급률이 높아지고 모바일결제 서비스가 확장되면서 더욱 탄력을 받을 것으로 예상된다.

온라인쇼핑의 상품군별 거래액 증감추이를 살펴보면 전년 동월대비 꽃, 서적, 사무 · 문구는 감소세를 보인 반면, 농축수산물, 애완용품, 음식료품, 생활 · 자동차용품, 화장품의 증가세가 두드러지는 것으로 나타났다. 특히 농축수산물이나 음식료품의 경우 주로 대형마트나 시장과 같은 오프라인 매장에서 직접 눈으로 보고 구매해오던 품목에 해당한다는 점에서 소비자의 구매채널이 오프라인에서 온라인으로 이동해 가고 있음을 확인할 수 있다. 농축수산물의 경우 전년 동월대비 모바일거래액이 111.3%, 음식료품의 경우 83.9% 증가한 것으로 나타났다.

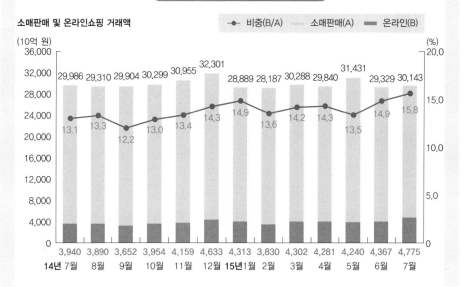

소매판매 및 온라인쇼핑 동향

출처 : 통계청, 2015년 7월 소매판매 및 온라인쇼핑 동향 보도자료

스는 그 역사가 짧아 아직 결제시스템이 충분히 안정화되지 못하여 모바일커머스 시장의 걸림돌이 되어왔기 때문이다. 모바일커머스의 활성화를 위해 반드시 필요한 모바일 결제시스템은 스마트폰의 취약한 보안문제와 이동 중 간편하게 결제해야 하는 쇼핑여건 등의 문제를 해결할 필요가 있다.

이에 따라 최근 모바일 결제서비스나 뱅킹서비스를 포함하는 모바일 금융 애플리케이션에 대한 관심과 투자가 늘어나고 있다. 일반적으로 온라인 전자상거래에서 가장 많이 사용되는 지불수단은 신용카드인 것으로 나타나고 있다. 통계청에 따르면 2013년 기준 B2C 온라인 전자상거래에서 사용된 지불수단을 거래액 구성비에 따라 살펴보면, 카드 73.8%, 계좌이체 19.8%, 전자화폐 2.4%, 기타 3.9%로 나타났다. 그러나 신용카드로 모바일커머스를 이용할 경우 거래 시마다 신용카드정보를 입력해야 하고 때로는 별도의 결제관련 애플리케이션을 설치해야 하는 번거로움과 휴대전화의 보안문제로 인해 결제관련 정보가 유출될 가능성이 크다는 점에서 모바일 결제시스템의 필요가 높아지고 있다. 이에 따라 여러 기업들은 '모바일지갑' 서비스를 제공하고 있다. 자신의 신용카드 결제정보를 모바일지갑 서비스 업체에 등록한 뒤 간단한 등록정보의 입력만으로 결제가 이루어질 수 있도록 하거나 일정 금액을 선불 충전한 뒤 자유롭게 결제 시 활용할 수 있도록 하는 방식으로 서비스가 제공되고 있다. 해외 인터넷 사이트 결제 시 사용할 수 있는 페이팔(PayPal)이나 우리나라 다음카카오에서 운영 중

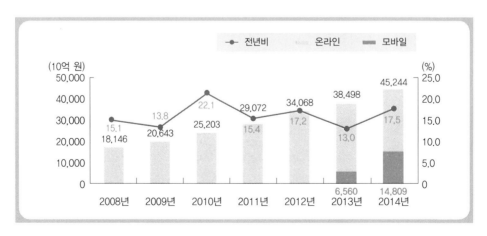

그림 5-2 2014년 연간 온라인쇼핑 거래액 동향
출처 : 통계청(2015). 2014년 4/4분기 및 연간 온라인쇼핑 동향

인 카카오페이와 뱅크월렛카카오 등이 이러한 모바일지갑 서비스의 예이다.

2) 소셜커머스

소셜커머스(social commerce)는 소셜네트워크서비스와 전자상거래가 결합된 형태로 SNS를 통해 일정 수 이상의 구매자가 모이게 되면 파격적인 가격에 상품을 제공하는 전자상거래이다. 미국의 그루폰(www.groupon.com)이나 리빙소셜(www.livingsocial.com), 우리나라의 위메프(www.wemakeprice.com)와 같은 소셜쇼핑 웹사이트가 대표적인 예이다. 이들 사이트는 공동구매와 유사한 형식으로 특별할인을 제공한다. 소셜커머스 업체는 특정 제품이나 서비스를 선정하여 할인이벤트를 진행하며 소비자는 해당기간의 딜을 이메일을 통해 정보를 받고 거래에 참여할 수 있다. 소셜커머스는 일정 수 이상의 구매자가 모였을 때 파격적인 할인가격을 적용하여 거래하는 비즈니스 모델이며, 이를 통해 상품을 구입하고자 하는 소비자는 상품을 스스로 홍보하고 자발적으로 모여 상품을 구매하기 때문에 기업은 많은 고객을 확보할 수 있게 되어 박리다매로 수익을 창출한다.

소셜커머스의 본래 성격은 여럿이 모여 저렴하게 상품과 서비스를 구매하는 그룹쇼핑이지만 최근 우리나라의 소셜커머스 운영실태를 살펴보면 일정 수 이상의 구매자를 모아 저렴한 구매가 가능한 딜(deal)을 제공하는 방식이 아니라, 일정 기간 동안 일정 품목을 선정하여 저렴한 가격에 제공하는 거래방식을 취하고 있다. 소셜커머스 업체는 다른 온라인몰과 달리 음식점이나 입장권, 여행 등의 서비스 이용을 위한 쿠폰을 지역기반으로 판매한다는 점과 할인하는 품목과 기간이 정해져 있다는 점에서 여타의 온라인몰과 차별적인 특징을 보이고 있다.

제 6 장

스마트미디어와 소비자

스마트폰이나 스마트패드, 스마트 TV 등과 같은 스마트미디어는 오늘날 커뮤니케이션 혁신을 이끌고 있다. '스마트'의 의미로부터 유추할 수 있듯이 이러한 미디어의 등장은 소비자의 생활을 스마트하게 바꾸어 놓고 있다. 여러 스마트미디어 중에서도 스마트폰은 소비자의 일상생활에서 빈번하게 사용되고 보급범위가 넓다. 우리나라 시장에는 2009년 스마트폰이 도입된 이후 짧은 기간 동안 폭발적인 성장을 기록해왔다. 스마트디바이스(smart device)의 확산으로 인해 소비자의 생활이 크게 달라졌을 뿐만 아니라 새로운 산업의 흐름을 형성하고 있다. 이와 같은 현대사회의 변화를 일컫는 신조어로 '스마트(smart)'와 '소사이어티(society)'의 합성어인 '스마트사이어티(smartciety)'라는 용어가 등장하였다. 본 장에서는 스마트사이어티를 이끄는 스마트미디어의 발전에 대해 살펴보고 스마트미디어의 등장으로 인해 변화된 소비생활과 시장 및 마케팅의 변화에 대해 고찰해보고자 한다.

1 스마트디바이스

스마트미디어의 발전은 스마트미디어의 하드웨어 측면인 스마트디바이스와 소프트웨어 측면인 스마트 애플리케이션으로 나누어 살펴볼 수 있다. 최근 '스마트혁명'이라고 표현될 만큼 소비자의 생활을 크게 변화시킨 스마트폰, 태블릿 PC, 스마트 TV 등과 같은 스마트미디어의 등장과 방송통신 융합이 맞물려 소비생활에 변화가 나타나고 있다. 소비자가 접근할 수 있는 콘텐츠의 양이 급격히 팽창하고 시간과 공간의 제약 없이 콘텐츠 제공자와 사용자 간의 양방향 상호작용이 활발하게 이루어지면서 스마트 라이프(smart life), 스마트 워크(smart work)가 구현되는 등 새로운 삶의 영역이 구축되고 있다. 이에 대해 Deuze(2009)는 소비자들이 삶 속에서 미디어를 활용하는 것이 아니라 미디어로 둘러싸인 삶을 살고 있다고 설명하였다. 본 절에서는 스마트혁명을 불러온 스마트폰, 태블릿 PC, 스마트 TV를 중심으로 스마트디바이스의 특징에 대해 살펴본다.

1) 스마트폰과 태블릿 PC

스마트폰은 휴대용기기로서 가장 친숙하게 사용하는 휴대전화와 다양한 디지털기반 작업을 수행할 수 있는 PC가 결합하여 탄생한 새로운 유형의 휴대전화로 고성능의 범용 운영체제가 내장되어 휴대전화의 기본 기능과 더불어 일정관리 및 인터넷접속 등의 데이터통신기능을 활용할 수 있는 스마트디바이스다. 스마트폰에 앞서 등장한 휴대용 컴퓨터로 PDA(personal digital assistant)가 있다. PDA는 휴대가 간편한 컴퓨터라는 점에서 이동 중에도 컴퓨터를 이용한 업무처리를 가능하게 하였다는 점에서 혁신적으로 평가받았다. 그러나 PDA와 휴대전화를 결합한 PDA폰은 시장에서 보편적으로 수용되지 못하였다. PDA폰은 휴대용 컴퓨터에 가까운 PDA에 전화기능을 추가한 것인 반면, 스마트폰은 와이파이를 통해 무선인터넷을 활용할 수 있는 휴대전화라는 차이가 있다(고찬수, 2011). 스마트폰과 함께 휴대용 스마트기기로 활용되고 있는 태블릿 PC는 터치스크린으로 조작하는 개인용 컴퓨터이다. 키보드나 마우스와 같은 입력장치를 배제하고 터치스크린만으로 조작이 가능한 태블릿 PC는 기존의 휴대용 노트북컴퓨터보다 휴대성은 더욱 뛰어나고 휴대전화보다 다양한 멀티미디어 콘텐츠의 활용은 더욱 편리하다는 특성이 있다.

　스마트폰과 태블릿 PC의 경우 기존의 휴대전화와 같은 기기와 가장 차별적인 특징은 사용자의 선택에 따라 자유롭게 인터페이스를 선택할 수 있다는 점이다. 이는 스마트기기의 특징인 개방성을 의미한다. 스마트기기의 개방성은 스마트기기를 사용하는 소비자의 자유로운 선택에 따라 프로그램의 설치나 삭제 등을 가능하게 함으로써 개인화된 기기로 활용할 수 있게 한다. 또한 고성능 사양을 탑재한 스마트기기가 출시되면서 스마트기기를 통해 처리할 수 있는 작업의 범위가 크게 넓어졌다. 특히 일명 '손안의 PC'라 불리는 스마트폰은 CPU의 처리속도, 메모리용량, 디스플레이 등의 하드웨어적 속성이 매우 빠르게 발전하고 있다.

우리나라의 스마트미디어 환경은 2009년 아이폰 도입을 기점으로 하여 스마트폰의 확산이 이루어지면서 크게 변화하였다. 미래창조과학부의 보도자료에 따르면 우리나라의 스마트폰 보급률이 급격하게 높아지면서 이미 2013년 9월을 기준으로 우리나라 국민의 약 74%가 스마트폰 가입자인 것으로 나타나, 대다수의 소비자들이 스마트미디어를 일상적으로 접하고 있는 것을 알 수 있다. 스마트기기의 발전과 보급에 따른 변화는 산업뿐만 아니라 정치, 경제 및 사회 전 분야에 걸쳐 나타나고 있으며, 개인의 생활양식과 사회의 의사소통방식, 비즈니스환경 등을 변화시키고 있다.

2) 스마트 TV

스마트 TV는 'TV가 컴퓨터의 정보처리능력을 흡수하여 발전한 개념의 제품'[1], '디지털 TV에 운영체제(OS) 및 인터넷 접속 기능을 탑재해 실시간 방송뿐 아니라 VOD · 게임 · 검색 · 날씨 등 다양한 콘텐츠를 편리한 이용자 환경(UI/UX)에서 이용할 수 있는 TV'[2] 등으로 정의된다. 스마트 TV는 비교적 최근에 사용되기 시작한 개념으로 아직까지 스마트 TV의 속성이나 정의에 대한 통일된 시각이 마련되지 못하였다. 다만 스마트폰의 개념이 기존의 피쳐폰에 정보처리능력이나 인터넷접속기능 등이 추가되면서 '스마트'라는 단어를 붙인 것과 같이 스마트 TV의 경우도 마찬가지로 기존의 TV 기능에 정보처리나 인터넷접속 등의 첨단기능이 덧붙여진 것을 의미하는 것으로 간주할 수 있다.

스마트 TV는 TV의 하드웨어적 발전만 의미하는 것은 아니다. 아날로그 TV에서 디지털 TV로의 전환, 즉 기술적 측면에서의 변화가 주된 이슈였다면, 스마트 TV는 하드웨어적 측면에서 발전된 기술을 담고 있는 것인 동시에 새로운 콘텐츠를 이용할

---

[1] 고찬수(2011). 스마트 TV혁명 : 미래미디어의 중심. 21세기북스.
[2] 방송통신위원회

수 있는 플랫폼으로서의 발전이라는 점이 강조된다. 스마트 TV는 영상이나 애플리케이션 등의 콘텐츠를 활용할 수 있는 운영체제를 갖춘 TV이며, 방송과 통신을 융합한 서비스를 제공한다는 특징이 있다. 스마트 TV의 특징은 ① 양방향서비스 ② 애플리케이션 ③ 스마트한 UI 등으로 요약된다.[3] 먼저 양방향서비스는 일방향적으로 전달되는 콘텐츠를 시청하는 기존의 TV의 이용방식에서 벗어나 인터넷망을 통해 VOD나 웹브라우징 서비스를 이용할 수 있다는 것이다. 다음으로 스마트 TV에서는 TV에 탑재된 정보처리기능을 통해 TV용으로 개발된 애플리케이션을 이용하여 원하는 콘텐츠를 사용할 수 있다는 특징이 있다. 마지막으로 양방향서비스와 애플리케이션을 이용하여 개인에게 최적화된 UI(사용자 인터페이스) 환경을 갖추고 있다는 특징이 있다.

② 스마트 애플리케이션

스마트미디어의 소프트웨어 측면은 스마트 애플리케이션을 중심으로 살펴볼 수 있다. 스마트미디어의 등장으로 인한 일상경험의 변화를 질적으로 분석한 연구[4]에 따르면 스마트미디어는 미디어기기 측면의 혁명일 뿐만 아니라 콘텐츠의 활용과 관련한 경험을 크게 변화시키는 것으로 나타났다. 스마트폰의 경우 기존의 휴대전화에서 사용되던 콘텐츠와 전혀 다른 새로운 콘텐츠의 활용 가능성을 열게 되었다. 스마트폰은 프로그램의 설치와 삭제가 자유롭다는 점에서 소비자가 자신에게 적합한 콘텐츠를 선별적으로 이용할 수 있는 환경을 제공한다. 따라서 스마트 애플리케이션은 동일한 플랫폼을 가진 스마트폰에서 개인마다 다른 욕구를 충족시키는 효과가 있다. 소비자는 적절한 애플리케이션과 콘텐츠를 선택함으로써 개인화된 미디어기기로써 스마트폰을 활용할 수 있게 되었다. 스마트 애플리케이션의 활용은 스마트폰의 활용가치를 높일 수 있다는 점뿐만 아니라 그동안 통신서비스업체에 의해 주도되던 콘텐츠시장의 개방화, 분산화로 소비자의 선택권을 크게 향상시켰다는 의미가 있다. 다양한 애플리케이션이 개발되고 보급될 수 있는 시장, 일명 앱스토어 또는 마켓이 형성되고 그 안

---

[3] 김원제, 김학진, 노준석, 오광혁, 원광재, 이순모, 정세일, 정헌용, 현군택(2011). 스마트 미디어 콘텐츠 인사이트. 이담. 파주.

[4] 김은미, 심미선, 김반야, 오하영(2012). 미디어화 관점에서 본 스마트미디어 이용과 일상경험의 변화. 한국언론학보, 56(4), 133–159.

에서 경쟁이 이루어지는 양상을 통해 스마트미디어 콘텐츠시장의 '오픈생태계(open ecosystem)[5]'가 구축되어 감을 볼 수 있다.

최근 소비생활과 밀접한 관련을 가진 스마트 애플리케이션이 다양하게 개발되고 있다. 주로 스마트 애플리케이션에서 3대 킬러앱(Killer App)[6]은 위치기반서비스(Location Based Service, LBS), 증강현실(Augmented Reality, AR), 소셜네트워크서비스(Social Network Service, SNS)가 있다[7]. 이들 세 유형의 스마트미디어 킬러앱은 소비생활에 유용한 정보를 제공하는 서비스로 활용되고 있다. 위치기반서비스는 지도나 내비게이션 등과 같이 오늘날 보편적으로 이용되고 있는 서비스뿐만 아니라 소비자가 있는 위치를 인식하여 주변의 관심정보를 손쉽게 검색할 수 있도록 함으로써 소비자의 위치에 따라 유용한 정보를 선별적으로 제공한다. 위치기반서비스가 이용되기 시작하면서 소비자는 온라인상에 존재하는 무수히 많은 디지털정보 중에서 자신의 위치정보를 기준으로 손쉽게 적합한 정보를 걸러내어 이용할 수 있게 되었다. 다만 위치기반서비스의 이용 시 개인의 위치정보가 수집, 이용되는 과정에서 프라이버시의 보호 문제가 대두된다. 이에 따라 위치정보의 보호 및 이용 등에 관한 법률(2014.11.19 시행)에서는 위치정보의 유출, 오용 및 남용으로부터 사생활의 비밀을 보호하고 안전한 위치정보 이용환경을 조성하여 위치정보의 이용을 활성화하기 위한 목적으로 위치정보사업의 허가, 위치정보의 보호, 개인위치정보주체의 권리 등을 규정하고 있다.

증강현실 기술은 최근 위치정보기술과 함께 다양한 서비스로 응용되고 있다. 증강현실은 눈으로 볼 수 있는 실제 영상정보에 문자나 그래픽 등의 가상정보를 동시에 볼 수 있도록 중첩시키거나 합성하는 기술로, 우리가 경험하는 현실세계에 컴퓨터기술을 통해 가상세계를 추가하여 부가적인 정보를 제공한다. 증강현실 기술은 위치기반기술과 함께 사용자의 주변정보를 제공하는 애플리케이션으로 응용되거나 온라인 쇼핑 시 제품의 실제 착용 모습이나 설치 모습을 가상으로 구현해볼 수 있는 서비스 등으로 상용화되고 있다. 이케아는 가구를 구매하는 소비자들이 자신의 집에 가구가

---

[5] 김원제, 김학진, 노준석, 오광혁, 원광재, 이순모, 정세일, 정헌용, 현군택(2011). 스마트 미디어 콘텐츠 인사이트. 이담. 파주.

[6] '킬러앱(Killer App)'이란 시장에 등장하자마자 다른 경쟁제품을 몰아내고 시장을 완전히 재편할 정도로 인기를 누리고 투자비용의 수십 배 이상의 수익을 올리는 상품이나 서비스를 말한다. (출처 : 기획재정부 시사경제용어사전)

[7] 김원제 외(2011). 스마트 미디어 콘텐츠 인사이트, 이담Books.

어울릴지 걱정하는 고민을 덜어줄 수 있도록 가상으로 가구를 배치해볼 수 있는 증강
현실 서비스를 제공하고 있다. 미국의 온라인 쇼핑그룹 Gilt에서도 안경이나 선글라스
와 같은 제품의 착용 시 모습을 가상으로 구현할 수 있는 증강현실 서비스를 제공한
다. 증강현실 서비스는 소비자가 즉각적인 정보를 얻을 수 있으며 비대면거래 시 거래
의 위험을 줄여줄 수 있는 유용한 정보로 활용될 수 있다는 점에서 소비자정보의 발
전된 제공방식으로 이해할 수 있다.

마지막으로 소셜네트워크서비스(SNS)는 온라인상에서 이용자 간에 즉각적인 커뮤
니케이션을 가능하게 하며 다양한 유형의 디지털콘텐츠가 공유, 확산되는 장으로 자
리매김하고 있다. 특히 SNS는 스마트폰의 보급이 확대되면서 서비스의 활용도가 높
아지고 있다. SNS를 기반으로 한 디지털콘텐츠는 소셜네트워크게임이나 소셜쇼핑,
소셜커뮤니티 등 다양하게 개발되고 있다. 최근 소셜네트워크를 통해 특정 상품의 입
소문이 퍼지면서 기업의 매출에 긍정적인 효과가 나타나게 되면서 이를 상업적으로
활용한 SNS 마케팅이 실행되기도 한다. 또한 다수의 이용자들과 즉각적인 소통이 가
능하다는 점에서 기업이 SNS를 소비자와의 소통 공간으로 활용하기도 한다. 기존의
고객센터나 소비자상담부서에서 담당하던 불만이나 소비자의견의 수렴, 소비자요구
에 대한 대응, 소비자정보의 제공 등의 업무가 SNS상에서 이루어지기도 한다. SNS가
가지는 네트워크의 기하급수적인 확장 가능성으로 다수의 소비자로부터 고객의 소리
(Voice of Customer)를 빠르게 청취할 수 있다는 장점이 있으며, 쌍방향적 소통이 가
능한 채널이라는 점에서 고객의 소리에 대한 기업의 반응을 피드백 할 수 있는 창구로
서 활용될 수 있다는 장점이 있다.

❸ 스마트미디어와 소비생활

스마트미디어의 눈부신 발전은 소비생활에서도 많은 변화를 가져왔다. 먼저 스마트
미디어는 기존의 전통 미디어를 대체하거나 확장함으로써 새로운 미디어 소비의 패
턴을 형성하고 있다. 또한 스마트미디어를 보편적으로 활용하면서 소비자들은 다양
한 정보원천과 콘텐츠에 수시로 접속할 수 있게 되었을 뿐만 아니라 상호 간의 소통
을 통해 더 정확하고 더 방대한 정보를 활용할 수 있게 되었다. 오늘날 스마트미디어

가 현대의 생활 깊숙이 파고들면서 변화한 소비생활에 대해 살펴보도록 한다.

1) 스마트미디어 이용 특성

인터넷미디어의 발전은 미디어이용에서의 대변혁을 가져왔다. 커뮤니케이션 학자들은 인터넷과 같은 커뮤니케이션 테크놀로지가 발전함에 따라 커뮤니케이션 혁명이 일어나고, 이러한 혁명은 사회의 새로운 변화를 이끈다고 설명한다. 최근에는 인터넷과 웹 2.0을 중심으로 커뮤니케이션 테크놀로지의 발전이 두드러진다. 그 결과 인터넷과 모바일을 중심으로 미디어 환경이 재편되고 있다. 기존의 전통적인 매스미디어는 인터넷과 모바일 환경으로 통합 또는 연계되고 있으며, 인터넷과 모바일에 특화된 미디어 콘텐츠가 크게 늘어나고 있는 추세이다. 온라인미디어는 높은 수준의 상호작용성(interactivity)을 가지며 하이퍼텍스트성(hypertextuality)[8]과 멀티미디어성(multimediality)을 바탕으로 새로운 미디어 이용패턴을 창출해내었다. 하이퍼텍스트성과 멀티미디어성은 미디어를 통해 활용할 수 있는 콘텐츠의 제공방식 또는 제공유형에 관한 것이다. 하이퍼텍스트로 구성된 콘텐츠는 하나의 정보와 관련된 다른 정보를 연결해줌으로써 수많은 정보의 구조를 형성 및 확장할 뿐만 아니라 이용자가 원하는 정보를 선별적으로 이용할 수 있게 한다. 한편 멀티미디어성을 갖춘 온라인미디어는 텍스트, 이미지, 영상 등의 다양한 유형의 콘텐츠를 활용할 수 있음을 의미한다.

온라인미디어의 이용자의 새로운 미디어 이용패턴은 '능동적 미디어 이용'으로 요약된다. 온라인미디어 이용자들은 온라인에서 접근할 수 있는 다양한 미디어 콘텐츠를 실시간으로 찾고 선택할 뿐만 아니라 능동적으로 미디어 콘텐츠에 대한 반응을 표출하고 콘텐츠의 생산자 또는 다른 이용자들과 상호작용한다. 나아가 자신이 직접 미디어 콘텐츠를 제작하고 공유하는 프로슈머의 역할을 담당하기도 한다. 이러한 미디어이용의 변화는 스마트디바이스의 등장으로 더욱 가속화되고 있다. 스마트미디어는 기본적으로 이러한 온라인미디어의 특성을 그대로 가지고 있을 뿐만 아니라 높은 휴대성과 개인화 가능성이 부가되어 현대의 미디어 이용과 소비생활에 변화를 가져오고

---

[8] 하이퍼텍스트(hypertext)란 개별정보를 링크를 이용해 유기적으로 연결시킴으로써 비연속적, 비선형적 체계로 구성해 낸 전자적 텍스트 또는 정보조직구조(이재현, 2013). 사용자가 필요에 따라 하이퍼링크로 참조된 다른 연결된 정보로 건너뛰어 열람할 수 있는 정보의 전개원리

있다. 스마트디바이스가 지닌 몇 가지 특징은 새로운 미디어이용 행태로의 변화를 이끌고 있다.

- **높은 휴대성** : 스마트디바이스는 PC 기반의 인터넷에 비해 휴대성이 높다는 점에서 '언제 어디서나' 미디어를 이용할 수 있는 환경을 제공한다. 휴대성이 좋은 스마트폰이나 태블릿 PC와 같은 단말기 환경에 적합하도록 온라인콘텐츠의 모바일화가 가속되고 있다. 과거에는 기존의 온라인 콘텐츠를 그대로 구현할 수 있는 풀브라우징(full-browsing)이 주요 관심사였다면 지금은 모바일웹을 별도로 구축하고 있다.
- **대인미디어적 성격** : 스마트미디어는 대부분 개인화된 미디어로서 웹을 통해 제공되는 서비스의 매스미디어적 성격과 대인미디어적 성격을 동시에 가지면서 특히 대인미디어적 성격을 강화하는 도구로 사용될 수 있다. 웹의 매스미디어적 성격은 온라인 상에서 대중적으로 유통되는 미디어 콘텐츠를 온라인 포털사이트를 통해 검색하거나 게시된 뉴스 서비스를 이용하는 것과 관련된다. 웹의 대인미디어적 성격은 개인화된 이메일이나 커뮤니티 서비스 이용에 관련된 것으로, 스마트미디어는 스마트폰이나 태블릿 PC와 같이 개인적으로 휴대하고 다니는 미디어기기라는 점에서 특히 대인미디어적 성격을 강하게 가질 수 있는 특징이 있다.

2) 스마트미디어 상호작용성

아래에서는 특히 스마트미디어가 지닌 상호작용성을 중심으로 변화된 미디어환경과 소비생활에 대해 살펴보고자 한다. 스마트미디어의 상호작용성은 크게 커뮤니케이션 측면과 이용자 측면으로 구분할 수 있다(표 6-1 참조).

표 6-1 스마트미디어의 상호작용성

커뮤니케이션 차원	이용자 차원
양방향성	통제 가능성
시간적 유연성	즉각적 반응성
장소의 개방성	정보교환목적

(1) 스마트미디어 커뮤니케이션의 상호작용성

스마트미디어의 커뮤니케이션 메시지와 관련하여 상호작용성을 높이는 세 가지 요소를 정리하면 양방향 커뮤니케이션, 시간적 유연성, 장소의 개방성으로 요약할 수 있다.

① 양방향성

스마트미디어의 높은 상호작용성은 양방향 커뮤니케이션이 가능한 웹 2.0의 특성과 관련된다. 웹 1.0의 경우 일부 콘텐츠 제작자가 생산된 정보를 게시하고 사용자는 이를 열람하는 형태로 일방향적 커뮤니케이션이 이루어졌으나, 웹 2.0 시대가 열리면서 콘텐츠의 제작자와 열람자의 경계가 모호해지고 모든 커뮤니케이션 참여자가 자유롭게 콘텐츠를 생성할 수 있는 정보환경이 마련되었다. 이에 따라 모든 참여자의 적극적 참여를 통한 양방향적인 커뮤니케이션이 가능해지게 되었으며, 손안의 컴퓨터와 같이 기능할 수 있는 스마트폰이 보급되면서 실시간으로 즉각적인 소통이 가능해졌다.

　양방향 커뮤니케이션이 가능해짐으로써 소비자는 미디어 콘텐츠의 단순한 이용자의 위치에서 벗어나 콘텐츠에 대해 적극적으로 의견을 제공하고 나아가 스스로 원하는 콘텐츠를 생산하는 프로슈머적 역할을 담당하게 되었다. 소비자가 정보의 생산과 가공에 직·간접적으로 참여할 수 있게 되었다는 것은 큰 의미를 지닌다. 어떠한 정보가 누구에 의해 생산되어 누구를 위해 확산되는가에 따라 그 사회의 주요 의제가 결정될 수 있다. 또한 미디어를 통해 전달되는 콘텐츠에 담긴 정보는 사회의 흐름을 변화시킬 수 있는 일종의 힘을 지닌 것으로 간주된다. 따라서 소비자가 양방향 커뮤니케이션의 도구로서 스마트미디어를 이용하게 되고 그 결과 소비자가 참여하는 사회적 상호작용이 늘어나는 것은 소비자주도적인 정보환경을 형성해가는 데 긍정적인 측면이 있다.

② 시간적 유연성

스마트미디어는 참여자의 시간적 요구를 충족시킬 수 있는 유연한 의사소통을 가능하게 한다. 온라인에서 유통되는 콘텐츠는 콘텐츠 제공자와 이용자가 동시에 접속되어야 할 필요가 없다. 미디어 이용자는 자신이 원하는 시간에 미디어에 접속하여 콘텐츠를 이용하게 되므로 소비자가 자신의 욕구와 여건에 맞게 주도적으로 미디어를 이용할 수 있게 되었다. 또한 다른 미디어 디바이스에 비해 휴대성이 좋을 뿐만 아니라 실시간(real time) 커뮤니케이션을 가능하다는 점에서 미디어 이용의 시간적 유연성이 높다.

스마트미디어의 발전으로 미디어 이용의 시간적 제약이 감소함에 따라 소비자는 과거에 비해 정보를 탐색할 수 있는 시간을 자유롭게 결정할 수 있게 되었다. 이러한 점은 스마트미디어가 등장하기 전 정보탐색에 활용되던 온라인미디어와 크게 다르지 않다. 스마트미디어의 차별성은 일상적으로 사용하는 스마트폰과 같은 디바이스를 활용하여 소비자가 정보욕구를 가질 때 이를 즉각적으로 해소할 수 있다는 점이다. 필요시 즉각적으로 정보를 활용할 수 있게 됨에 따라 정보탐색을 위해 의사결정을 지연하는 것을 포함한 정보탐색의 시간적 비용을 극도로 낮출 수 있다는 점에서 긍정적으로 평가된다.

③ 장소의 개방성

온라인에서는 지리적 제약을 초월한 가상의 커뮤니케이션 공간이 형성된다. 미디어를 통해 이루어지는 커뮤니케이션은 지리적 의미나 물리적 형태를 초월한 가상의 커뮤니케이션 '장소(place)'에서 이루어지기 때문에 커뮤니케이션 참여자들의 상호작용을 높일 수 있게 된다. 스마트미디어를 통해 접속할 수 있는 가상의 커뮤니케이션 공간에서는 참여자의 범위를 제약하는 요소가 적다. 참여자의 지리적 위치나 시간적 제약 등이 해소됨에 따라 다수의 다양한 의견이 수렴되거나 확산될 수 있는 구조를 갖추고 있다.

소비자는 스마트미디어의 가상 커뮤니케이션 공간을 통해 다양한 소비생활정보를 공유한다. 이러한 공간은 개방성이 높다는 점에서 다양한 의견이 집적될 수 있다. 스마트미디어의 이용자들은 이러한 공간에 자신의 의견이나 지식을 공개할 수 있으며 다른 이용자의 피드백을 받거나 토론을 할 수도 있다. 스마트미디어에서 활발하게 이용되고 있는 페이스북, 트위터와 같은 SNS나 유튜브와 같은 동영상 공유 서비스는 가상의 공간에서 미디어 이용자들 간에 상호작용이 이루어질 수 있는 환경을 제공한다. 이들 서비스는 가상공간에서 시간적 유연성을 가지고 소통하기 위해 개별 이용자가 콘텐츠에 대한 반응을 남기거나('좋아요') 콘텐츠에 대해 자신의 의견을 남길 수 있는 (댓글, 의견쓰기 등) 커뮤니케이션 환경을 갖추고 있다. 이러한 상호작용이 저장된 가상공간은 그 자체로 다시 이용자에게 정보를 제공하기도 한다. 추천수나 조회수가 높은 콘텐츠, 콘텐츠에 달린 이용자의 의견은 미디어 이용자들 간의 상호작용 과정에서 생산된 또 다른 정보로 활용될 수 있다. 문제는 미디어 이용자들에 의해 생산된 정보는 어떠한 정제과정도 거치지 않았다는 점에서 질적 수준이 낮은 정보가 무분별하게 확산될 수 있다는 것이다.

(2) 스마트미디어 이용자의 상호작용성

스마트미디어의 이용자와 관련한 차원에서는 스마트미디어의 상호작용성을 커뮤니케이션 환경의 통제 가능성, 즉각적 반응성, 정보교환목적을 위한 커뮤니케이션의 세 가지 측면에서 파악할 수 있다.

① 통제 가능성

스마트미디어는 미디어의 이용자가 사용환경을 손쉽게 통제할 수 있을 뿐만 아니라 자신의 취향에 맞게 맞춤화할 수 있다는 점에서 커뮤니케이션 환경의 통제 가능성이 매우 높다. 스마트미디어 이용자는 자신이 원하는 정보 또는 콘텐츠를 담고 있는 애플리케이션을 설치하거나 자신이 이용하기 편리한 구조로 인터페이스를 변경하기도 하는 등 커뮤니케이션 환경을 자유롭게 조절할 수 있다. 이와 함께 앞서 스마트미디어의 커뮤니케이션 차원에서의 특징으로 논의한 시간적 유연성이나 장소의 개방성은 스마트미디어 이용자의 커뮤니케이션 통제 가능성을 향상시킨다.

② 즉각적 반응성

스마트미디어의 이용자가 과거의 미디어 이용자의 수동적 태도에서 벗어나지 못한다면 앞서 살펴본 스마트미디어의 상호작용적 특성은 무의미하다. 즉 이용자가 스스로 스마트미디어를 활용하여 적극적으로 상호작용하고자 하는 행동을 취하는 것이 필요하다. 스마트미디어는 정보가 일방향적으로 흐르던 과거의 전통적 미디어와는 달리 원하는 정보를 탐색하고 끌어당겨 정보를 활용해야 하는 특성이 있다. 이러한 점에서 스마트미디어는 미디어의 수용자(passive recipient)가 아니라 능동적 이용자(active user)가 된다.

③ 정보교환목적

스마트미디어에서의 소비자 상호작용은 주로 정보의 전달 목적이 '정보교환'을 위주로 한다는 특징이 있다. 매스미디어를 통해 전파되던 정보는 주로 소수의 콘텐츠 제작자에 의해 생산되어 일방향적으로 전달되는 데 그쳤다. 전통적 매스미디어에서 생산된 정보는 그 사회에서 정치, 경제, 문화, 지식 등의 측면에서 지도층의 위치에 있는 구성원으로부터 크게 영향을 받을 수 있는 구조를 가지고 있다. 예를 들면 미디어가 상업적 광고를 싣는 자본력을 갖춘 기업의 이익을 대변하게 되는 것을 생각해볼 수 있다. 매스미디어는 대중문화를 매개하는 역할을 담당하고 소비대중문화가 신문, 라디오, 잡지, 영화 등의 미디어를 통해 형성되었다.

반면 인터넷을 근간으로 한 미디어 환경이 펼쳐지면서 일반 시민들의 의견이 표출될 수 있는 장이 마련되었으며, 미디어이용자는 다양하고 광범위한 정보를 교환할 수 있게 되었다. 이처럼 정보사회의 성격을 담은 미디어의 변화는 Lowenstein과 Merrill(1990)이 주장한 미디어의 '전문화(specialized)' 단계로 설명된다.[9] 이 단계에서는 미디어의 능동적 이용자와 프로슈머(prosumer)로서의 이용자가 나타나고 이용자의 세분화된 욕구와 수요, 취향에 부응하는 미디어의 특성을 갖게 된다. 자유로운 의견교환과 교류가 가능해진 것은 매스미디어의 일방향적 메시지 전달구조에서 벗어나 시민사회에서 사회구성원 간에 활발한 정보교환과 여론형성의 장이 마련되었다는 의미를 지닌다. 이러한 변화는 스마트미디어의 등장으로 더욱 가속화되고 있는 양상을 보인다. 스마트미디어는 토론의 주제를 만들고 다른 사람들의 의견을 살펴보는 과정이 매우 즉각적이고 실시간으로 이루어진다. 미디어이용자가 사진이나 영상 등 멀티미디어 형태의 콘텐츠를 즉각적으로 생산하여 공유함으로써 활발한 실시간 토론이나 상호작용이 이루어지기도 한다.

---

[9] Lowenstein, R. L., & Merrill, J. C. (1990). *Macromedia : Mission, message and morality*. Longman Publishing Group.

4 소셜미디어와 소비생활

1) 소셜미디어의 개념

소셜미디어는 다양한 서비스의 유형과 콘텐츠가 혼재되어 있어 명확한 정의를 내리기 어렵다. 소셜미디어라는 용어는 2004년 6월 The BlogOn Conference에서 기업의 소셜미디어 활용에 대한 기조강연을 시작으로 관심을 받기 시작하였다. 소셜미디어의 의미를 단어 뜻 그대로 풀이하면 사회적인 매체이다. 위키피디아의 소셜미디어 정의를 살펴보면, 소셜미디어는 가상커뮤니티와 네트워크에서 정보, 아이디어, 사진/비디오 등을 생성하고 공유하고 교환할 수 있는 컴퓨터매개 도구(computer-mediated tools)로 소개되고 있다. Kaplan과 Haenlein(2010)에 따르면 소셜미디어는 "웹 2.0의 기술적, 관념적 바탕 위에 세워진 인터넷 기반 애플리케이션으로서 사용자에 의해 생산된 콘텐츠(User-Generated Content, UGC)를 만들고 교환할 수 있도록 하는 미디어"로 정의된다.

2) 소셜미디어의 특징

소셜미디어의 개념에서 가장 핵심적인 부분은 웹 2.0에서 강조되는 '참여', '개방', '대화', '커뮤니티', '연결'로 요약된다. 소셜미디어의 이용자는 양방향성을 가진 인터넷 웹 환경에 참여하여 자유롭게 자신의 생각을 공유할 수 있다. 이 과정에서 일방향적 정보의 전달에서 탈피하여 이용자 간의 교류와 정보교환이 이루어진다. 이용자의 자유로운 소통과 피드백의 가능성을 열어두고 쌍방향적인 대화를 매개하는 것이 소셜미디어의 주요 역할이다. 이와 함께 소셜미디어는 이용자가 자신이 관심을 가지는 주제별로 모일 수 있는 네트워크를 형성한다는 점에서 새로운 관계를 형성하는 역할을 담당하기도 한다.

3) 소셜미디어와 소비생활의 변화

(1) 소셜미디어 정보확산

소셜미디어는 소비자에게 주제별로 구체적이면서도 다양한 정보를 탐색할 수 있는 새로운 정보원천으로서의 가치를 지닌다. 소비자들은 제품이나 브랜드에 대한 의견, 소비생활에 유용한 정보 등을 소셜미디어를 통해 공유하고 공유된 정보는 광범위하게 연결된 네트워크를 통해 빠르게 전파된다. 소셜미디어의 콘텐츠 이용자가 소셜네트워크의 다른 이용자에게 콘텐츠를 함께 공유하려는 이용행태가 나타난다. 즉 소셜미디어의 특성은 전염성(virality)이 강하다는 것이다. 최근 이러한 소셜미디어의 전염성을 활용한 기업의 활동이 두드러지게 나타나고 있다. 많은 기업들은 소셜미디어를 통한 홍보의 효과를 높게 인지하고 있으며 구체적인 마케팅 캠페인을 전개하거나 소비자들 간에 자발적인 정보확산이 이루어지도록 촉진하는 전략을 활용한다. 또한 소셜미디어가 기업과 소비자의 긴밀한 상호작용을 돕는 창구로서 기능하기도 한다. 그러나 때로는 기업에 대한 소비자의 불만을 표출하는 통로가 되기 때문에 기업에서는 소셜미디어를 모니터링하는 전담 직원을 두기도 한다.

(2) 소셜미디어와 프로슈머

소셜미디어는 소비자의 프로슈머적 성향을 촉진하는 데 긍정적 효과를 지니는 것으로 간주된다. 기업은 전통적 미디어를 이용하여 그들이 원하는 브랜드 이미지를 일방적으로 전달하여 왔으나 소셜미디어의 등장으로 소비자 간의 소통이 활발해졌을 뿐만 아니라 다양한 의견이 수렴되거나 논의되는 장이 열리게 되면서 기업의 상품이나 브랜드 이미지에 대한 통제력이 낮아지게 되었다. 소비자가 기업이 전달하는 상업적 메시지가 아니라 페이스북이나 블로그에 게시된 소비자의 의견을 참조하는 것은 기업과 소비자의 관계에서 소비자의 힘이 강화되는 효과로 이어진다. 따라서 소셜미디어상에서 공유되는 상품이나 서비스에 대한 소비자의 솔직한 평가를 검토하고 즉각적인 조치를 취하는 것이 중요해지고 있다. 나아가 소비자의 요구사항을 찾아내어 반영함으로써 '원하기 전에 먼저 제공하는' 전략을 사용하기도 한다. 특히 다양한 시각과 경험을 가진 소비자가 소셜미디어상에서 제공하는 의견은 기업에게 혁신의 원천으로 활용되기도 한다. 실시간으로 수집되는 다양한 취향, 관심, 라이프스타일을 가진 소비자의 의견을 제품에 반영하거나, 소비자를 처음부터 제품개발 과정에 참여시키기도 한다. Jeff Howe가 2006년 처음 제안한 크라우드소싱(crowdsourcing)의 개념과 유사하게 웹 2.0과 소셜미디어의 상호작용 가능성을 활용하여 일반 대중 소비자의 협업이나

크라우드소싱

크라우드소싱(crowdsourcing)은 군중이라는 뜻의 'crowd'와 'outsourcing'의 합성어로 직원이나 공급자 대신 온라인 커뮤니티와 같은 다수의 사람들로부터 기업이 필요한 서비스, 아이디어, 콘텐츠 등을 획득하는 과정을 의미한다. 기업이 내부직원이나 공급자들과 함께 전통적으로 수행해오던 생산이나 서비스 등의 기업활동 일부에 대중이 참여하도록 하는 것으로 미국의 'Wired'라는 잡지에서 2006년 처음 소개된 개념이다. 크라우드소싱은 다수의 생각이나 의견, 전문성을 종합하여 대중의 지혜를 모으는 집단지성의 한 형태라 볼 수 있다.

최근에는 소셜네트워크서비스의 발전으로 다양한 대중의 의견을 빠르고 쉽게 청취하는 것이 가능해지면서 크라우드소싱이 활성화될 수 있는 환경이 갖추어지고 있다. 크라우드소싱을 통해 기업은 제한되지 않은 외부자원으로부터 창의력과 전문성을 보완해 나갈 수 있으며, 새로운 아이디어를 창출하고 사업을 확장해 나가는 데 비용을 획기적으로 절감해 나갈 수 있다는 이점을 누릴 수 있다.

기업은 크라우드소싱을 통해 기업이 미처 생각하지 못했던 혁신을 이끌어내는 데 활용하기도 한다. 이와 관련하여 국내 대기업들은 사내 커뮤니케이션 프로그램을 통해 직원들 사이의 소통을 늘리는 한편 다양한 아이디어를 수렴할 수 있는 장을 열고 있다. 삼성전자는 '모자이크(MOSAIC)'라는 사내 집단지성시스템을 구축하고 직원의 다양한 아이디어를 수렴하고 있다. 조직 구성원들이 갖는 다양한 생각을 자유롭게 토론하고 이 과정에서 실현 가능성이 높은 아이디어를 지원하여 사업화하기도 한다. SK의 경우 사내커뮤니티 Toktok에서 직원들의 아이디어를 수렴한다. 자신의 업무영역이나 업무환경 등과 같이 자신과 관련성이 높은 내용뿐만 아니라 새로운 사업에 대한 아이디어 제안이나 현재 SK가 추진 중인 사업에 대한 평가까지 다양한 의견이 소통되고 있다.

국내에서는 아직까지 기업의 내부 직원들을 대상으로 한 아이디어 수렴의 형태로 크라우드소싱의 시도가 이루어지고 있을 뿐 진정한 의미에서 대중의 지혜를 모으는 크라우드소싱 문화가 보편적으로 받아들여지지 못하고 있는 실정이다. 소프트웨어의 개발자 권리를 보장하면서도 소프트웨어의 소스코드를 대중에 개방하여 누구나 열람 가능한 형태로 제공하는 오픈소스(open source) 운동과 같이 진정한 의미에서 대중의 참여로 새로운 혁신과 개선이 가능한 크라우드소싱이 보편화된다면 소비자가 능동적으로 생산의 방향을 이끌어갈 수 있다는 점에서 소비자와 소비자시장에 긍정적인 변화를 기대할 수 있을 것이다.

집단지성을 이끌어내어 기업의 자원으로 활용하려는 움직임이 활발하게 나타나고 있다.

(3) 시장의 힘 이동

소셜미디어의 등장과 발전으로 나타난 소비생활의 변화는 적극적이고 능동적인 소비자의 역할이 더욱 강화되었다는 것이다. 정보의 생산과 가공, 탐색에 소비자가 적극적으로 개입할 수 있고 나아가 기업의 상품개발이나 마케팅, 고객서비스, 브랜드이미지 등의 다양한 영역에 소비자의 의견을 반영할 수 있는 기회가 확대되었다. 소셜미디어를 통해 형성되는 소비자의 입소문은 소비자에게는 구매의사결정에 도움을 주는 정보로서 의미가 있을 뿐만 아니라 기업을 압박하는 강력한 힘을 가진다는 점에서 기업과 소비자의 관계에서 존재하는 힘이 소비자에게로 이동시키는 역할을 한다.

소셜미디어상에서 소비자는 자신이 사용한 상품이나 서비스에 대한 경험담과 후기를 공유하는 것에서 더 나아가 기업에 대한 날 선 비판을 제기하거나 기업의 부당한 행위에 맞서는 사회운동을 조직하고 참여하는 등 적극적인 수준으로 영향력을 발휘하기도 한다. 언제 어디서나 접속 가능하고 다른 사람들과 상호작용이 가능한 소셜미디어의 특성은 사용자 참여적 환경을 만들고 이는 미디어를 통해 사회를 변화시키려는 새로운 사회운동의 방식으로 활용되고 있다. 소셜미디어는 사용자가 제작한 콘텐츠(user-generated conetent)가 자유롭게 교환되는 개방적 플랫폼을 가지기 때문에 전통적인 사회운동에 비해 탈중심적이고 수평적인 구조의 사회참여를 가능하게 한다. 이러한 특징은 소셜미디어상에서의 소비자운동에도 영향을 미치고 있다. 온라인 네트워크를 통해 광범위하게 소비자의 참여가 조직화되면서 개개인이 내리는 의사결정이 응집되어 시장의 변화를 이끄는 사회적 힘을 갖게 되는 것이다. 소셜미디어상에서 빠르게 전파되고 공유되는 바이콧(buycot) 또는 보이콧(boycott) 운동, 기업의 노동착취나 부당한 소비자 권익침해 등의 사례를 소셜미디어를 통해 공유하고 기업의 대응을 촉구하는 자발적인 움직임 등은 소비자운동의 새로운 장으로서 소셜미디어가 기능하고 있음을 보여준다.

한편, 그동안 제품이나 서비스의 가치사슬 마지막 단계로 여겨져 왔던 소비자가 참여를 통해 원하는 제품이나 서비스를 만들어내기를 기대하기 시작하면서 소셜미디어를 통해 소비자의 기대와 욕구를 파악하기 위한 기업의 움직임 또한 늘어나고 있다. 소비자는 소셜미디어상에서 다양한 목소리를 내고 있으며 그중에서도 기업의 상품이나 서비스에 관해 바라는 것을 직설적으로 표현하고 다른 소비자들과 함께 의견을 나누기도 한다. 기업은 소셜미디어상에서 거론되고 있는 자사의 제품이나 서비스에 대한 소비자의 목소리를 광범위하게 수집하고 분석한다. 이와 같은 소셜빅데이터(social big data)는 기업의 전략적 시사점을 제시하는 데 활용된다. 또한 소셜미디어의 참여적 특성과 쌍방향적 소통이 가능한 플랫폼의 특성을 활용하여 소비자가 적극적으로

소셜미디어, 기업에게 약인가 독인가?

사우스웨스트 항공은 소셜미디어가 기업에게 약이 될 수도 있고 독이 될 수도 있다는 점을 두 가지 사례를 통해 극명하게 보여주었다.

미국의 덴버에 거주하는 Duff Watson 씨는 사우스웨스트항공의 A-list에 속하는 고객으로서, 다른 탑승객보다 우선탑승할 수 있는 권한을 가진 고객그룹으로 분류되어 있었다. 그는 자신과 동행하는 어린 자녀들도 함께 우선탑승을 할 수 있도록 요청하였다가 거절당한 뒤 해당 직원의 실명을 거론하며 트위터에 직원의 무례함에 대해 호소하였다. 얼마 지나지 않아 사우스웨스트항공사의 승무원들은 Watson 씨와 그의 자녀들을 비행기에서 내리도록 하였으며, 승무원의 안전을 위협한다는 이유로 해당 트윗을 지울 때까지 비행기에 탑승할 수 없도록 조치하였다. Watson 씨는 해당 트윗을 삭제한 뒤 다음 비행편으로 이동하였고, 그 후 이 사건에 대한 불만 트윗을 다시 사우스웨스트항공에 전송하였다. 회사는 해당 고객에게 사과하고 50달러 상당의 선물을 제공하기도 하였으나 이 고객의 불만을 가라앉히지 못하였고, 이처럼 불미스러운 사건이 트위터를 통해 빠르게 확산되면서 소셜미디어가 기업에게 얼마나 치명적인 결과를 안겨줄 수 있는지를 보여주었다.

한편 이 회사는 소셜미디어를 통해 위기를 기회로 만들기도 하였다. 유명 인디 영화감독 케빈 스미스는 2010년 2월 트위터를 통해 자신이 겪은 황당한 일을 알렸다. 그가 자신의 체격을 문제삼아 항공기 탑승을 거절한 사우스웨스트항공에 대해 조롱하는 듯한 트윗을 남긴 것이다. 사우스웨스트항공은 공개적으로 SNS를 통해 스미스 감독에게 사과하였으며, 그 과정은 고스란히 SNS를 통해 대중에게 노출되었다. 자칫 고객과의 불미스러운 일로 회사의 이미지에 타격을 받을 수도 있었던 사우스웨스트는 오히려 공개적인 사과와 적극적인 대처를 통해 이미지를 회복하고 고객과 소통하는 기업으로 각인시키는 데 성공하였다.

기업의 생산과정에 개입할 수 있게 되었다. 소셜미디어를 통해 소비자는 기업의 상품개발이나 마케팅, 고객서비스, 브랜드이미지 등의 다양한 영역에 자신의 의견을 반영할 수 있게 되었으며, 기업은 경쟁력 있는 상품을 개발하기 위한 기회를 가지게 되었다.

이처럼 소셜미디어를 통해 소비자가 주도적인 정보의 생산자, 공유자, 사용자가 되면서 소셜미디어상에서의 소비자정보는 시장을 움직이는 힘으로 작용한다. 소셜미디어상에서 유통되는 소비자주도적 정보 콘텐츠는 단순히 다른 소비자의 구매의사결정에 도움을 주는 정보로서 의미 그 이상의 힘을 발휘한다. 소비자들이 생산하고 공유한 정보는 때로는 기업을 압박하고 시장과 사회의 바람직한 변화를 이끄는 강력한 힘을 행사한다는 점에서 시장에서의 힘이 기업에서 소비자로 이동하는 것을 촉진한다.

제3부

초연결사회의
소비자보호

제 7 장

초연결사회의 소비자문제

소비자와 판매자 간의 상거래가 존재하는 곳이면 어디에서나 소비자문제는 존재하는 법이지만, 초연결사회에서는 그 편리성이 큰 만큼 소비자문제의 발생가능성도 그만큼 더 높다. 이러한 문제의식에 입각하여 본 장에서는 우선 초연결사회의 소비자문제를 이해하고 이에 대한 해결책을 살펴보도록 한다. 전자상거래와 관련한 소비자문제를 이해하기 위하여 전자상거래의 고유한 소비자문제 발생원인과 특징, 소비자불만의 일반적 유형, 자주 보고되는 사기거래의 양태, 그리고 전자상거래 소비자문제의 해결방안을 다양한 측면에서 강구하도록 할 것이다.

1 초연결사회의 전반적 소비자문제

1) 소비자문제의 유형

디지털화와 초연결화되어 가는 사회의 변화에 따라 발생하고 있거나 발생할 수 있는 소비자문제의 유형을 크게 세 가지로 나누어 살펴보기로 한다. 그 세 가지는 정보의 양과 질에 관련한 문제와 사회구성원 간의 정보격차의 문제, 그리고 정보와 관련한 범죄행위로 요약할 수 있는데, 이들 모두는 일반적으로 직·간접적으로 정보의 특성과 관련되어 있다(김성천, 1998).

(1) 정보의 양과 질 문제 : 정보과다와 정보결함

정보홍수, 정보재해, 정보오염, 정보공해, 정보노예 등이라는 용어에서 나타나듯이 정보는 범람하고 있다. "너무 많은 정보는 없는 정보와 같다."는 경구처럼 정보의 범람은 오히려 정작 필요한 정보의 부재를 초래할 수 있다. 본래 정보이용생활에 필요한 정보를 스스로 선택하고 판단하는 것이 이상적이지만, 정보과다로 인해 올바른 활용이 불가능에 가까운 경우가 많다. 또한 범람하는 정보들 중 유해한 정보나 허위·과장된 정보가 국민 또는 소비자에 피해를 줄 수 있다. 예를 들면 온라인 도박이나 음란 사이트 등의 불건전 또는 불량정보가 대표적이다.

정보가 너무 많거나 적은 것도 문제가 되지만 그 질에 있어서도 문제가 된다. 많은 정보가 유통되는 가운데 신뢰할 수 있는 정보를 가려내는 것이 어려워지면서 정보결함 문제가 발생하고 있다. 개인 블로그나 커뮤니티 사이트에서 마치 정확한 정보인 것처럼 유통되는 입증되지 않은 허위나 과장된 정보로 인해 소비자의 의사결정을 왜곡할 가능성이 있다. 또한 정보화된 상품 자체가 결함이 있는 경우, 예를 들면 구입한 소프트웨어의 결함으로 인해 발생한 직·간접적 피해 등이 포함될 수 있다.

(2) 정보격차

정보의 절대적인 양이 증가하여도 모든 사람이 똑같이 정보를 공유할 수 있는 것은 아니며, 다양한 정보매체가 보급되더라도 모든 소비자가 평등하게 정보를 이용할 수는 없다. 즉 정보소비자 간에도 정보를 이용할 수 있는 관련기기를 가진 자와 갖지 못한 자, 정보활용능력을 가진 자와 그렇지 못한 자 간에 정보이용의 불균형이 발생한다. 물론, 사회적으로 상대적인 정보우월자와 정보열등자가 존재하는 것은 필연적이다. 문제는 그들의 격차가 심각해지고 있다는 데 있다. 예를 들면 정보기기 제조사와 소비자, 소프트웨어 제작자와 이용자, 신용정보기관과 거래자 등의 관계에서의 정보 불균형이 매우 심각한 상황이며, 이러한 여건하에서 이른바 정보비대칭이 초래할 수 있는 많은 문제가 발생하는 것이 현실이다.

이와 같은 정보격차로 인하여, 정보가 특정한 정보우월자에게 집중되는 과정에서 개인의 프라이버시가 침해되는 문제도 심각하다. 특히 공공기관은 물론 민간분야의 정보수집 및 처리기술이 비약적으로 발달하면서 개인정보의 수집·관리와 관련한 프라이버시 침해가 사회 문제화되고 있다. 예를 들면 특정 기업이 수집한 고객정보를 계열사 간에 공유하거나 고객의 동의 없이 개인정보를 이용한 마케팅 등으로 인한 프라이버시 침해가 대표적이다.

(3) 정보범죄

고도화된 정보통신서비스가 국민들의 일상생활에 널리 이용되면서 이를 악용한 신종 범죄가 잇따라 발생하여 정보사업자는 물론 정보소비자에게도 피해를 주고 있다. 예를 들면 불법적인 경로를 통해 수집된 소비자의 개인정보를 활용하여 은행이나 검찰, 경찰 등 공공기관을 사칭한 금융사기가 빈번하게 발생하고 있으며, 개인용 컴퓨터 해킹 등을 통해 개인예금이 불법으로 인출되는 사례도 자주 발생하고 있다. 최근에는 스마트폰을 통해 전송되는 스미싱 문자로 불법 소액결제를 유도하거나, 불법 해킹 프로그램을 설치하여 개인정보나 금융거래를 가로채는 파밍 등의 신종 정보범죄가 증가하고 있어 소비자들의 주의가 요구된다. 특히 컴퓨터 및 통신기술발전에 따라 인터넷 등 국내외에서 운용되고 있는 각종 정보통신망이 상호 연동되는 추세이고 해외에서도 쉽게 국내의 인터넷망을 통해 이와 같은 정보범죄를 저지를 가능성이 있어 앞으로 이같은 유형의 범죄는 더욱 기승을 부릴 것으로 보여 소비자피해가 우려된다.

또한 정보재산보호 또는 정보의 지적재산권 침해문제도 심각하다. 아직 정보생산권과의 관계에서 정보의 의의나 범위조차 모호한 현실인데, 일부 재산적 정보가 부분적으로 지적재산권의 형태로 보호되고 있지만, 현행 법체계가 유체물을 중심으로 구성되어 있기 때문에 정보사회의 무형적 경제재인 정보를 보호하기에 미흡하다. 이것은 정보 소유권자의 재산권이 침해되는 직접적인 피해 이외에도, 바로 불량 또는 불건전 정보가 양산되어 정보소비자에게 피해를 주는 간접적인 원인이 되고 있다.

2) 소비자문제의 특성

초연결사회에서는 온라인네트워크를 통해 구현되는 가상현실에서의 다양한 소비자 문제를 사전에 규제하기 어렵다. 네트워크는 이용자 간의 접속과 연결이 유동적이며 불특정 다수의 연결을 매개하기 때문이다. 또한 매우 빠른 속도로 기술적 여건이 변화하기 때문에 사전규제를 통해 효과적으로 대응하기 어렵다. 그뿐만 아니라 일단 소비자문제가 발생하면 다수의 피해자가 동시에 발생하고, 그 해결은 여러 부처에 걸치거나 심지어는 여러 국가 간의 이해가 중첩하는 영역에서 발생할 수 있어 그 해결이 매우 곤란한 경우가 많다. 이러한 초연결사회의 소비자문제의 특징을 구체적으로 설명하면 다음과 같다.

(1) 사전적 규제의 어려움

인터넷상에는 지금 이 순간에도 수많은 홈페이지와 전자상거래 업체가 생겨나고 소멸하고 있다. 또한 가상공간의 세계는 매우 병렬적으로 연결되어 있어서 그 규모를 따지는 것조차 어렵다. 따라서 가상공간 내에서 소비자문제 예방을 위한 정부의 체계적인 규제는 거의 불가능한 만큼 디지털영역에서의 거래는 정부의 사전적 규제가 그 효율을 잃는다. 또한 거래상의 관행이나 비즈니스 모델이 늘 새롭게 생성되고 있기 때문에 이를 규율하는 법규의 공백이 발생할 수밖에 없고, 이로 인해서 새로이 발생하는 기만적 판매의 양태나 소비자문제를 효과적으로 사전적으로 규율하는 것은 더욱 어려워진다.

(2) 급격한 기술과 환경적 변화

18개월마다 두 배씩 연산기술이 진보한다는 무어의 법칙이 암시하는 것처럼 초연결사회에서는 나날이 진보하는 기술에 힘입어 불과 수개월의 매우 짧은 시간에 판매기법이나 정보수집상의 많은 변화가 일어나고 있다. 이러한 급격한 기술진보의 속도를 전자상거래를 비롯한 관련 규제나 제도는 물론, 일반인들의 인식과 정보도 따라가지 못하고 있으며, 이에 따라 소비자들의 권리가 침해될 여지는 더욱 커진다.

(3) 다수의 피해자

한 전자상거래 업체에 접속하여 물건을 구매할 수 있는 인원은 무제한이므로 한 번 소비자문제가 발생하면 그 피해는 다수의 피해자를 야기할 수 있다. 대형 전자상거래업체의 서버에는 동시에 수많은 사람들이 접속하고 물건을 구매하고 있기 때문에 잠시 동안만이라도 문제가 발생하면 많은 수의 피해자가 발생할 수밖에 없는 것이다. 그 피해가 증권이나 금융과 관련한 것일 때에는 피해규모는 상상할 수 없을 만큼 커지지만, 그 피해사실의 입증이 용이하지도 않다. 따라서 전자상거래의 등장은 생산자의 대량판매로 인한 다수의 피해문제가 유통자적 요소에 의해서도 동일하게 발생할 수 있다는 점을 보여준다.

(4) 多 부처적, 국제적 이해

초연결사회에서는 전술한 바와 같이 국제간 거래가 활발하고, 한 국가 내에서도 관련되는 부처가 매우 많기 때문에 쉽게 관할을 확정하고 문제를 원활히 해결하기 힘들어진다. 국제적으로 소비자보호나 세금문제와 관련하여 많은 이해가 얽혀 있어 관할문제를 비롯하여 그 규약을 확정하기 어려운 상태이며, 각 부처별로 전자상거래 정책에 대한 원활한 조정이 충분하지 않은 실정이어서 더욱 문제가 된다.

2 전자상거래의 소비자문제

1) 전자상거래 소비자문제의 원인

소비자문제 발생의 위험이 디지털상거래에서 더 크다고 하는 것은 다음과 같은 몇 가지 특성이 존재하기 때문이다.

(1) 가상공간의 판매자(fictional identity of seller)

전자상거래에서는 판매자가 물리적으로 판매장소를 가지고 있는 것이 아니라 웹상의 주소만을 가지고 있기 때문에 소비자들은 판매자들에 대하여 매우 제한적인 정보만을 얻게 된다. 예컨대 악덕 판매자가 상품판매 대금결제 후, 해당 가상공간을 폐쇄하고 나면 소비자들로서는 그 손해를 보전받기가 대단히 어려워진다. 또한 일단 소비자문제가 발생하고 났을 때에도 소비자가 파악할 수 있는 판매자의 신원에 대한 정보가 불충분하므로, 소비자들은 매우 열악한 지위에 놓이게 된다. 이러한 특성 때문에 전자상거래의 소비자들은 판매업자의 실재(實在) 확인과 거래의 신뢰성을 확보하여야 할 필요가 있다. 후술하는 바와 같이 인증의 문제나 판매자의 물리적 주소와 전화번호, 신원 등을 밝히도록 한 것과 같은 여러 가지 제한 조치들은 이러한 신뢰성의 요구에서 비롯된 것이다.

(2) 불충분한 제품정보(insufficient product information)

전자상거래에는 제품을 직접 만져보거나 시연해 보지 못하고 구매하는 것이 대부분이다. 간단한 제품설명이 나와 있기는 하지만 실제 구매과정에서처럼 판매원에게 그때그때 상품에 관한 정보를 질문하기도 어렵다. 의류나 식품과 같은 상품의 구매에 있어서 가장 중요하게 생각되는 상품의 촉감이나 신선도와 같은 정보는 전자상거래의 매체를 통해서는 얻어내기 힘들다. 따라서 전자상거래를 통하여 구매한 제품이 구매의사결정 당시의 기대했던 상품과 다른 경우가 많다. 결국 소비자는 구매계약을 체결하고 배송까지 받고 난 이후에야 상품의 질을 확인할 수 있는 것이다. 이러한 거래의 특성 때문에 상품의 품질과 관련한 소비자의 불만이 발생할 소지가 늘 상존하게 된다. 전자상거래에 대하여 계약철회를 폭넓게 인정해야 하는 주장은 이러한 특징에 근거하고 있는 것이다.

(3) 구매에서의 사회적 접촉의 감소(reduce social context)

전자상거래는 대부분 소비자들이 모니터 앞에서 단독으로 구매의사결정을 내리게 되는 경우가 많다. 판매원으로부터 상품에 대한 설명을 충분히 들을 수 있는 것도 아니고, 동행한 지인(知人)의 도움을 얻기도 어렵다. 따라서 구매의사결정이 자조적(自助的, self-help)으로 내려지는 경우가 많기 때문에 합리적인 구매의사결정이 일반적인 구매과정에서보다 제한된다고 할 수 있다. 이러한 구매에서의 제약 때문에 전자상거래에서는 계약철회권 등을 더 폭넓게 인정할 필요가 있으며, 그 외에도 여러 가지 수단을 강구하여 이러한 구매의사결정상의 제약을 보완할 필요가 있다.

(4) 정보보안의 문제(information security)

지불이나 소비자의 신상정보와 관련하여 보안의 문제가 특히 논란이 되고 있다. 결제와 관련하여 신용카드번호와 같은 민감한 정보가 네트워크를 타고 오고 가게 되는데 이 과정에서 결제업자 및 결제수단이 신뢰를 받을 수 있어야 안정적인 거래가 이루어

전자상거래 소비자보호지침

전자상거래상에서 발생하는 소비자 기만행위를 근절하기 위해 공정거래위원회는 '전자상거래 소비자보호지침'을 개정하였다. 이 개정안은 법위반사례를 추가하고 해외구매대행이나 소셜커머스 등의 새로운 거래유형의 예시를 반영하였으며 2015년 8월 시행되었다.

주요 개정내용을 살펴보면, 전자대금 결제 시 사업자의 의무를 강화하고, 청약철회를 방해하거나 허위로 이용후기를 작성하는 등의 법 위반사례를 예시로 추가하였다. 그뿐만 아니라 새로운 전자상거래 유형으로 부상하고 있는 소셜커머스와 해외구매대행을 예시에 추가함으로써 변화된 전자상거래 시장환경을 반영한 지침이 될 수 있도록 개정하였다.

❖ 전자대금 결제 시 고지 · 확인 의무이행 필요

전자대금을 결제할 때 소비자의 청약의사와 진정성을 확인하기 위해 물품의 내용, 종류, 가격 등의 정보를 포함하는 '전자적 대금 결제창'을 소비자에게 제공하도록 하였다. 특히 무료이용기간을 제공한 뒤 슬그머니 유료 월정액이 가입되도록 하는 기만적 행위 역시 근절될 수 있도록 무료이용기간 종료 후 유료 월정액 결제로 전환 시 대금이 지급되는 시점에서 전자적 대금 결제창을 제공하도록 하였다.

❖ 온라인 완결서비스 제공의무 추가

전자상거래를 하는 사업자가 회원가입 시에는 온라인으로 가능하게 한 뒤 탈퇴는 오프라인으로만 가능하게 하는 등 소비자의 불편을 초래하는 일이 없도록 온라인으로 회원가입을 받을 경우 탈퇴나 철회 역시 온라인으로 가능하도록 해야 함을 명시하였다.

❖ 청약철회 방해행위 등 주요 법 위반사례 추가

소비자에게 부당한 반품비용을 요구하지 않도록 관련사례를 추가하였다. 대표적으로 반품배송비 이외에 창고보관비나 인건비를 요구하거나 흰색구두와 같이 특정 색상이나 소재, 할인행사 상품의 청약철회를 막는 경우, 허위로 이용후기를 작성하거나 광고비를 받았음을 알리지 않고 소비자를 유인하는 경우를 법 위반사례로 포함하였다.

❖ 통신판매의 다양한 형태를 예시로 포함

소셜커머스와 해외구매대행과 같이 최근에 증가하고 있는 새로운 형태의 전자상거래가 동 지침 내에 포함될 수 있도록 관련 형태를 예시로 추가하고, 이들 유형에 대한 권고사항을 마련하였다.

질 수 있을 것이다. 신용카드번호뿐만 아니라 소비자의 성별, 연령, 인적사항 등과 같은 정보도 역시 보안이나 익명성을 요구하는 정보인데, 전자상거래에 있어서는 이러한 정보들은 일반 상거래의 경우보다 더 많이 요구되며 제공된 정보가 여러 거래 관련자에게 제공된다. 비대면거래의 특성상 판매자와 소비자가 서로의 정보를 제공받아 거래상대방이 누구인지 특정할 필요가 있기 때문이다. 이 과정에서 개인정보의 부실한 관리와 고의적인 유출 위험이 높아지는 문제가 있다. 따라서 전자상거래에 있어서 결제수단에 대한 신뢰성 확보, 통신의 안전조치와 개인정보의 엄격한 관리, 정보보안의 확보는 매우 중요한 이슈가 된다. 그중 특히 문제가 되는 개인정보보호에 대해서는 제8장에서 다시 설명하도록 한다.

2) 전자상거래 소비자문제의 유형

전자상거래에서 제기되는 문제는 주문한 물건과 다른 물품의 배달, 불량품의 문제, 쇼핑몰 사이트 폐쇄, 지연된 배달, 사기성 거래 등 매우 다양한 형태를 지니고 있다. 이러한 문제들을 구매 전 문제, 배송과 관련한 문제, 구매 후 문제로 유형화하여 살펴보고, 이어서 심각한 문제를 보이고 있는 기만적 상행위의 여러 형태의 대표적인 사례를 중심으로 다시 논의하도록 한다. 전자상거래 소비자문제의 중요한 이슈 중의 하나인 개인정보 보안관련 논의는 제8장에서 자세히 다루고 있으므로 여기에서 따로 논의하지는 않는다.

(1) 구매 전 문제

전자상거래상 구매 전에 발생할 수 있는 여러 가지 소비자문제로서는 주로 상품정보에 대한 것과 약관과 같은 거래조건에 관련한 것을 들 수 있다. 상품정보제공과 관련하여 제품정보에 대한 표시가 불충분하여 상품선택에 불편을 겪는다는 불만과, 제품을 검색하고 선택하는 과정이 복잡하거나 오래 걸린다는 불만이 많이 제기된다. 이러한 불만은 특히 서버나 통신망의 사정으로 접속시간이 지나치게 오래 걸리는 경우, 제품과 관련한 사전정보가 내용적으로 불충분할 뿐만 아니라 그 제공의 방법이나 인터페이스가 매끄럽지 않은 경우, 그리고 과장된 광고로써 소비자에게 피해를 주는 경우에 많이 발생한다.

또한 전자상거래에 있어서도 소비자들이 약관을 주의 깊게 읽지 않는 것은 마찬가지인데, 이러한 점을 악용하여 불공정한 내용의 약관을 내세워 소비자에게 불리한 거래를 하는 경우가 자주 보고되고 있다. 특히 개인정보의 수집 및 활용과 같은 부분에서 소비자의 권리가 많이 침해되는 경우를 보여 왔다. 이에 현재 전자상거래 표준약관이 개정되어 회원가입 시 필수수집 정보의 항목을 모두 삭제하고 최소 수집원칙만 규정하고 있다.

(2) 배송과 관련한 문제

거래의 계약은 전자매체를 통하여 적절히 이루어졌다고 할지라도 물리적 제품에 대한 배송은 아직 전통적인 방법에 의존할 수밖에 없기 때문에 배송과 관련한 문제가 자주 대두된다. 그래서 배송의 문제를 전자상거래의 아킬레스건이라고 부르는 사람도 있다. 배송관련 소비자문제의 대표적인 예로서 지연된 배달과 높은 배송료를 들 수 있다. 생일선물과 같은 특정한 상품은 지정된 기간 내에 배달될 것이 필수인데 배송시스템의 문제로 배송이 늦어지게 되어 소비자문제가 발생하는 경우가 많다. 특히 설이나 추석과 같이 선물에 대한 수요가 몰리는 시기에는 이러한 문제가 더 빈발하고 있는 것이 사실이다. 물품대금을 다소 저렴하게 구입하였더라도 생각지 않게 높은 배송료가 책정됨으로써 결과적으로는 더 비싸게 물건을 구입하게 되는 경우가 많아서 소비자들의 세심한 주의가 요구되기도 한다.

또한 표시, 광고한 것과 다른 불량제품이 배송되거나 배송과정에서 상품이 손상되는 경우, 또는 아예 미배달이나 오배달과 같은 문제가 발생하는 경우도 흔히 볼 수 있다. 이러한 경우에도 대다수의 전자상거래 업체가 배송은 독립적인 배송업체에 외주(outsourcing)를 주고 있는 경우가 많아서, 배송관련 소비자문제가 발생할 때마다 책임소재의 문제가 제기된다.

(3) 구매 후 문제

전자상거래는 보통 일반적인 거래와 달리 소비자가 직접 상점에 방문하여 문제를 해결하기 어렵다. 제품이나 서비스에 대한 문의와 불만제기에 대하여 주로 이메일이나 게시판, 고객상담전화를 사용할 수밖에 없는데, 사업자의 불충실한 답변으로 인하여 많은 소비자들이 불편을 호소하는 경우가 많다. 또한 전자상거래 업체의 영세성으로 인하여 반품과 환불을 거절하거나 회피하는 사례도 자주 발생하며, 소비자에게 법적으로 보장된 반품과 환불의 권리를 원천적으로 차단하는 특약을 내세워 이를 거절하기도 하여 문제가 된다. 또한 반품과 환불 과정이 전자적 방식으로 이루어지다 보니 처리가 지연되거나 누락되어 제대로 처리되지 않는 문제가 발생하기도 하여 소비자가 이중 삼중으로 확인을 거쳐야 하는 불편이 있다.

3) 전자상거래 소비자문제의 해결

이러한 소비자문제의 해결을 위하여 어떠한 방안을 강구할 수 있을 것인가? 전술한 바와 같이 기술과 환경이 급격히 변화하고, 새로운 소비자문제의 유형이 계속 나타나고 있을뿐더러, 가상세계의 속성상 정부의 규제가 효율적이지 못한 경우가 많기 때문에 법적·제도적 규제만으로는 소비자문제를 해결하기 힘들다고 할 수 있다. 따라서 법적·제도적 정비를 새로이 하는 것 이외에도, 우선 소비자문제를 해결할 수 있는 기술적 방안을 강구함과 동시에, 판매업자와 상품의 신뢰성을 제고하며, 소비자들의 주의를 환기하는 등의 종합적인 대응이 필요하다고 할 수 있다.

전자상거래에 있어서는 판매자와 상품의 신뢰성이 문제의 핵심이다. 적어도 전자상거래의 판매업자가 전국적으로 명성을 유지하고 있는 업자라면 소비자의 불안감이 현저히 감소할 것이다. 그러나 전자상거래의 특성상 점포의 개설과 운영이 매우 저렴한 비용에서 가능하므로 개인들도 매우 영세한 규모의 전자상거래업을 시작할 수 있다. 따라서 전자상거래의 판매자는 그 사업규모가 매우 다양하지만, 인터넷상에서는 구별하기 힘들기 때문에 판매자의 신뢰성을 담보하기란 쉬운 일이 아니다.

판매업자 자체의 신뢰성에 더하여 상품의 신뢰성도 문제된다. 소비자는 판매업자가 제공하는 상품의 품질이 적절한지, 가격은 합리적인지, 심지어는 합법적인 물건인지에 대하여 신뢰를 갖기가 더 힘들다. 또한 통신과정 중에 발생할 수 있는 개인정보의 유출, 위조 등의 범죄나 지불정보의 안전 및 안정성에 대해서도 신뢰를 가질 수 있어야만 안심하고 전자상거래를 이용할 수 있게 될 것이다. 현재 소비자가 판매자의 신뢰성을 인지할 수 있도록 돕는 제도적 장치를 살펴보면 다음과 같다.

(1) eTrust 마크

전자상거래 업체의 형태가 다양해지면서 소비자가 모든 전자상거래 사이트의 거래안전성이나 업체의 신뢰성을 판단하기가 어려워졌다. 이에 따라 전자상거래 사이트의 안전성에 대해 소비자에게 알기 쉬운 정보를 제공하는 인증마크 제도가 시행되고 있다. 전자문서 및 전자거래기본법 제18조에 따라 미래창조과학부장관이 웹사이트의 소비자보호와 개인정보보호정책, 구매 전 과정의 심사를 거쳐 소비자가 믿고 거래할 수 있는 전자상거래사업자에게 인증마크를 부여하고 있다. eTrust 마크를 부여받은

그림 7-1 eTrust 인증마크

그림 7-2 CCM 인증마크

인증업체는 온라인몰 초기화면 하단에 인증마크를 게시하고 인증마크에 미래창조과학부와 연결되도록 링크하여 사용하게 된다. 인증마크가 도용되는 사례도 있으므로 소비자는 인증마크를 클릭하였을 때 미래창조과학부의 인증마크가 제공되는지 반드시 확인할 필요가 있다. eTrust 인증마크는 그림 7-1과 같다.

(2) CCM 인증

전자상거래 업체의 인증보다 폭넓은 범위에서 기업의 경영활동이 소비자중심적으로 수행되고 있는가를 평가하여 인증하는 제도로 CCM 인증제도가 있다. CCM 인증이란, Consumer Centered Management의 약자로 소비자중심경영을 인증하는 제도이다. 주요 내용은 소비자로부터 제기되는 불만이나 발생한 소비자피해를 신속하게 자율적으로 처리하며 나아가 사전에 소비자문제를 예방하기 위한 경영활동을 4개 대분류, 9개 중분류, 14개 소분류, 49개 평가지표에 따라 평가하여 인증을 부여한다. 이를 통해 기업 스스로 친소비자 경영을 하도록 유도하고 소비자들에게 상품이나 서비스의 선택 시 소비자에게 가이드라인을 제공한다. CCM 인증은 식품, 의류, 전자, 자동차, 유통 등 다양한 분야의 기업이 인증을 받고 있으며 2015년 1월 기준 142개의 기업이 인증받았다. 전자상거래와 관련한 유통업체 중에서는 CJ오쇼핑, 현대홈쇼핑, NS홈쇼핑, GS SHOP, 이베이코리아, 11번가 등이 인증을 받았다. CCM 인증마크는 그림 7-2와 같다.

(3) 전자상거래 분쟁해결

전자상거래에서 발생할 수 있는 소비자분쟁을 신속하고 공정하게 해결하고 소비자피해를 구제하기 위하여 분쟁조정기구가 운영되고 있다. 일반적으로 소비자분쟁의 경우 피해의 액수에 비해 이를 해결하기 위한 소송 등의 법적 비용이 크기 때문에 소송에 의한 분쟁해결이 어렵다. 따라서 소송에 비해 시간과 비용이 적게 소요되고 당사자의 상호 양보를 통한 해결방안을 제시하여 유연하게 분쟁을 처리할 수 있도록 분야별 전문가가 직접 참여한 분쟁조정위원회를 통하여 '화해, 조정, 중재'와 같은 대안적 분쟁해결방법을 취하도록 돕는 기구이다. 보편적으로 전반적인 소비자분쟁을 조정하기 위해 소비자기본법에 근거하여 설립된 '소비자분쟁조정위원회'는 전자상거래와 관련한 분쟁조정을 함께 담당하고 있다.

전자상거래와 관련한 분쟁해결을 돕기 위해 설립된 분쟁조정기구를 살펴보면, 먼저 전자거래기본법에 근거하여 정보통신산업진흥원이 '전자거래분쟁조정위원회'를 설립하여 운영하고 있다. 전자문서 또는 전자거래를 이용한 당사자라면 누구나 전자거래분쟁조정위원회의 사이트(www.ecmc.or.kr)를 통해 분쟁조정을 신청할 수 있다. 2013년 기준 유형별 분쟁상담현황은 그림 7-3과 같다.

또한 콘텐츠산업진흥법에 의거하여 설립된 '콘텐츠분쟁조정위원회'가 있다. 이 기구는 콘텐츠사업자간, 콘텐츠사업자와 이용자간, 이용자와 이용자 간의 콘텐츠 거래 또는 이용에 관한 분쟁을 조정하기 위하여 설립되었다. 분쟁조정의 대상이 되는 콘텐츠는 부호, 문자, 도형, 색채, 음성, 음향, 이미지 및 영상 등(이들의 복합체를 포함한다)의 자료 또는 정보로서 영화, 음악, 게임, 출판, 인쇄, 방송영상물, 문화재, 만화, 캐릭터, 애니메이션, 에듀테인먼트, 모바일, 디자인, 광고, 공연, 미술품, 공예품, 디지털콘텐츠, 사용자제작콘텐츠, 멀티미디어콘텐츠 등 콘텐츠 전반을 포괄한다. 분쟁조정은 콘텐츠분쟁조정위원회의 사이트(www.kcdrc.kr)에서 신청할 수 있다.

이 외에도 중재법에 의거하여 설립된 대한상사중재원은 상설 법정 중재기관으로 국내외 상거래에서 발생하는 분쟁을 사전에 예방하고 발생된 분쟁을 중재, 조정, 알선하는 역할을 한다. 대한상사중재원은 무역거래, B2C 및 B2B 거래의 사적 분쟁에 대한 분쟁해결절차를 마련하고 있으나 인지도가 낮다는 점이 지적되고 있다.

현재 대표적으로 전자상거래 관련 분쟁조정을 담당하고 있는 전자문서 · 전자거래

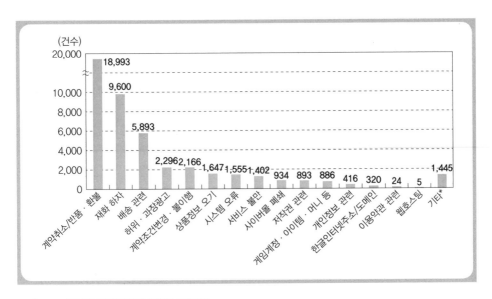

그림 7-3 유형별 전자상거래 분쟁상담현황

출처 : 전자문서·전자거래분쟁조정위원회(2014). 2014 전자거래분쟁조정사례집. 정보통신산업진흥원. (p.16)

분쟁조정위원회, 콘텐츠분쟁조정위원회, 한국소비자원 등의 업무협력현황을 살펴보면 그림 7-4 및 7-5와 같다.

(4) 국제적 분쟁해결

국경을 초월한 B2B와 B2C 거래가 증가하면서 국제적 분쟁을 해결하기 위한 노력이 요구되고 있다. 디지털네트워크의 발달과 전자상거래의 확대로 소비자보호를 위한 범세계적 접근이 필요하다는 인식 아래 OECD의 소비자정책위원회(Committee on Consumer Policy, CCP)는 1999년 OECD 전자상거래 소비자보호 가이드라인(OECD Guidelines for Consumer Protection in the Context of Electronic Commerce)을 제정하였다. 가이드라인에서는 정부, 사업자, 소비자 및 소비자대표들에게 효과적인 소비자보호를 위한 핵심적 사항에 대해 권고하고 있다. 이는 현재 시장변화에 맞게 개정 중에 있으며 2016년 OECD 장관회의를 통해 발표예정이다.

한편 2010년부터 유엔상거래법위원회(Untied Nations Commission on International Trade Law, UNCITRAL)는 온라인분쟁해결(Online Dispute Resolution, ODR)을 위한 절차규칙을 수립하여 왔다. 국제적으로 이루어지는 전자상거래는 대량의 소액

▣ 전자상거래 소비자 보호 및 전자상거래 시장의 건전화를 위한 전자상거래
분쟁해결기관 업무 협약 체결(2012. 12. 20.)

[업무협력 내용]

1. 전자상거래 소비자보호 강화 및 소비자 지향적 전자상거래 시장 조성을 위한 공동 정책연구 등 업무협력
2. 전자상거래 소비자 권익증진을 위한 정보 공유 및 소비자 정보제공을 위한 상호지원·교류
3. 전자상거래 소비자 피해구제를 위한 소비자상담·피해구제·분쟁조정 서비스의 상호지원

전자문서·전자거래분쟁조정위원회
• 연락처 : 1661-5714
• 사이트 : www.ecmc.or.kr

전자상거래관련 정책연구,
정보공유 전자상거래 분쟁업무
상호지원

한국소비자원
• 연락처 : 1372
• 사이트 : www.kca.go.kr

콘텐츠분쟁조정위원회
• 연락처 : 1588-2594
• 사이트 : www.kcdrc.kr

서울시 전자상거래센터
• 연락처 : 02-3707-8360~5
• 사이트 : ecc.seoul.go.kr

(사)한국전화결제산업협회
• 연락처 : 1644-2367
• 사이트 : www.spayment.org

그림 7-4 분쟁해결기관 간의 업무협력

출처 : 전자문서·전자거래분쟁조정위원회(2014). 2014 전자거래분쟁조정사례집. 정보통신산업진흥원. (p.32)

▣ 공공기관 협업과제 업무협력(온라인 전자상거래 피해상담 일원화, 2013. 7. 3.)

[업무협력 내용]

• 전자상거래 피해 관련 인터넷상담을 일원화하여 소비자의 접근성·편의성을 제고하고, 불편사항을 신속·효율적으로 해소

정보통신산업진흥원
전자문서·전자거래분쟁조정위원회
• 전자상거래(물품)상담
• 자동상담시스템 운영

한국소비자원
• 전자상거래상담 일원화 총괄
• 상담 배분, 승인 관리
• 전자상거래 상담통계분석
• 협업조정회의 운영

한국콘텐츠진흥원
콘텐츠분쟁조정위원회
• 인터넷 게임 상담
• 모바일 게임 상담

대한법률구조공단
• 전자상거래 관련 법률 상담

그림 7-5 한국소비자원, 한국콘텐츠진흥원, 대한법률구조공단, 정보통신산업진흥원의 업무협력

출처 : 전자문서·전자거래분쟁조정위원회(2014). 2014 전자거래분쟁조정사례집. 정보통신산업진흥원. (p.33)

거래 특징이 있어 기존의 분쟁해결을 위한 비용과 시간이 상당히 소요되는 사법 방식을 이용하는 것이 현실적으로 불가능하다. 이에 따라 UNCITRAL은 2011년 11월 'UNCITRAL의 전자상거래에 관한 온라인 분쟁해결 규칙 초안(Online Dispute Resolution for cross-border electronic commerce transactions : draft procedural rules)'을 마련하였다. ODR은 국제적으로 발생한 전자상거래 분쟁을 온라인 시스템을 통해 협상, 조정, 중재의 포괄적 분쟁해결수단을 활용하여 직접 분쟁을 해결하는 방식으로 운영된다.

③ 초연결사회의 소비문화와 소비자문제

1) 불건전 정보

정보의 디지털화는 정보획득에 있어 획기적인 전환을 가져왔다. 소비자들은 인터넷을 통해 뉴스나 일기예보 등과 같은 일반적인 정보를 검색, 수집하는 것은 물론, 다른 곳에서는 얻지 못하는 특정한 정보를 입수할 수도 있다. 결국 인터넷을 통해 얻는 정보의 종류와 양은 기존의 매체를 통해 얻을 수 있는 수준을 훨씬 넘어서고 있다.

그러나 정보의 양적인 증가가 반드시 질적인 면에서의 수준 향상을 의미하지는 않는다. 정보 내용상 문제가 될 수 있는 것으로는 음란, 엽기, 사기, 폭력, 자살 및 사행성 도박 등이 있다. 이러한 정보들은 특히 가치관이 채 형성되지 않은 청소년 소비자들에게 부정적 영향을 크게 미칠 수 있다는 점에서 문제가 된다. 방송통신위원회와 한국인터넷진흥원에서 실시한 2014년 사이버폭력실태조사에서는 사이버폭력을 사이버언어폭력, 사이버명예훼손, 사이버스토킹, 사이버성폭력, 신상정보유출, 사이버따돌림 등의 유형으로 구분하고 있다. 조사결과 학생응답자의 14%는 최근 1년간 다른 사람에게 사이버폭력을 가한 경험이 있었으며, 19%는 피해를 당한 경험이 있는 것으로 나타났다. 주로 사이버폭력이 이루어지는 매체는 온라인게임과 채팅 및 메신저인 것으로 조사되었다.

인터넷에서 유통되는 불건전정보 중 대표적인 것이 음란정보이다. 음란정보는 청소년유해매체물로 규정되어 청소년보호법의 관리 대상이며, 사이버음란물의 경우 정보통신망법을 통해 형사처벌의 대상이 되고 있다(정완, 2012). 사이버공간에서의 음란물 유통은 무분별한 접촉이 이루어질 뿐만 아니라 신속하게 퍼지는 것을 그 특징으로 한다. 특히 인터넷을 사용하는 청소년의 무분별한 접근이 이루어질 수 있다는 점에서 심각한 사회적 문제로 지적되고 있다. 최근 스마트폰 사용이 늘어나면서 음란물과 같은 유해정보가 일반적으로 PC보다 더욱 개인화된 미디어인 스마트폰을 통해 급속도로 전파되고 있으며, 청소년이 직접 음란정보를 게시하거나 제작하는 등 심각한 사회적 문제로 대두되고 있다.

비단 음란유해정보뿐만 아니라 사이버상에서 잔인하거나 엽기적인 내용을 담은 콘텐츠나 자극적인 내용으로 사람들의 호기심을 끄는 콘텐츠가 무분별하게 대중에게 노출될 수 있다는 점도 문제로 지적된다. 유튜브와 같이 전 세계적으로 동영상 콘텐츠의 공유가 이루어지는 소셜미디어상에서 각종 사건사고를 담은 영상이 일반 대중에게 노출되기도 하며, SNS상에서 범죄나 테러장면을 담은 영상이 공유되는 등 선정적인 콘텐츠의 유통 또한 심각한 문제로 떠오르고 있다. 이러한 불건전 콘텐츠의 생산과 유통은 온라인상에서 자신의 신분을 숨기거나 속일 수 있다는 점이 악용된 결과이기도 하며, 다른 한편으로는 익명성이 강한 사이버 환경에서 사람들로부터 주목받고 자신을 더 드러내 보이려는 욕구가 잘못된 방식으로 표출된 결과이기도 하다.

2) 디지털중독

디지털중독(digital addict)은 디지털기술을 이용한 개인의 상호작용이 다른 모든 것을 압도할 만큼 강하게 작용하여 디지털기기에 지나치게 의존하는 모습을 일컫는다. 현대의 소비자들은 디지털기술이 접목된 기기와 정보에 둘러싸인 삶을 살고 있기 때문에 디지털기기에 의존한 삶을 살게 되는 것은 자연스러운 모습일 수 있다. 그러나 디지털기기에 대한 의존도가 지나쳐 삶의 다른 모든 것을 압도할 만큼 디지털기기에 의존하게 되는 것이 문제로 지적된다. 디지털기기에 저장된 전화번호가 없이는 가까운 지인에게 전화를 걸 수도 없고 간단한 계산도 할 수 없는 현대인의 모습은 디지털로 인해 편리해진 삶에 젖어 인간의 기억력이나 사고력과 같은 능력이 다른 한편으로는 퇴화되어 가는 모습을 보여준다.

이러한 문제가 인지되면서 최근 디지털디톡스(digital detox)라는 용어가 주목을 받고 있다. 옥스퍼드 사전에 최신 단어로 등재된 디지털디톡스라는 용어는 '독을 뺀다'는 디톡스(detox)와 디지털의 합성어로 디지털기기로부터 자유로워지려는 움직임을 의미한다. 디지털화로 인해 삶의 많은 부분이 편리해진 반면 디지털화된 환경이 개인에게 또 다른 스트레스를 주게 된다는 점이 지적되고 있다. 디지털중독의 삶에서 벗어나 정신적 여유를 찾고자 하는 의식적인 변화가 필요하다는 점에서 디지털디톡스 운동이 주목을 받고 있는 것이다. 손안의 컴퓨터로 일컬어지는 스마트폰은 언제 어디서나, 잠에서 깬 순간부터 잠들기 직전까지 매 순간 소비자와 함께하고 있다. 소비자들이 느끼는 피로감은 이러한 디지털기기들이 항상 어떤 네트워크와 네트워크의 사용자와 연결되어 있다는 것(conntected)과 관련된다. 디지털화된 세상에서 사는 현대인들의 삶은 컴퓨터 모니터와 스마트폰의 화면 앞으로 사람들을 고정시켜 오히려 그들이 살고 있는 현실의 삶과는 동떨어진 가상의 현실에 고립된 모습을 보인다. 컴퓨터를 기반으로 한 커뮤니케이션(Computer Mediated Communication, CMC)은 초연결사회에 사는 소비자들을 물리적 세계와 자연적인 환경으로부터 더욱 멀어지게 만들고 있으며, 개인의 현실 세상에서의 사회적 관계로부터 단절되고 네트워크에서 형성된 가상의 삶에 집착하게 되는 문제를 일으키게 된다는 점이 지적되어 왔다.

디지털중독과 같은 맥락에서 인터넷중독은 사회적 문제로 지적되어 왔다. 한국정보문화진흥원(2002)에 따르면 인터넷중독은 '인터넷을 과다 사용하여 인터넷 사용에 대한 금단과 내성을 지니고 있으며, 이로 인해 이용자의 일상생활 장애가 유발되는 상태'를 의미한다. 특히 인터넷중독으로 인한 문제는 일상생활에 부적응을 야기하여 심각한 경우 사회 범죄로 이어지기도 한다는 점에서 한국정보화진흥원을 중심으로 인터넷중독 예방 운동이 전개되고 있다.

3) 저작권문제

인터넷을 통한 정보네트워크의 발전은 자유로운 정보의 교류를 촉진한다는 점에서 순기능을 가지고 있다. 그러나 다른 한편으로 자유롭게 유통되는 정보는 대부분 개인의 지적 노력의 산물인 저작물이라는 점에서 저작권에 관한 문제가 발생하기도 한다. 저작권은 법에 의하여 보호되며, 저작물의 저작자에게 부여하는 배타적인 권리이다. 우리나라는 1908년 일본 저작권법을 의용한 한국저작권령(칙령 제200호)에서 처음 도입된 이후 1957년 저작권법으로 제정되었다. 이후 2006년 디지털 및 인터넷 기술환경에서의 법률 적용의 곤란한 점을 고려하여 제14차 법 개정이 이루어졌다. 현재 우리나라는 저작권침해와 관련하여 불법유통경로를 차단하는 정책이 시행되고 있다. 이와 관련하여 2012년부터 '웹하드 등록제'가 시행되어 웹하드를 통한 불법복제물이 유통되는 경로를 차단한 바 있다. 그러나 최근 스마트폰을 중심으로 한 모바일 정보네트워크가 활성화되면서 불법 SD 카드나 토렌트, 북스캔서비스 등 새로운 형태의 저작권침해 경로가 늘어남에 따라 이에 대한 정부의 대응이 추가로 요구되고 있는 실정이다.[1]

한국저작권단체연합회의 '저작권 보호 연차보고서(2014)'에서 보고한 바에 따르면 우리나라의 2013년 불법복제물 시장규모가 약 3,728억 원 정도로 추산된다. 이와 같은 불법복제물에 따른 저작권침해는 저작권자의 경제적 손실뿐만 아니라 콘텐츠산업 전체에 생산감소, 고용손실 등과 같은 문제를 야기한다는 점에서 정부의 적극적인 관리와 대응이 요구된다. 최근 디지털 저작권 침해가 지능화됨에 따라 이에 효과적으로 대응하고 음성적으로 퍼져나가는 불법복제물에 대응하기 위하여 저작권특별사법경찰을 우리나라 주요 거점별로 배치하여 관할 지역을 중심으로 저작권 침해사범의 단속을 강화하고 있다.

4) 사이버범죄

현대사회는 정보기술에 대한 의존성이 매우 높다. 생활의 많은 부분이 디지털화되고 온라인 사이버공간으로 옮겨가고 있다. 생활의 전반에 디지털정보기술이 접목되면서 사이버상에서 발생하는 범죄 역시 증가하는 추세다. 사이버범죄와 관련한 신고와 상담은 주로 경찰청의 사이버안전국을 중심으로 이루어진다. 사이버안전국의 분류에 따르면 사이버상의 범죄는 정보통신망 침해범죄, 정보통신망 이용범죄, 불법콘텐츠 범죄로 구분된다. 정보통신망 침해범죄는 해킹이나 바이러스와 같은 사이버테러의 유형이 포함된다. 구체적으로 타인의 계정을 임의로 도용하거나 해킹을 통해 자료를 유출하고, 악성프로그램을 유포하는 행위가 해당된다. 이러한 범죄는 타인의 계정을 도용하거나 정보통신망에 접근하여 개인정보를 이용한 금융사기로 이어져 추가적인 소

---

[1] 한국저작권위원회(2013). 2013 저작권백서.

불법 다운로드로 인한 경제적 손실

게임 불법 다운로드 피해액 177억 달해

문화체육관광부(김종덕, 이하 문체부)는 저작권 특별사법경찰이 지난해 7월부터 토렌트와 웹하드 사이트 10곳에 대한 압수수색을 실시하는 등 저작권 침해 사범을 집중 단속한 결과 웹사이트 운영자 10명 등 총 58명을 적발했다고 20일 밝혔다. 문체부는 이들을 저작권법 위반으로 검찰에 송치할 계획이다. 이번 단속에서는 웹하드 운영자가 회원들 간의 불법복제 콘텐츠 유통을 방조하는 전형적인 수법 외에도 웹하드업체를 양도받은 운영자가 상당기간 동안 저작권자와 계약을 체결하지 않고 몰래 콘텐츠 유통 영업을 하여 부당이득을 챙긴 사례가 적발되었다. 적발된 토렌트 사이트 운영자들은, 회원들이 온라인에서 불법으로 복제한 콘텐츠를 서로 공유할 수 있도록 하는 이른바 토렌트 파일이 사이트에서 유통되는 것을 방조하거나 운영자가 토렌트 파일을 직접 업로드해 회원을 확보하고 사이트에 광고를 유치함으로써 수익을 거두어온 것으로 나타났다. 적발된 업로더들은 웹하드를 이용하면서 포인트를 얻기 위해 상습적으로 불법복제 콘텐츠를 업로드했으며 특정 회원의 경우 텔레비전 방송물 2만4천여 건을 업로드하여 5백만 원 상당의 수입을 거뒀다. 이는 게임 하나당 단가를 2만3천50원으로 적용한 결과다.

한국저작권위원회(위원장 오승종) 디지털포렌식팀의 분석 결과에 따르면 적발된 10개 사이트의 가입 회원은 총 1천3백만 명, 업로드되어 있는 불법 콘텐츠(토렌트 파일 포함)는 총 183만 건이며 사이트 운영기간 동안 다운로드 횟수는 총 3천4백만 회, 콘텐츠별 다운로드 횟수를 기준으로 추산한 관련 산업 피해 규모는 총 826억 원에 이르렀다. 콘텐츠 유형별로 피해 규모를 살펴보면 영화가 413억 원으로 피해가 가장 컸고 게임 177억 원, 텔레비전 방송물이 109억 원, 그 밖의 성인물, 소프트웨어(SW) 등의 순으로 나타났다. 문체부는 콘텐츠 산업을 창조경제의 핵심 동력으로 육성하기 위해서는 저작권 보호를 한층 강화해야 한다고 보고 앞으로도 불법복제 콘텐츠 유통사범에 대한 단속을 지속적으로 추진할 방침이다.

ZD Net Korea(2015. 1. 20.)
〈www.zdnet.co.kr〉

비자피해를 발생시키기도 한다.

정보통신망 이용범죄는 정보통신망을 범죄의 수단으로 이용하는 범죄로 주로 인터넷사기나 전기통신금융사기, 개인 · 위치정보 침해, 사이버 저작권 침해, 스팸메일 등이 포함된다. 주로 소비생활에서 경험하게 되는 상거래상의 사기가 여기에 해당한다. 인터넷상에서 이루어지는 전자상거래는 거래 상대방을 정확하게 인지하기 어려운 비대면 거래라는 점에서 거래 상대방을 기망하는 행위가 발생하는 것이다. 안전한 대금결제를 위한 장치 없이 개인 간에 이루어지는 온라인상 직거래나 허위 인터넷 쇼핑몰을 개설하여 대금을 편취하는 사기, 온라인 게임상에서 게임 캐릭터나 아이템을 거래

하면서 발생하는 사기 등이 대표적이다. 또한 최근에는 정보통신망을 이용하여 피싱
(phishing)[2], 파밍(pharming)[3], 스미싱(smishing)[4] 등의 전기통신금융사기도 늘어나고
있는 추세이다.

마지막으로 불법콘텐츠 범죄는 사이버음란물, 사이버도박, 사이버 명예훼손·모욕,
사이버스토킹 등이 포함된다. 이는 정보통신망을 통해 유통하는 콘텐츠 자체가 불법
적인 경우이다. 정보통신망 이용촉진 및 정보보호 등에 관한 법률에서 음란물이나 불
건전한 콘텐츠의 유통을 금지하고 있다. 인터넷상에서 이루어지는 사행행위 또한 금
지의 대상이 되고 있어 스포츠도박 등의 도박사이트 개설과 도박을 하는 행위 역시 불
법콘텐츠 범죄에 해당한다. 이 외에도 사이버상에서 타인의 명예를 훼손하거나 모욕
하는 경우, 상대방에게 불안감이나 공포심을 유발하는 문언이나 음향, 화상 등을 반
복적으로 보내는 사이버스토킹 역시 불법콘텐츠 사이버범죄에 해당한다.

---

[2] 피싱(phishing) : 개인정보(private data)와 낚시(fishing)의 합성어로 금융기관을 가장한 이메일 발송, 가짜 은행사이
트 접속유도 등으로 금융정보와 금전을 탈취하는 신종 사기유형

[3] 파밍(pharming) : 피싱(phishing)과 경작(farming)의 합성어로 악성코드에 감염된 PC를 조작하여 금융정보를 탈취하
는 신종 사기유형

[4] 스미싱(smishing) : 문자메시지(SMS)와 피싱(phishing)의 합성어로 무료쿠폰발송과 같은 문자메시지를 보내 특정 인
터넷주소로 연결하도록 한 뒤 악성코드를 설치하여 금융정보를 탈취하는 신종 사기유형

제 8 장

초연결사회의 정보보호

초연결사회가 도래하면서 모든 정보가 긴밀하게 연결되고 정보의 흐름이 대량화, 가속화됨에 따라 각종 개인정보가 노출될 위험이 높아져 개인의 프라이버시가 크게 위협받고 있다. 특히 전자상거래가 활성화됨에 따라 소비자 개인정보의 수집과 이용, 관리의 문제가 지속적으로 발생할 것으로 보이며 의도적, 비의도적 개인정보유출사례는 더욱 증가할 것으로 예상되기 때문에 세계 각국에서는 민간부문에서의 개인정보보호대책을 마련하기 위해 노력하고 있다. 그뿐만 아니라 사물인터넷의 발전으로 개인이 보유한 수많은 사물이 곧 정보화기기로서 작동하게 되기 때문에 이를 통한 해킹이나 정보유출 등과 같은 문제가 불거질 가능성이 있다.

정보력이 곧 경쟁력이 되는 현대사회에서 정부와 기업은 각자의 목적을 위해 국민 또는 소비자의 개인정보를 축적하고 활용하려는 동기를 가지게 된다. 정보처리기술의 비약적 발전은 정보의 자유로운 수집과 처리가 가능한 환경을 만들었지만, 개인정보의 부정사용으로 인해 소비자의 경제적 피해가 발생하거나 정보주체의 동의 없이 무단으로 사용되는 개인정보로 인해 개인의 사적인 자유영역이 위협을 당하는 등 소비자정보보호에 대한 부정적 측면 또한 간과할 수 없는 현실이다. 초연결사회의 소비자 개인정보보호는 소비자들의 개인정보가 함부로 오남용되는 것을 막음으로써 개인의 존엄과 인격이 훼손될 수 있는 가능성을 줄이고 안심하고 더 발전된 환경에서 편리한 소비생활을 영위할 수 있게 함으로써 건전한 소비사회를 정착시킬 수 있게 할 것이다. 따라서 본 장에서는 소비자 개인정보보호와 관련하여 소비자 개인정보의 개념과 개인 정보보호의 필요성, 개인정보 침해요인과 유형, 개인정보보호의 관련법규와 동향, 실태를 살펴보고, 소비자 개인정보보호 방안을 제시하고자 한다.

① 소비자 개인정보

1) 개인정보의 범위와 개념

개인정보의 정의는 우리나라의 2011년 제정 및 시행 된 '개인정보보호법'에 따라 살펴볼 수 있다. 동법 제 2조 제1호에 따르면 "'개인정보'란 살아 있는 개인에 관한 정보로서 성명, 주민등록번호 및 영상 등을 통하여 개인을 알아볼 수 있는 정보(해당 정보만으로는 특정 개인을 알아볼 수 없더라도 다른 정보와 쉽게 결합하여 알아볼 수 있는 것을 포함한다)"라 정의된다. 동법은 개인정보에 관한 법체계를 일원화하여 2011년 3월 제정하여 그 해 11월에 시행되었다.

개인정보란 개인의 정신, 신체, 재산, 사회적 지위, 신분 등에 관한 사실·판단·평가를 나타내는 개인에 관한 정보로서 정보에 포함되어 있는 성명, 주민등록번호 등의 사항에 의하여 개인을 식별할 수 있는 정보를 말한다. 예컨대, 개인이 언제 어디서 누구를 만나 무엇을 하였는지, 어떤 병력을 가지고 있는지 등에 관한 수많은 개인정보가 컴퓨터에 의하여 쉽게 포착되고 무한대로 저장·처리·확산될 수 있다.

개인정보의 개념은 각 사회마다 고유의 특색을 반영하면서 그 의미가 정해졌다. 그림 8-1은 농경사회, 산업사회, 정보사회에서의 개인정보 패러다임의 변화를 설명하고 있다. 농경사회에서는 정부가 보유하고 있는 개인 신상에 관한 정보를 자칭하였다. 국민은 정부가 보유한 정보에 대하여 개인의 이익을 최대한 보호하며 또한 각종 행정편의의 수단으로 개인정보가 사용됨에 따라 이로 인해 개인 프라이버시가 침해당하지 않도록 조치를 강구하고 있다. 이 사회에서의 개인정보의 관리는 대부분 정부가 담당하면서 철저한 통제대상으로 인식되었다.

한편 산업사회에서는 '혼자 남아 있을 권리(The right to be left alone)'의 개념으로

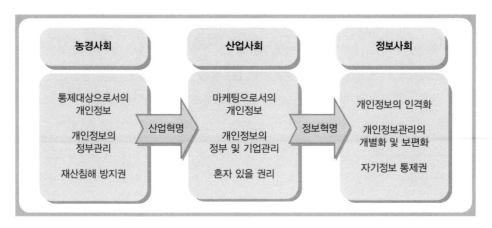

그림 8-1 개인정보 패러다임의 변화
출처 : 하종현(1999). 개인정보보호 제도의 딜레마와 효과적인 도입방안.

주로 국가의 개인 프라이버시 침해와 상업성을 갖고 개인정보를 불법으로 이용하는 기업들의 침해 행위로부터 자유를 의미하였다. 즉, 이 사회의 개인정보보호는 국가나 기업들이 개인정보를 관리하면서 각종 행정편의나 마케팅 대상으로 사용하는 것을 방지하고자 하는 데 역점을 두었다. 산업사회의 개인정보보호는 자기 자신에 관한 정보를 알리지 않음으로써 개인 프라이버시 침해를 방어하는 차원인 소극적인 권리의 개념으로서 그 한계점을 드러내고 있다.

정보사회에서의 개인정보는 한 사람의 모든 것을 판단할 수 있는 중요한 척도의 개념이 되고 있다. 즉 한 개인에 관한 정보를 소유하게 되면 그 사람의 사회적·경제적 지위와 기호 및 선호하는 상품의 양상까지도 파악할 수 있게 되어 한 사람을 판단하는 제2의 인격의 가치를 갖게 된 것이다. 또한 정보를 관리하는 주체도 특정한 집단에 한정되지 않고 발달된 네트워크로 인하여 원하는 사람은 누구나 수집, 가공, 사용할 수 있는 보편화되고 개별화된 개인정보관리 환경이 되었다. 만일 개인정보침해가 발생한다면 개인의 프라이버시를 침해하는 것은 물론 개인 권익의 손실을 유발할 수 있고 궁극적으로는 인간의 존엄성 침해를 가져올 수도 있다. 그러므로 이 사회에서의 개인정보보호의 개념은 남이 자신의 정보를 소유하는 것을 방지하는 소극적인 개념뿐만 아니라 자신에 관한 정보의 취득, 이용 및 게시에 관한 조건 등을 본인이 결정할 수 있도록 하는 적극적인 개념으로 변모하고 있다.

디지털기술의 발달은 개인정보의 수집과 처리, 저장을 용이하게 하였다. 이로 인해 정부뿐만 아니라 민간에서 수집하여 보유하는 개인정보의 양이 급격하게 늘어났다. 민간부문이 보유하는 개인정보는 회사의 직원 및 주주에 관한 주소, 성명, 연령, 생년월일 등의 기본적 개인정보, 증권회사나 보험회사 기타 금융기관이 보유하는 소비자의 신용 및 금융정보, 판매 또는 서비스업자가 보유하는 고객정보 또는 회원정보 및 기타 일반개인정보 등으로 분류할 수 있다. 이 중 신용정보는 신용정보의 오남용으로부터 사생활의 비밀을 적절히 보호할 수 있도록 [신용정보의 이용 및 보호에 관한 법률]을 제정하여 신용정보의 취급을 규제하고 있다.

또 다른 분류로는 민감한 정보와 그렇지 아니한 정보로 나눌 수 있다. 개인정보보호법의 제23조에 따르면 민감정보는 '사상·신념, 노동조합·정당의 가입·탈퇴, 정치적 견해, 건강, 성생활 등에 관한 정보'와 그 밖에 유전정보나 범죄경력정보와 같이 정보주체의 사생활을 현저히 침해할 가능성이 있다고 판단되는 정보를 포함하며, 이와 같은 민감정보는 처리할 수 없도록 금지하고 있다.

또한 소비자 개인정보는 공공기록, 내부기록(정보주체로부터 직접 얻은 기록) 및 외부기록(정보주체가 아닌 제3자로부터 얻은 기록)에서 얻을 수 있다. 공공기록은 정부의 연구과정, 허가절차, 행정 및 사법절차의 과정에서 수집된 기록으로서 대중에게도 어느 정도 열람의 기회가 제공되는 정보이다. 예를 들어 인구통계조사자료, 부동산양도에 따른 등기이전, 소송, 저당권설정, 판결 및 영업허가 또는 자격인증 등의 기록이나, 자동차운전면허나 출생 및 사망기록 등이다. 이러한 정보에 기초하여 정보수집자들은 소득과 같은 재정적인 정보도 추출해낼 수 있다. 내부기록은 정보수집자가 정보주체로부터 직접 수집한 자료들로서 각종 거래활동을 통해 얻는다. 외부기록은 정보주체 이외의 제3자로부터 얻는 것인데, 제3자의 범위에는 사회적·정치적 조직체를 비롯하여 각종 출판물, 개인정보의 내부기록을 판매하는 사람들이 포함된다.

2) 프라이버시의 개념

프라이버시의 개념은 최초로 1890년 Warren과 Brandeis가 '프라이버시의 권리'라는 논문에서 폭로기사 등에 의해 시달림을 받고 있는 사람들의 권리보장을 위해 쓴 용어이다. 이들은 프라이버시를 간섭받지 않고 혼자 있을 수 있는 권리로 보았으며 이 권

IoT와 프라이버시

'사물인터넷(IoT) 공통 보안원칙', 뭘 담았나

❖ 사물인터넷 공통 보안 7대 원칙
- 정보보호와 프라이버시 강화를 고려한 사물인터넷 제품·서비스 설계
- 안전한 소프트웨어 및 하드웨어 개발기술 적용 및 검증
- 안전한 초기 보안설정방안제공
- 보안 프로토콜 준수 및 안전한 파라미터(매개변수) 설정
- 사물인터넷 제품·서비스의 취약점 보안패치 및 업데이트 지속 이행
- 안전한 운영·관리를 위한 정보보호 및 프라이버시 관리체계 마련
- 사물인터넷 침해사고 대응체계 및 책임 추적성 확보방안 마련

❖ 사물인터넷 보안 내재화를 위한 기본사항 7가지 제시
국내 첫 사물인터넷(IoT) 민간협의체인 '사물인터넷 보안 얼라이언스'가 출범했다.

미래창조과학부는 지난 19일 사물인터넷 제조업체, 서비스제공자, 보안업체 등 업계와 학계, 공공기관 등 40여 곳이 참여하는 '사물인터넷 보안 얼라이언스' 발대식을 개최했다. 이 자리에서는 민간에서 자율적으로 사물인터넷 제품·서비스에 보안을 적용, 내재화할 수 있도록 '사물인터넷 공통 보안 7대 원칙(공통 보안원칙)'이 공표됐다. 사물인터넷 제품·서비스의 기획부터 설계, 개발시점부터 배포·설치, 운영, 관리, 폐기에 이르기까지 전(全) 단계에 걸쳐 잠재적 보안 위협요소와 취약점을 자율적으로 점검해 보안을 내재화하는 데 필요한 기본사항이 담겨 있다.

공통 보안원칙 첫째는 정보보호와 프라이버시 강화를 고려한 사물인터넷 제품·서비스 설계해야 한다는 점이다. 보안취약점을 사전에 분석해 기술적 대응방안을 마련하는 한편, 보안의 3요소인 기밀성, 무결성·인증, 가용성을 고려해 사물인터넷 기기 및 정보의 오용을 최소화할 수 있는 보안방안을 설계단계부터 포함시켜야 한다.

다음은 안전한 소프트웨어 및 하드웨어 개발기술을 적용, 검증해야 한다는 점이다. 개발단계에서 보안성을 보증하기 위해 시큐어 코딩을 적용하고, 보안성이 검증된 애플리케이션, 소프트웨어, 하드웨어 장치 등을 활용해야 한다.

셋째는 안전한 초기 보안설정 방안제공이다. 사물인터넷 기기·장치 및 서비스 설정 시 보안이 기본설정 요건으로 준수될 수 있도록 보안설정 적용방안을 제공해야 한다.

넷째는 보안 프로토콜 준수 및 안전한 파라미터(매개변수) 설정이다. 표준 보안기술을 적용해 암호·인증 등을 구현해야 한다. 암호·인증을 위한 파라미터들도 안전하게 설정·구현해야 한다.

다섯째는 사물인터넷 제품·서비스의 취약점 보안패치 및 업데이트 지속 이행이 명시됐다. 관련 소프트웨어·펌웨어에 대한 취약점 보안패치나 안전한 업데이트가 지속적으로 이뤄질 수 있는 방안이 마련돼야 한다.

여섯째는 안전한 운영·관리를 위한 정보보호 및 프라이버시 관리체계 마련이다. 사용자 정보의 취득부터 사용, 폐기까지 전 단계에 걸쳐 정보보호 및 프라이버시 관리방안이 포함돼야 한다는 것이다. 설계단계에 마련된 기술적 대응방안과 더불어 클라우드 등의 서비스 구축 시 적용되는 정보보호관리 보안요소도 고려해야 한다는 점이 강조돼 있다.

마지막은 사물인터넷 침해사고 대응체계 및 책임 추적성 확보방안을 마련해야 한다는 점이다. 사물인터넷

서비스에 구축되는 네트워크, 기기·센서, 플랫폼 등에 대한 침해사고 대비해 침입탐지 및 모니터링을 수행하여야 한다. 또 침해사고 발생 이후 원인분석 및 책임 추적성을 확보하기 위해 보안 및 서비스 로그기록을 주기적으로 저장·관리할 수 있어야 한다. 로그에 대한 무결성 및 안전한 저장방안을 마련해야 한다는 점도 명시됐다.

디지털데일리(2015.6.21.)
〈www.ddaily.co.kr〉

리는 결국 판례에 의해 확립되고 법규에 의해 보호받기에 이르렀다. 1960년대 이후에는 컴퓨터의 발전에 따른 정보의 대량 보유 및 유통으로 개인의 사생활이 침해되는 현상이 빈번히 발생하게 되었는데, 이러한 침해에 대응할 필요성에서 프라이버시에 대한 새로운 개념이 등장하였다. 더 이상 프라이버시를 사생활의 비밀권이라는 소극적인 권리로 보는 것이 아니었다. 즉 언제, 어떻게, 그리고 어느 수준으로 자신에 대한 정보가 타인에 의해 공유될 수 있을 것인가를 결정할 수 있는 권리 혹은 타인이 자신에 관한 정보로의 접근을 통제할 수 있는 능력 등 적극적이고 능동적인 권리를 뜻한다.

Prosser는 1960년에 프라이버시에 대한 범죄를 개인이 혼자 있을 권리의 물리적인 침해, 사적인 정보의 공개, 개인의 명예훼손, 개인의 이름이나 이미지의 상업적 남용의 네 가지로 구분하였다. 그 이후 많은 학자들은 이 네 가지 침해 가운데 많은 사람에게 영향을 줄 수 있는 물리적 침해 및 사적인 정보 공개의 중요성을 더욱 강조하고 있다.

② 소비자 개인정보의 보호

1) 개인정보의 침해요인

소비자 개인정보 침해의 가능성이 커지게 된 이유를 보면 다음과 같다.

(1) 컴퓨터의 발전과 디지털화된 정보의 증가

현대사회에서 개인정보보호 문제를 야기하는 요인으로 정보기술의 급속한 발전을 꼽을 수 있다. 특히 컴퓨터 기술의 발전은 개인정보의 수집과 저장, 처리 및 가공을 용이하게 함으로써 적은 비용으로 손쉽게 개인정보를 관리할 수 있게 하였다. 이로써 컴퓨터를 이용하여 많은 양의 개인정보를 처리하고 분산된 정보들을 모으거나 이를 하나의 데이터베이스로 결합하여 분석함으로써 유용한 결과를 이끌어낼 수 있게 되었다.

컴퓨터에 의해 전산화된 개인정보는 보관과 관리가 용이하며 서비스를 제공하는 데 있어서 시간이나 공간의 제약을 많이 완화시켜주며, 기관 간의 개인정보 교환을 쉽게 해주는 장점이 있다. 반면에 정보에 대한 불법침해, 내용조작·위작·변작, 절취, 파괴 등이 쉽고, 침해에 따른 피해가 상상을 초월할 정도로 심각하며 이를 원상태로 복구하는 데에도 엄청난 시간과 노력이 요구되며, 피해를 식별하기가 대단히 어려워 특별한 기술을 가진 자가 아니면 이를 발견하기가 쉽지 않다는 단점 등이 있다.

이처럼 컴퓨터를 이용한 정보기술의 발전은 개인정보에 대한 접근과 정보이용을 증대시켰으며, 이와 동시에 개인정보의 침해 가능성에 대한 두려움을 증가시켰다. 그 결과 개인정보보호 문제는 단순한 개인의 문제가 아니라 사회적인 문제로 인식되게 되었고, 이에 의하여 개인정보의 적극적인 보호 필요성이 제기되었다.

(2) 네트워크를 이용한 정보교류의 증가

세계 각국은 상품의 교역을 통해 향유하는 국제경쟁력의 한계를 인식하고 정보의 원활한 유통과 활용 및 이의 기반이 되는 정보통신기반 구축에 많은 투자를 하고 있다. 국가별·권역별 정보기반 구축을 통하여 정보산업에 있어서 국제경쟁력의 우위를 확보하고자 하는 취지에서 추진되고 있다. 이러한 계획에 따라 구축되는 정보통신기반은 국가·기업·개인 상호 간의 전자상거래를 통한 이익 증진에 기초가 될 뿐만 아니라 국제적인 정보의 교환 내지 공유를 가능하게 하는 요인이라 할 수 있다. 그러나 이러한 네트워크의 구축과 상호 연결은 전자상거래 시 부수적으로 발생하는 소비자나 고객정보의 부정한 수집, 인터넷서비스 제공 시 개인정보를 요구할 수 있는 물리적·기술적 기반이 되어 소비자의 개인정보를 다른 관련 업종에 판매하거나 신규사업 진출 또는 광고 등에 활용 가능성을 증가시키고 있다. 더욱이 이로 인해 피해를 입는 개인은 피해의 입증, 책임 있는 당사자의 규명, 입증과 관련한 기술 부족 등 절대적으로 불리한 입장에서 처하는 것이 현 실정이다.

빅데이터와 개인정보보호

"데이터 사세요"… 빅데이터 연결고리 '데이터 브로커'를 아십니까

2001년 9월 11일 비행기 한 대가 뉴욕의 무역센터를 충돌한 끔찍한 사건, 미국은 물론이고 전 세계인들에게 잊지 못할 충격을 준 9·11 테러는 여전히 큰 아픔으로 남아 있다. 그런데 당시 미국 정부는 테러범을 어떻게 찾았을까? 그 중심에는 바로 미국의 데이터 브로커(Data Broker) 업체, 액시엄이 있다. 지난 1969년 설립된 액시엄은 전 세계에서 가장 많은 데이터베이스(DB)를 보유하고 판매하는 기업이다. 수만 대의 서버에 미국인 3억 명을 포함한 전 세계 약 7억 명 이상의 소비자정보를 저장하고 있으며, 저장된 개인 한 명에 대한 정보가 약 1,500여 종에 이른다. 미국 연방정부뿐만 아니라 포춘 100대 기업이 이 회사에서 데이터를 구매해 비즈니스에 활용하고 있다. 액시엄은 9·11 테러 직후 미국 정부에 협조해 자사가 보유하고 있던 신원정보 DB에서 19명의 비행기 납치범 중 11명의 신원정보를 찾아 제공했으며, 이를 비행기 탑승명단과 대조, 분석해 범인을 찾을 수 있었다.

데이터의 가치가 그 어느 때보다 중요한 빅데이터 시대에 접어들면서 국내에서도 데이터 브로커에 대한 관심이 높아지고 있다. 정보 재판매업자로도 불리는 데이터 브로커는 소비자의 개인정보 등을 수집해, 이를 제3자와 공유하거나 재판매하는 업체를 의미한다. 데이터 유통과 가공을 담당하는 데이터 브로커는 데이터의 활용 측면에서 빅데이터 생태계에서 중요한 역할을 담당하고 있다. 이와 관련 데이터 컨설팅업체 엔코아의 김옥기 데이터 서비스 센터장은 "모든 기업이 비즈니스에 활용하는 데이터를 수집, 분석할 수 있는 여건을 갖추고 있는 것은 아니며, 내부의 전사데이터와 구매데이터를 합쳤을 때 데이터경제 생태계가 커진다."고 설명했다.

이미 미국에서는 위에 언급된 액시엄을 비롯해 코어로직과 데이터로직스, 앱실론, ID애널리틱스, 픽유 등 많은 업체들이 오래전부터 데이터 브로커로 활약하고 있다. 김 센터장 역시 액시엄 출신이다. 김 센터장은 "미국에만 약 600~700개에 달하는 데이터 브로커가 활동하고 있으며, 액시엄과 같은 기업들은 최근 기업 고객관계관리(CRM) 등 IT시스템 구축 등의 사업에서 IBM이나 액센추어와 같은 IT기업을 제치고 사업을 수주하는 사례가 늘어나고 있다."며 "이는 바로 이들 기업이 비즈니스 데이터를 보유하고 있기 때문"이라고 전했다.

실제 정보통신정책연구원의 최근 보고서에 따르면, 상위 9개의 미국 데이터 브로커업체의 총매출은 2012년 기준 4억 2,600만 달러(한화로 약 4,600억 원) 규모에 달하는 것으로 분석된다. 국내에서도 빅데이터의 연결고리로 데이터 유통에 대한 관심이 높아지고 있다. 이미 한국DB진흥원이 운영 중인 데이터스토어의 경우, 지난 5월 기준 약 2,200여 개의 데이터상품을 유통하고 있으며 거래건수도 1,140건을 넘고 있었다. SK텔레콤이나 LG CNS도 데이터가공 및 유통사업을 진행 중이다. 데이터 컨설팅업체인 엔코아도 관련 사업을 준비 중인 것으로 알려진다.

다만 이러한 데이터 브로커사업은 개인정보에 대한 오남용 등에 대한 우려가 있어 조심스러운 접근이 필요하다. 미국에서조차 다양한 소비자정보를 연결, 분석하는 과정에서 민감한 프라이버시 문제를 야기할 가능성을 우려, 미국 공정거래위원회는 의회에 소비자가 데이터 브로커의 존재와 활동을 인지하고, 이들이 보유하고 있는 개인정보에 합리적으로 접근할 수 있도록 하는 법률을 제정할 것을 권고한 바 있다. 국내 역시 방송통신위원회가 개인정보의 오남용을 방지하고 빅데이터 사업활성화를 위한 '빅데이터 개인정보보호 가이드라인'을 발표한 바 있다. 잇따른 개인정보유출에 따른 국민들의 반정서 극복과 개인정보보호의 범위와 수준에 대한 사회적 합의를 위한 지속적 논의가 필요하다는 지적이다.

정용찬 정보통신정책연구원 ICT 통계분석센터장은 '빅데이터 산업과 데이터 브로커'라는 보고서를 통해 "다양한 소비자 정보를 보유하고 있는 기업에 비해 '정보약자'인 소비자의 자기정보에 대한 권리강화는 정보유통의 투명성 제고와 소비자 신뢰확보를 기반으로 할 때 데이터 유통활성화와 빅데이터 산업 발전이 가능할 것"이라고 강조했다. 이어 그는 "또한 데이터 유통활성화를 위해서는 데이터보안과 암호화, 비식별화 등 개인정보보호를 위한 기술개발이 중요하다."고 덧붙였다. 김옥기 센터장도 "데이터 활용을 통한 정확한 분석, 예측능력이 곧 기업의 글로벌 경쟁력 확보, 더 나아가 국가 경쟁력과 직결될 것"이라고 말했다.

디지털데일리(2015.7.31.)
〈www.ddaily.co.kr〉

또한 인터넷 이용의 보편화는 적극적인 자기정보의 홍보, 전자상거래의 발전, 정보민주주의 실현 등 긍정적인 영향과 더불어 음란정보의 범람, 가치 있는 정보와 무가치한 정보의 혼돈, 컴퓨터 바이러스의 전파, 컴퓨터 해킹 등 종래의 문화환경에서 경험하지 못했던 새로운 문제들을 야기하고 있다. 또한 법률적으로도 네트워크상에서의 지적재산권문제, 전자우편 등 네트워크를 통한 명예훼손과 음란물 배포에 관한 법적 책임문제, 컴퓨터통신망을 이용한 사기와 같은 범죄행위를 야기하는 중요한 요인이 되고 있다. 이 중에서도 특히 인터넷을 이용한 정보의 침해는 국내적으로뿐만 아니라 국제적으로도 심각한 문제를 야기하고 있다. 그 피해도 수사 및 추적을 피하기 위해 시스템에 내재된 정보를 파괴하는 등 극단적인 가해행위가 증가하는 동시에 기업이나 국가기관의 기밀정보와 개인정보가 절취될 가능성이 증가할 것이다.

(3) 개인정보의 상품화

정보기술의 발달과 네트워크 구축은 가상공간에서의 상품매매 및 서비스를 제공하는 전자상거래를 가능하게 하였다. 즉, 민간사업자가 소비자와의 거래 시에 자연적으로 또는 의도적으로 소비자에 관한 개인정보를 수집할 수 있게 된 것이다. 민간사업자가 수집한 소비자에 관한 개인정보는 당해 사업자가 다른 업종이나 사업에 진출할 때 가공하여 마케팅에 이용하거나 심지어는 당해 사업자와 무관한 다른 사업자에게 소비자의 개인정보를 매매하여 이익을 도모하는 경우도 발생하여 소비자의 개인정보 자체가 상품으로서의 가치를 갖게 된다. 이러한 개인정보의 상품화는 개인정보를 데이터베이스화 · 디지털화하여 축적하고 신속하게 이전할 수 있게 한 기술발전이 주요한 원인이라 할 수 있지만, 개인의 입장에서는 개인정보의 수집 · 이용과 관련한 동의 · 정정 · 말소권 등 정보의 자기통제권을 행사하기 어렵게 하는 것이기도 하다.

2) 개인정보의 침해유형

현대사회에 있어서 소비자 개인정보보호의 문제가 커다란 이슈로 등장하게 된 것은 정보기술의 발전에 따른 역기능 때문이다. 소비자 개인정보 침해유형을 분류해 보면 다음과 같다.

(1) 개인정보의 부당한 수집

컴퓨터 이용기술의 발달에 따라 주요 선진국에서는 우선 공공부문에서 정책목적 실현을 위해 컴퓨터에 개인정보를 수집 · 저장 · 이용하여 많은 효과를 얻고 있으나 경우에 따라서는 개인에게 불이익을 주는 사례가 적지 않다. 즉 각종 목적으로 수집된 정보가 각 기관 상호 간에 교환되거나 전파되어 본래의 수집목적 이외에 다른 목적에 이용될 경우 프라이버시 침해의 문제가 발생한다. 예를 들면 경품행사에 참여하면서 경품 당첨 시 경품지급을 위한 목적으로 개인정보를 수집한 것을 마케팅 등의 다른 용도로 동의 없이 사용할 경우, 고객사은행사를 빙자하여 부당하게 개인정보를 입수하는 경우 등이 해당된다.

　최근에는 소비자에게 적법한 절차에 따라 개인정보의 제3자 제공 동의를 받더라도 소비자가 이를 충분히 인지하지 못하여 발생하는 문제도 있다. 예를 들면 신용카드 회원으로 가입하면서 신용카드사에 자신의 개인신상에 관한 정보와 신용정보를 제공해야 하는 것은 거래를 위해 최소 요건에 해당하나, 신용카드사가 제공받은 소비자의 정보를 거래와 직접 관련이 없는 제휴업체 혹은 계열사에 제공할 수 없다. 이에 따라 최근에는 개인정보의 제3자 제공 동의를 소비자로부터 받고 있는데, 적법한 절차에 따라 제3자 정보제공의 동의를 받는 것이라 할지라도 소비자가 거래를 위한 필수적 동의절차로 오인할 경우도 있어 소비자의 입장에서는 부당한 개인정보의 수집이 이루어진 것으로 볼 수도 있다.

(2) 개인정보의 오남용

컴퓨터 시스템이 있어 단말기로부터 원격 조작하여 특정 개인에 대한 정보의 취급과 가공이 가능할 경우, 정당한 권한이 없는 자가 악의로 이를 변경하거나 컴퓨터 담당 직원이 악의로 가공하여 외부에 누설시키는 경우가 있을 수 있다. 2014년 1월 사상 최대규모의 개인정보유출사건이 발생하였는데, 이 사건은 국내의 신용카드사 세 곳의 외부 협력업체의 소속직원이 이동식 저장장치에 카드사의 고객정보를 무단으로 저장, 탈취하여 외부로 불법 유출된 것으로 대통령을 비롯하여 해당 카드사의 고객의 정보가 무려 1억 4,000만 건이 유출되었다. 이러한 사건은 소비자 개인정보를 취급할 수 있는 권한이 전혀 없는 자가 개인정보에 접근할 수 있는 허술한 시스템과 외부로 쉽게 유출할 수 있을 만큼 암호화 등의 보안장치가 불충분하여 발생한 사건이라 할 수 있다. 유출된 개인정보는 주민등록번호에서부터 카드번호, 결제계좌 등의 중요한 정보

개인정보수집 최소화

방송통신위원회는 2014년 11월 온라인 개인정보 취급 가이드라인을 발표하였다. 가이드라인의 기본방향은 사업자의 개인정보 최소 수집, 이용문화를 정착시키고 단계별 불필요한 개인정보의 파기와 동의서 양식을 이용자가 이해하기 쉽게 작성하도록 기준을 제시하는 것으로 구성되었다.

가이드라인에서는 필요한 최소한의 개인정보를 수집하는 기준으로 필수동의 항목의 범위를 최소화하도록 하였으며, 선택동의 항목에 대한 이용자의 실질적인 동의권을 보장하도록 하였다. 필수동의 항목은 서비스 제공에 필요한 최소한의 개인정보로, '해당 서비스의 본질적 기능을 수행하기 위해 반드시 필요한 정보'로 엄격히 제한하도록 하였다. 선택동의 항목에 동의하지 않더라도 서비스를 이용하는 데 제한이 없도록 한 조치이다. 특히 마케팅 활용목적을 위한 선택동의 항목은 이용자가 명확히 알 수 있도록 별도 분리하여 개별동의를 받도록 하였다. 또한 불필요한 개인정보의 수집을 제한하기 위해 필요한 시점에 수집하도록 하였다.

아울러 단계별 개인정보의 파기기준을 수립하였다. 수집·보유단계, 제공단계, 파기단계로 구분된 기준에 따르면 수집·보유단계에서는 수집·이용목적, 보유기간 등을 명확히 하고 개인정보 파기사유 발생 시 '지체없이' 파기하도록 규정하였다. 제공단계에서는 서비스와 무관한 제3자 제공을 원칙적으로 제한하였으며, 제공한 경우에는 파기확인 등 조치사항을 계약서에 반영하도록 하였다. 파기단계에서는 재생할 수 없는 파기방법의 기준을 구체적으로 명시함으로써 개인정보가 안전하게 파기되어 부정사용되는 일이 없도록 조치를 취할 것을 명시하였다.

이용자가 이해하기 쉬운 동의서 작성기준 또한 함께 제시되었다. 동의서에는 '법정 고지사항'만을 간결하게 고지하고, '쉬운 용어', '그림, 표 활용' 등을 사용하여 동의서를 읽기 쉽게 개선하도록 하였다. 이와 함께 필수 동의사항과 그 외의 선택 동의사항을 구분하여 동의내용을 한눈에 알아볼 수 있도록 표시할 것을 명시하였다.

가 포함되어 있어 불법적인 사기 등의 범죄에 이용될 가능성이 높아 정보유출 대상이 되었던 고객들이 한꺼번에 카드사에 카드해지를 요청하거나 재발급을 받기 위해 몰렸다.

이와 같은 개인정보 침해는 심각한 경우 개인의 신체, 생명, 재산상의 피해를 야기하기도 한다. 예컨대 백화점의 고객대상이 유출되어 범행의 대상선정에 이용된 사례, 의료보험 관련자료가 유출되어 선거에 이용된 사례, 주민등록기록을 열람하여 가족 상황을 파악한 후 독신녀의 주거지를 범죄의 대상으로 정한 사례, 자동차 관리 전산 망을 통하여 외제 고급 승용차의 차주를 확인하여 강도의 대상으로 한 사례 등이 이에 해당된다.

(3) 개인정보의 파기 미이행

개인정보보호법에서는 사용목적과 보유기간이 지난 개인정보는 지체 없이 개인정보를 파기하도록 하고 있다. 이때에는 개인정보를 안전하게 파기하여 다시 복구되거나 재생되지 않도록 조치하여야 한다. 만일 법령에 따라 보존해야 하는 기록의 경우 이를 다른 개인정보와 별도로 분리하여 저장, 관리하도록 하고 있어 목적이 이미 달성된 개인정보가 지속적으로 열람, 사용되지 못하도록 하고 있다. 개인정보의 파기가 의무화되어 있음에도 불구하고 2011년 한 이동통신회사의 대리점이 1천 명의 소비자가 이동 전화 가입 시 작성한 가입신청서를 길가에 내다버려 개인정보 파기와 관련한 관리가 소홀한 것이 드러나기도 하였다. 개인정보의 안전한 관리를 위해서는 사용 중인 정보의 보안관리를 철저히 하는 것뿐만 아니라 필요 이상의 개인정보를 수집하지 않고 목적이 달성되어 불필요하게 된 개인정보를 안전하게 파기하는 것까지를 모두 포함하는 것임을 보여준다.

3) 개인정보보호의 필요성

정보시스템 및 정보처리기술의 급속한 발전과 네트워크화의 진전은 공공부문뿐만 아니라 민간부문에서의 소비자 개인정보의 수집·이용에 따른 프라이버시 침해 가능성을 한층 높이고 있다. 실제로 신용카드 사용 및 은행거래, 증권, 보험, 의료, 학교, 백화점, 언론매체, 사설 정보처리기관 등 모든 거래관계에서 소비자 개인의 신상정보가 대량으로 수집·처리·이용되고, 나아가 개인정보 그 자체를 상품화하여 개인 또는 기업 등에 판매하는 거래도 등장하고 있다. 이러한 소비자의 개인정보 침해문제의 심각성은 개인의 이름·주소·주민등록번호·전화번호 등 신상정보의 단순한 수집·이용보다 개인의 여러 가지 거래내용·사회활동내용과 신상정보를 조합함으로써 그 개인의 사상·성향·관심분야·자산상태·대인관계·취미 등을 본인이 모르는 사이에 분석·활용할 수 있다는 데에 있다. 또한 소비자 개인정보의 남용·악용은 프라이버시 침해의 정도를 넘어 개인의 생명, 신체, 재산에 위해를 가하는 원인이 될 수도 있다.

국경을 초월하는 글로벌 전자상거래 시대에 있어서 소비자 개인정보보호의 문제는 더욱 심각한 양상을 나타낼 것으로 전망된다. 즉, 글로벌 네트워크를 통한 전자상거래가 활성화되면서 개인정보의 유통범위도 통제 불가능할 정도로 확대될 것이며, 개인의 권리의식과 정보처리기술의 수준에 따라 개인정보의 보호문제는 단순히 개인의 인권보호차원을 넘어 무역 및 상거래의 전략적 수단으로 활용될 수도 있을 것이다. 따라서 개인정보보호를 위한 국제적 협조와 통일규범의 정립이 요구되지만, 국가 간의 이질적인 문화·관습·사회체제와 국민의 인권의식상의 차이 등은 여전히 개인정보보호의 장애요인으로 작용할 가능성이 있다.

초연결사회에서는 정보와 지식을 이용하여 국가 간의 경제전쟁이 심화되는 세계적 추세에 따라 정보의 자유로운 교환을 통하여 사회 전반의 효율성을 증대시키고 기업과 국가의 경쟁력을 제고하여 인간생활에 물질적·정신적 윤택을 부여하는 등 대부분의 생활영역에 긍정적인 영향을 미치고 있다. 그러나 컴퓨터와 이에 연결된 네트워크를 활용한 스팸메일(spam mail)의 전송, 데이터베이스의 불법판매, 네트워크 사기, 컴퓨터해킹, 음란정보의 유통 등 디지털정보와 관련한 범죄가 유발되고 불필요한 정보의 범람으로 인한 정보이용자의 정보주체성 상실, 정보의 독점과 개인간·계층간·지역간 정보격차의 심화 및 국경을 초월한 정보교류에 따른 문화정체성의 상실과 문화의 일방적 종속 등 부정적인 결과도 예견된다.

③ 관련법규와 동향

소비자 개인정보의 문제를 궁극적으로 해결할 수 있는 방안은 개인정보의 수집에서부터 이용, 다른 기업으로의 전이, 판매, 렌트 등에 이르기까지 소비자 당사자가 통제할 수 있도록 하는 것이라고 할 수 있다. 즉, 소비자가 자신에 대한 정보에 대해 완전한 정보통제력을 갖게 함으로써 개인정보보호 문제를 완벽하게 해결할 수 있다. 그러나 데이터베이스 마케팅 산업의 입장에서는 소비자의 통제력을 증가시킬 경우, 개인정보의 구축이나 이용에 있어 많은 비용이 발생하게 됨은 물론 사업의 전개에 있어서도 막대한 지장을 초래하게 된다. 더욱 큰 문제는 소비자가 거래하는 수많은 기업과의 관계에서 제공된 개인정보를 소비자가 모두 관리하기는 어려우며, 전자상거래가 소비생활에 차지하는 비중이 커지면서 거래 시 필수적으로 개인정보를 제공해야 하기 때문에 소비자가 직접 정보통제력을 가지는 것으로 정보보호 문제를 해결하기에는 소비자의 개인정보 관리에 요구되는 시간과 노력의 비용이 지나치게 커질 수 있다는 것이다. 따라서 소비자가 자신의 개인정보에 대해 충분히 통제할 수 있는 권한을 보장하되, 법과 제도를 통해 개인정보가 최대한 안전하게 관리되고 부당한 수집과 이용을 배제할 수 있어야 한다. 이에 국내의 개인정보보호법의 규제 현황과 각국의 개인정보보호 제도를 살펴보고자 한다.

1) 개인정보보호법

(1) 개요

2011년 3월 제정된 개인정보보호법은 공공 및 민간부문의 모든 개인정보처리자를 법의 적용 대상으로 하여 개인정보의 수집, 이용, 제공 등 단계별 보호기준을 제시하고 있다. 동법의 제정목적은 개인정보의 처리 및 보호에 관한 사항을 정하여 개인정보의 수집, 유출, 침해, 오남용 등의 문제로부터 개인의 자유와 권리를 보호하고, 나아가 개인의 존엄과 가치를 구현하기 위한 것이다.

개인정보보호법은 다른 법률과의 관계에서 일반법적인 지위를 갖는다. 제6조에서는 "개인정보보호에 관하여는 다른 법률에 특별한 규정이 있는 경우를 제외하고는 이 법에서 정하는 바에 따른다."라고 명시하여 모든 분야의 개인정보처리 시 동법을 적용받게 됨을 의미한다. 법 제정 전에는 분야별 개별법이 있는 경우에 한하여 개인정보 처리에 관한 규제를 받았으나, 동법의 제정으로 공공과 민간부문의 모든 개인정보처리자가 법의 적용대상이 되어 적용범위가 크게 확대되었다. 또한 컴퓨터 등에 의해 처리되는 전자화된 개인정보파일 이외에도 종이로 된 문서까지 개인정보보호의 범위에 포함하였으며, 폐쇄회로 텔레비전(CCTV)과 같은 영상정보처리기기에 의한 개인정보 보호를 규제의 대상으로 포함하였다.

(2) 개인정보보호 처리단계별 의무사항

동법에서는 개인정보의 수집 및 이용, 제공, 파기와 같이 개인정보보호의 처리단계별 의무사항이 규정되었다. 먼저 개인정보 수집에 있어서는 필요한 최소한의 정보만을 수집하도록 하고 있다(제16조). 이때 수집한 개인정보가 최소한의 범위라는 것을 입증하는 책임은 개인정보처리자가 부담하도록 하고 있다. 또한 개인정보처리자는 정보주체가 필요한 최소한의 정보 이외의 개인정보 수집에 동의하지 않는 것을 이유로 정보주체에게 재화나 서비스의 제공을 거부하지 못하도록 금지하고 있다. 개인정보 수집의 최소 범위를 특별히 규정하고 있는 조항으로, 제23조와 제24조에서는 민감정보와 주민번호 등의 고유식별번호의 처리를 원칙적으로 제한하고 있다. 이에 따라 개인정보처리자는 사상, 신념, 노동조합·정당의 가입·탈퇴, 정치적 견해, 건강, 성생활 등의 민감정보를 처리할 수 없도록 하고 있으며, 별도의 규정에 해당하지 않는 경우 주민등록번호를 수집할 수 없다. 이에 따라 인터넷 회원가입 단계에서 주민등록번호 이외의 방법으로 회원으로 가입할 수 있는 방법을 제공하도록 하고 있다. 개인정보의 이용에 있어서는 수집목적에 해당하는 범위 내에서만 이용하도록 규정하고 있다(제18조). 개인정보의 수집과 이용의 목적이 변동될 경우 이를 정보주체에게 알리도록 규정하고 있다(제15조). 개인정보처리자로부터 정보를 제공받은 제3자의 경우 제공받은 목적을 초과하여 개인정보를 이용할 수 없도록 규정한다(제19조). 개인정보의 제공에 있어서는 제3자에게 개인정보를 제공할 경우 정보주체의 동의를 받도록 하였으며(제17조), 정보주체가 동의한 범위를 초과하여 제3자에게 제공할 수 없도록 규정하고 있다(제18조).

동법 제21조에서는 개인정보의 보유기간이 경과하였거나 개인정보 처리목적을 달성한 경우 등 개인정보가 불필요하게 되었을 때 지체 없이 개인정보를 파기하도록 하고 있다. 이때 파기한 개인정보는 복구 또는 재생되지 않도록 파기하는 것을 원칙으로 한다.

(3) 개인정보관련 국민의 권리 보장

개인정보보호법은 개인정보의 수집, 이용, 관리, 제공 등의 일련의 처리단계를 규정하는 것에서 더 나아가 개인정보의 정보주체가 가지는 권리를 보장하는 내용을 포괄한다. 이러한 측면에서 정보주체는 개인정보처리자가 처리하는 자신의 개인정보에 대한 열람을 요구할 수 있으며, 열람한 정보의 정정 및 삭제를 요구할 수 있도록 하였다(제35조 및 제36조). 제34조에서는 개인정보의 유출 시 지체 없이 이를 정보주체에게 유출사실을 통지하도록 하였으며, 정보주체는 개인정보처리자가 이 법을 위반한 행위로 손해를 입은 경우 개인정보처리자에게 손해배상을 청구할 수 있다(제39조).

2) 개인정보보호를 위한 국제규범

국경을 초월한 상거래가 늘어나면서 소비자의 개인정보보호 문제는 국제적 이슈로 부상하고 있다. 따라서 각국의 개인정보보호법제를 살펴봄으로써 개인정보보호에 관한 국제적 동향을 알아보고자 한다.

(1) 주요국가별 개인정보보호

① 독일

독일은 개인정보보호를 중요한 국가적 이슈로 인식하고 개인정보보호지침을 공공부문과 민간부문에 걸쳐 적용하면서 급변하는 정보사회 속에서 개인정보보호를 위해 국가 주도로 철저한 노력을 기울이고 있다. 1970년에 주정부 및 국가 차원에서 최초의 정보보호법을 제정하였으며, 연방법으로서는 처음으로 [정보처리에 있어 개인에 관한 정보 남용방지에 관한 법률]을 1977년 마련함으로써 개인정보보호에 관한 포괄적인 법적 근거를 마련하였다. 동법은 공공기관 및 비공공기관의 개인정보처리의 원칙, 처벌 및 각종 규정 등으로 구성되어 있으며 개인정보 처리에 있어서 목적 외 사용금지를 원칙으로 하고 있다.[1]

그 후 정보통신의 발달과 기존 법률의 시행에서 도출된 문제점들을 개선하기 위해 공공부문 및 민간부문 모두를 포괄하고 있는 일반법으로서의 [연방개인정보보호법]

---

[1] 추가로 개인정보보호를 위한 기술적인 부분까지 조치를 강구하고 있다.

을 1991년 제정하였다. 동법의 특징은 첫째, 법률의 적용범위가 크게 확대되어 정보처리에 이용되는 정보뿐만 아니라 공공기관의 수기자료를 포함한 개인에 관한 모든 정보도 적용대상으로 규정하고 있다. 또한 개인관련정보의 보호범위를 정보가 조사되어 저장, 변경, 전달, 삭제, 이용 등의 처리과정을 거쳐 익명화할 때까지로 규정한다. 둘째, 정보주체의 권리가 강화되어 공공부문의 개인정보처리와 관련한 정보에 접근 및 질의권, 통지를 받을 권리, 교정, 삭제 및 차단권, 개인정보처리자에 대한 이의제기권, 연방 개인정보보호 및 정보자유관에 대한 탄원권을 보장하고 있다. 민간부문에서도 개인정보 처리에 관한 통지를 받을 권리, 개인정보처리와 관련한 정보에 접근 및 질의권, 교정, 삭제 및 차단권 등을 보장한다. 개인정보처리자가 동법이나 기타 다른 개인정보보호 관련 규정을 위반하여 정보주체에게 손해를 입힌 경우 정보주체에게 손해배상을 하도록 하고 있다. 셋째, 반드시 필요하다고 인정하는 범위에 한해서 최소한의 개인정보를 수집하고 사용하도록 하는 목적 명확화의 원칙[2]을 규정하고 있다.

② 영국

1960년대부터 프라이버시권의 보호를 위한 태동이 시작된 영국은 1975년 '컴퓨터와 프라이버시에 관한 보호조치'라는 백서를 발간하여 정보보호위원회 설치의 뜻을 적극 피력함에 따라 영국은 공공부문과 민간부문 모두를 대상으로 하는 옴니버스 형식의 [데이터 보호법]을 1984년 제정하게 되었다.

동법은 공공·민간부문의 컴퓨터에 의해 처리되는 개인정보보호를 위한 법으로서 개인정보보호의 범위, 정보보호의 기본원칙, 정보보호 등록소 및 심판소의 설치, 개인정보처리의 등록 및 감독, 정보 주체로서의 정보정정권, 삭제권 행사의 한계 등을 규정하고 있다.

그 후 OECD의 [개인정보보호의 지침]의 8개 원칙을 수용하여 정보처리에 보다 엄격한 조항을 부여하는 새로운 모습의 [개인정보보호법]을 1998년 마련하였다. 동법에서는 EU회원국들 간에 시행하고 있는 '데이터보호등록관'[3] 제도를 시행하고 있는데 이 제도에서는 개인정보를 보유하고 이용하고자 하는 업체나 개인은 정보등록소에

---

[2] 그 외에 독립적인 정보보호 감독관에 관한 규정 등을 두고 있다.
[3] 데이터보호등록관은 영국 여왕이 직접 임명하는 공무원으로 임기는 5년이다.

소유정보의 내용과 이용목적 등을 미리 서면으로 신고하도록 하고 있다. 또한 등록관리소에 등록되지 않은 개인정보는 결코 소유하거나 이용할 수 없도록 규정하고 있다. 그리고 정보사용 시 항상 발생 가능한 분쟁을 해결하고 중재역할을 담당하는 '데이터보호심판소'⁴를 설치하도록 하고 있다. 현재 영국은 개인정보보호를 국가차원의 중요한 과제로 인식하고 각종 법안을 마련하여 시행하고 있다.

③ 미국

미국은 정보사회에서 나타날 수 있는 개인의 사생활침해를 일찍이 인식한 나라 중 하나이지만 개인정보보호에 관해 포괄적으로 적용할 수 있는 일반적 법률은 제정하지 않았으며, 필요에 따라 부분적이고 개별적인 입법조치를 취해왔다. 이는 개별적인 영역에서 구체적으로 개인정보를 보호하고 규율하기 위한 방안으로 해석할 수 있다.

1972년 워싱턴 DC에 있는 민주당 본부 건물에 도청장치를 해 정치적으로 커다란 문제를 야기시켰던 워터게이트(Water Gate) 사건 이후 미국의회와 컴퓨터업계의 노력으로 연방행정기관의 개인정보 취급원칙을 규정하는 [프라이버시법(Privacy Act)]을 1974년 제정하게 되었다.

그 후에도 정치, 경제, 의료, 통신분야 등 각 분야별로 필요한 사항을 규정하는 [전자통신 프라이버시법](1986)과 전화나 팩스를 통한 불요청 광고메시지를 금지하는 [전화소비자 보호법](1991) 등 필요에 따라 각 분야별 법제정으로 개인정보를 보호하고 있다. 이러한 입법방식은 사회적 요구가 변화하거나 기술이 발전됨에 따라 달라져야 하는 법체계를 유연하게 작동시킬 수 있다는 점에서 장점이 있으나, 사안별로 이해관계가 대립될 수 있다는 우려가 있다.

미국은 개인정보보호를 위한 지나친 정부관여는 정보기술의 발전과 업체들의 자유로운 경제활동을 저해할 가능성이 크다고 판단하고 개인정보보호 문제를 민간자율에 맡기고 자율규제가 실패한 경우에만 정부가 개입해야 한다고 주장해 왔다.

최근 미국 산업계는 자발적으로 일련의 개인정보보호 원칙을 성실히 준수하고 개인정보의 안전성 및 무결성을 보장해주고 있음을 대외적으로 알리기 위해 세이프하

---

⁴ 데이터보호심판소는 검찰총장과 협의 후 대법관이 임명한 의장과 주무장관이 임명하는 위원들로 구성된다.

버 원칙(Safe Harbor Principles)을 발표[5]하는 등 EU 공동체연합국가들과 통상마찰을 줄이기 위해 노력하고 있다. 세이프하버 원칙은 1998년 10월 발효된 EU 지침의 규정된 수준에 맞게 개인정보보호체계를 갖추지 못한 제3국으로의 개인정보 국외 이전을 제한하는 것으로, 미국이 자국의 피해를 막는 성격이기는 하지만 이 원칙을 따른다는 것이 유럽위원회로부터 개인정보보호 관련 적정성을 확인받는 것으로 간주되는 바, EU 회원국과 별도의 협의나 논의를 진행할 필요가 없어지는 효과가 있다(개인정보보호위원회, 2012).

④ 일본

일본은 1970년대 이후 공공부문을 중심으로 전산화된 개인정보의 처리에 대한 관심이 높아졌다. 이에 정보보호 차원에서 [전자계산기처리 정보보호관리준칙]을 1976년 제정하였다. 그 후 공공기관의 개인정보 침해가 문제시되면서 행정기관의 컴퓨터를 통해 처리되는 개인정보의 취급 및 이용에 관한 기본 원칙을 규정하고 처리된 정보에 대한 개인의 접근권 및 통제권이 어느 정도 보장된 [행정기관이 보유하는 전자계산기처리에 관한 개인정보의 보호에 관한 법률]을 1988년 제정하게 되었다.

　공공부문에서는 개인정보보호에 관련된 법률이 제정되었으나, 민간분야에서는 개인정보보호법이 미비하였다. 자유로운 기업활동에 지장을 줄 수 있다는 우려로 인해 공공부문의 개인정보보호법 제정 당시 민간부문의 규제가 포함되지 못하였기 때문이다. 그러나 통산성에서는 인터넷 및 통신기술의 급속한 발달로 개인정보 유출사건이 속출하자 유럽 주요 선진국의 개인정보보호지침을 토대로 '개인정보보호 가이드라인 개정안'을 발표하고 [개인정보보호법]을 1997년 확정하여 민간부문에서 수집, 처리, 이용되는 개인정보의 적절한 보호규정을 마련하였다. 동법은 2003년 정식 입법되어 2005년 4월 발효되었다. 일본의 개인정보보호법의 주요내용은 민간부문, 행정기관, 독립행정법인을 대상으로 하는 법률내용과 이의신청 시 심의위원회 관련법률, 공적 부문과 관련된 부분을 조정하는 정비법으로 구성된다. 현재 2015년 3월 정부의 개인정보보호법 개정안이 확정되어 심의 중에 있으며 개정안에 따라 개인정보보호위원

---

[5] 세이프하버(Safe Harbor) 원칙은 미국 상무부가 미 산업계 대표에게 보낸 서한으로 EU와의 통상마찰을 줄이기 위한 미국 노력의 일환으로 1998년 11월 4일 발표되었다.

회를 설치할 예정이다. 일본의 경우 기업이 개인정보보호를 위한 가이드라인을 잘 준수하고 있는지 개인이 판단하기 어렵다는 점을 고려해 제3자에 의한 평가에 따라 프라이버시 마크를 부여하는 제도를 시행하고 있다. 이 마크를 취득하지 않을 경우 일본 내에서 기업운영이 사실상 어렵다는 점에서 기업의 마크 취득 노력이 높은 편이며, 약 1만 4천 개의 기업이 이 마크를 취득하고 있다.[6]

(2) 국제적 규범

① OECD 지침

경제협력과 함께 국제적으로 유통되는 정보에 관심을 갖고 있던 OECD는 일찍부터 프라이버시보호에 관한 지침마련에 들어갔다. 1977년에는 프라이버시보호에 관한 회의를 개최하여 민간·공공부문을 망라한 개인정보의 유통실태와 문제점들을 파악하고 개인정보보호지침을 제정하였다.

하지만 많은 나라가 모인 협력기구인 만큼 각 나라 사정은 상이했고 정보보호 관련 법규도 미흡할 뿐 아니라 분야별로 필요에 따라 산발적으로 이루어지는 등 각 나라의 정보보호정책간 통일성이 결여된 상황이었다. 그후 산발적으로 이루어지는 정보보호 정책을 통합하고 국가적, 지역적, 국제적인 정보유통질서를 확립하고자 [프라이버시 보호와 개인데이터의 국제유통에 대한 가이드라인에 관한 이사회권고안]을 1980년에 제정하였으며, 이 가이드라인은 2013년에 개정되었다.

표 8-1에 정리한 동지침은 프라이버시보호뿐 아니라 정보의 자유로운 흐름도 막지 않을 것을 목적으로 적용대상을 공공·사적 부문을 초월한 특정 개인과 관련된 모든 정보로 규정하고 있다. 그리고 여기에서 밝힌 개인정보보호에 관한 8원칙은 OECD 회원 국가뿐만 아니라 우리나라, 일본을 비롯한 세계 각국의 개인정보보호법 제정에 중요한 모델이 되었다.

② EU

EU(Europe Union)는 개인정보보호를 위해 필요에 따라 부문별로 입법화하기보다는

---

[6] 한국정보화진흥원과 고려대학교 법학연구원 사이버법센터가 공동주최한 한·일 개인정보보호 전문가 토론회 (2015.5.15)의 일본 게이오대학교 Fumio Shimpo 교수의 토론내용 인용

표 8-1 OECD 개인정보보호지침

원칙	내용
수집제한의 원칙	개인정보의 수집에는 제한이 있어야 하며, 이와 같은 데이터는 적법하고 공정한 방법에 의해 적절한 곳에서, 정보주체의 동의 또는 인지 아래 수집되어야 한다.
정보의 질에 대한 원칙	개인정보는 사용하고자 하는 목적에 관련되어야 하며 그러한 목적에 필요한 범위 내에서 정확하고 완전하며 최신의 정보여야 한다.
목적 명시 원칙	개인정보가 수집되는 목적은 정보의 수집시점 이전에, 그리고 목적 달성을 위한 사용 또는 목적과 상충되지 않는 범위의 사용이나 변경을 명시한 때의 사용 이전에 명시되어야 한다.
사용제한의 원칙	개인정보는 목적 명시의 원칙에 따라 명시된 목적 이외에 사용될 수 없으며 공개되거나 이용 가능해서는 안 된다. 단, 정보주체의 동의가 있거나 법률에 의한 허가가 있는 경우에는 가능하다.
안전성 확보의 원칙	개인정보는 분실, 허가되지 않은 접근, 파괴, 사용, 수정, 공개의 위험으로부터 합리적인 보안 안전장치에 의해 보호되어야 한다.
공개의 원칙	개인정보에 관한 개발, 실행, 정책에 대해 공개하는 방침이 있어야 한다. 개인정보의 존재와 성질, 그리고 개인정보 관리자의 신원 및 주소를 비롯하여 정보를 이용하는 주된 목적을 쉽게 확인할 수 있어야 한다.
개인 참여의 원칙	개인은 다음과 같은 권리를 가진다. • 개인정보관리자로부터 또는 다른 방법으로 자신에 관한 정보를 보유하고 있는지에 대해 확인할 수 있는 권리 • 개인정보에 관해 적절한 시간, 적절한 비용, 적절한 방법, 그리고 쉽게 이해할 수 있는 적절한 형식으로 커뮤니케이션할 수 있는 권리 • 이러한 요청이 거부되었을 때 그 사유에 대해 알고 이의를 제기할 수 있는 권리 • 자신에 관한 정보에 대해 이의를 제기하고 이의제기가 수용되었을 경우 정보의 삭제, 정정, 보완, 수정할 수 있는 권리
책임의 원칙	개인정보관리자는 위의 원칙들을 실행하기 위한 조치를 따라야 하는 책임이 있다.

출처 : OECD(2013). OECD Guidelines on the Protection of Privacy and Transborder Flows of Personal Data. www.oecd.org

표 8-2 EU 개인정보보호에 관한 원칙

원칙	내용
목적제한의 원칙	개인정보는 특정 목적을 위해 처리, 이용되며, 이전 목적에 반하지 않는 한 유통될 수 있다.
정보의 질, 비례의 원칙	정보는 정확하여야 하며 필요하면 갱신되어야 한다. 정보는 이전·처리의 목적과 관련하여 적절하고 과도하지 않아야 한다.
투명성의 원칙	개인은 정보가 처리되는 목적과 제3국에서 당해 정보를 관리하는 주체, 기타 공정성을 확보할 수 있는 정보를 알 수 있어야 한다. 유일한 예외는 EU 지침 제11조 2항과 제13조에 규정되어 있다.
안전성의 원칙	정보를 관리하는 자는 정보처리상의 위험에 비추어 적당한 기술적 및 관리적 보안조치를 취하여야 한다. 그의 감독하에 정보를 취급하는 자도 정보관리자의 지시를 따라야 한다.
열람, 정정, 거부의 권리	정보의 주체는 그에 관한 모든 정보를 열람할 수 있어야 하며, 부정확한 정보는 이를 정정하고, 일정한 경우에는 그에 관한 정보의 처리를 거절할 수 있어야 한다.
정보이전의 제한	개인정보를 수령한 자가 이를 다시 전송하고자 할 때에는 제2의 정보수령자가 적절한 수준으로 이루어지는 개인정보보호의 규정의 적용을 받고 있어야 한다.

출처 : 전은정, 김학범, 염흥열(2012). 유럽의 개인정보보호 법·제도 동향. 정보보호학회지, 22(2), 58-72.

적극적인 모습으로 전체를 포괄할 수 있는 일반적인 원리들을 규정하고 있다. 유럽연합산하 단체인 각료회의이사회(European Council)는 개인의 권리와 자유 및 프라이버시권의 보호원칙을 포함하는 [개인정보처리에 대한 개인의 보호 및 개인정보의 자유로운 이용에 관한 지침]을 1995년 제정하였다.

동법은 프라이버시의 보호와 유럽연합 국가 내에 정보의 자유로운 흐름을 지향하고 있다. 그리고 제정된 목적은 온라인 네트워크상의 개인정보보호만을 위해 제정된 것이 아니라 정치, 경제, 행정 등 개인정보가 수집, 처리되는 모든 영역을 규정하기 위해 제정되었다. 대외적으로는 개인정보보호 대책이 기준 이상 충분히 정립되지 않은 제3국에는 정보주체의 명확한 사전 동의가 있는 경우를 제외한 모든 개인정보의 이전에 대해 금지하고 있다.

이후 사이버공간에서의 활동이 빈번해지자 유럽연합은 기존의 지침들을 더욱 보강하여 네트워크상에 많은 비중을 둔 [전자통신 분야에서의 개인정보 처리 및 프라이버시보호에 관한 지침]을 제정하였으며, 포괄적으로 적용 가능한 개인정보보호에 관한 일반법을 제정하기 위한 규칙과 지침을 지속적으로 마련하고 있다. EU 지침은 유럽연합에 가입된 국가는 물론 유럽경제지역에 대해 적용된다. EU의 개인정보보호에 관한 원칙은 표 8-2와 같다.

제 9 장

초연결사회의 소비자운동

시간과 공간에 구애받지 않고 누구나 정보를 교류할 수 있고 네트워크의 연결성
이 극대화된 초연결사회가 도래하면서 소비자운동에도 변화가 일고 있다. 상품
이나 서비스에 대한 사용소감과 불만사항, 구매정보 등을 사이버공간에서 교류하는
새로운 소비자운동의 형태인 사이버 소비자운동이 기존의 소비자운동의 형태를 바꾸
고 있다.

사이버 소비자운동은 이미 많이 실시되고 있는 소비자운동 형태로서 기존 소비자운
동에 비해 정보교류도 활발하고 소비자들의 폭넓은 의견을 다양하게 수렴할 수 있다
는 것이 장점이다.

정보통신기술의 발달은 소비자 주권을 신장시키는 데도 긍정적인 효과를 주고 있
다. 가장 좋은 예가 바로 인터넷을 통한 네티즌 소비자의 힘이다. 과거에는 기업이나
상품에 문제가 있을 경우 직접 기업을 찾아가거나 거리에서 시위로 문제제기를 하였
다. 그러나 인터넷 시대에 소비자는 시간과 비용을 거의 들이지 않고 온라인 커뮤니티
를 통해 의견을 게시하거나 SNS를 이용하여 문제를 제기하고 더 많은 소비자의 동참
을 유도할 수 있게 되었다. 또한, 인터넷의 발전은 소비자의 정보력도 높여 주기 때문
에 소비자에게 많은 힘을 실어주게 된다.

인터넷이 새로운 커뮤니케이션 수단으로 자리잡으며 가상공간에서의 소비자 파워

는 갈수록 위세를 더하고 있다. 여론 형성이 과거 오프라인 시대와는 비교할 수 없을 정도로 빠르고 넓게 이루어지면서 시장에서의 힘의 우위가 공급자에서 소비자에게 넘어가고 있는 것이다.

　따라서 본 장에서는 초연결사회에서의 소비자운동에 대해 그 특성과 형태, 그리고 앞으로의 전망에 대해 살펴보기로 한다.

1 초연결사회의 소비자운동 특성

지금까지 소비자운동은 사회적 환경과 경제수준에 따라서 다양한 쟁점과 대상으로 전개되어 왔다. 기존의 소비자운동은 상품의 질이나 가격 및 공정한 거래, 그리고 안전성에 초점을 두고 소비자의 권익을 보호하는 운동이 주류였다. 그러나 초연결사회에서는 소비자의 정보력을 바탕으로 하여 소비자 스스로가 정보의 제공자이자 의견선도자로서 인터넷을 기반으로 하여 소비자운동의 주체세력으로 등장하게 되었다.

　인터넷을 통한 소비자운동은 무엇보다 소비자와 기업, 소비자 간의 쌍방향(two-way) 커뮤니케이션이 빠르고 자유롭다는 것이 가장 큰 장점이다. 온라인상으로 소비자들이 궁금한 점이나 피해사례 등을 게재하면 기업의 온라인 상담 및 홍보 담당자는 빠르고 자세한 답변을 주고 그 적절한 처리과정을 알려주어 같은 유형의 피해를 입은 사람들에게 선례로 참고할 수 있도록 하는 것이다. 초연결사회의 소비자운동의 특성에 대해 살펴보면 다음과 같다.

1) 소비자주도의 운동

인터넷을 통한 소비자와의 쌍방향 커뮤니케이션의 발달로 소비자들 간의 정보교류도 활발하고 소비자들의 폭넓은 의견을 다양하게 수렴할 수 있다. 즉, 소비자들의 여론 형성이 과거와는 비교할 수 없을 정도로 빠르고 넓게 이루어지면서 소비자주권이 신장되고 있다. 소비자들은 스스로 권리 찾기에 나서고 있으며, 이른바 '소비자 주권시대'가 열리고 있는 것이다. 단순한 피해보상을 넘어 회사 측의 제도 개선을 요구하는 소비자운동으로 발전하는 경우도 있다.

　동일 상품군이나 동일 브랜드의 제품을 사용하는 소비자들이 모여 온라인 유저 커뮤니티를 형성하고 그 안에서 제품에 관한 경험과 정보를 공유하고 문제점을 조목조목 지적하기도 한다. 나아가 같은 입장을 가진 소비자를 대표하여 커뮤니티 측에서 해당 기업에게 서비스의 개선을 촉구하기도 한다.

소비자운동이 온라인으로 옮겨오는 초기에는 기업의 안티사이트가 많이 개설되었다. 특정 기업의 제품이나 모델이 소비자문제를 일으키는 경우 그에 대한 집단적 움직임이 안티사이트의 형태로 나타났던 것인데, 대표적인 것이 국내의 한 휴대전화 제조사의 특정 모델 사용자가 대부분 동일한 버그를 경험하고 정상적으로 휴대전화를 사용할 수 없게 되면서 업체에 교환이나 환불을 요구하면서 개설된 안티사이트이다. 초기의 이러한 안티사이트는 소비자가 기업과 쌍방향으로 소통하기 어려운 가운데 소비자의 목소리를 강력하게 나타내기 위한 수단으로 사용되었다. 최근 이러한 안티사이트는 대부분 자취를 감추었다. 일부 기업은 당시 안티사이트의 확산을 막기 위해 해당 도메인을 사들이기도 하였으며, 근거 없이 기업을 비방하는 글에 대해 삭제를 요구하는 등 적극적으로 대처하였다. 또한 이와 같은 소비자들의 온라인상에서의 움직임이 기업에 상당한 부담을 안겨주게 되면서 기업은 소비자와 소통할 수 있는 온라인 공간을 개설하여 1 : 1 온라인 상담이나 원격지원 등의 서비스를 제공함으로써 이와 같은 소비자의 움직임에 대응하기 시작하였다. 그 결과 현재 안티사이트라는 명칭을 내걸지 않더라도 이용자 모임이나 동호회 등의 형태를 띠는 온라인 커뮤니티에서는 소비자 간에 활발한 정보공유가 이루어지거나 기업의 부당한 소비자대우나 제품의 하자나 결함과 같은 문제가 발생할 경우 이에 대한 문제제기를 하는 역할을 수행한다.

기존의 소비자운동은 '소비자 없는 소비자운동', 즉 소비자의 적극적 참여가 결여된 채로 몇몇 운영진의 기획과 활동에 의존하는 운동, 그리고 소비자들은 언론의 보도를 통해서 단체의 활동내용을 듣게 되는 식의 운동이 이루어져 왔다. 이러한 운동방식으로 인해 많은 소비자들은 무임승차자로 혜택을 보고 의식 있는 소비자운동가들은 개인적 복지가 희생되는 결과를 초래하였다. 따라서 기존의 소비자운동은 소비자가 주체가 되기보다는 보호를 받는 수동적인 입장이고 권익을 신장시킬 대상으로 인식된 반면, 사이버 소비자운동은 소비자 스스로가 소비자정보의 제공자이자 가공자가 될 수 있음 소비자운동을 이끌어 가는 주체가 된다는 점에서 기존의 소비자운동과의 큰 차이가 있다.

그러나 이러한 사이버 소비자운동의 문제점도 있다. 그들이 제공하는 정보가 전문적인 테스트 과정을 거치지 않은 경우가 많으며 다분히 주관적이며 무책임한 의견도 있을 수 있다. 간혹 이러한 소비자운동을 영리추구의 목적으로 삼는 경우도 있을 수 있다. 그러므로 이러한 소비자정보를 정확하고 합리적으로 받아들일 수 있는 소비자 자신들의 능력이 요구된다. 정보의 홍수, 정보의 바다에서 소비자들이 자신들에게 필요한, 유용한 정보만을 획득할 수 있는 능력이 개발되어야 한다.

2) 전문성과 다양성을 살린 운동

기존의 소비자단체나 기관주도형 소비자운동과 비교해볼 때, 사이버 소비자운동은 그 내용적인 측면에서 매우 전문성을 살린 활동들이 많다는 것도 특징이라고 할 수 있다. 기존의 소비자운동은 소비자의 문제인식이나 필요에 의한 운동이라기보다는 운동주체에 의한 캠페인성 활동이 주류를 이루었기 때문에 전문성이 확보된 소비자운동이나 관심 있는 소비자의 참여 유도가 매우 어려웠다. 반면 초연결사회의 사이버 소비자운동은 소비자에 의해 제기된 특수한 운동형태가 인터넷을 매개로 하여 자연스럽게 소비자들을 참여시킴으로써 전문성을 살린 소비자운동을 가능케 하는 것이다.

한편, 인터넷 속에 무한히 존재하는 디지털정보에 관한 상업적 가치가 인식되기 시작하면서 다양한 분야에서 소비자운동을 주목적으로 하는 전문사이트들이 속속 등장함에 따라 소비자운동의 다양성 측면에서 매우 긍정적인 효과가 나타나고 있다. 현재 사이버 소비자운동의 유형으로는 상품과 서비스 선택과 관련하여 소비자에 의해 제공되는 다양한 소비생활정보 외에도 소비자패널조사, 제품모니터링 및 제품평가, 소비자피해상담 및 구제, 반기업 온라인 활동, 소비자 커뮤니티형성 및 활동 등 소비자의 적극적인 참여에 의한 소비자주도의 정보형성과 소비자가 주체가 되어 활동하는 사이버 소비자운동이 확산되고 있는 추세이다.

3) 네트워킹화하는 운동

국경 없는 세계경제로 나아감에 따라 대부분의 소비자문제가 초국가적으로 나타나고 있다. 소비자운동 또한 이러한 상황 속에서 세계적인 연대운동의 네트워킹 없이 운동의 전망을 찾지 못할 것이다. 그러한 연대운동의 중심에는 늘 생활영역에서 창출된 지식정보의 끊임없는 교류와 새로운 가치와 원칙의 재발견이라는 슬로건이 자리하고 있다.

따라서 세계 소비자운동의 수준이 크게 달라지고 있다. 국제기구의 결정이 각국의 소비자에게 미치는 영향이 더욱 커지고 있다. 예전엔 자국 정부나 기업을 상대로 소비자운동이 이루어졌지만 이제는 국제기구에 대항하는 등 세계적인 소비자운동으로 변화되고 있다. 이에 따라 소비자단체의 국제기구인 국제소비자기구(Consumers International, CI)의 전략도 크게 바뀌고 있다. 과거엔 각국 수준에 맞는 정책을 개발하고 개별국가의 소비자단체들에 조언하는 수준이었지만 이제는 어떻게 전지구적 차원의 캠페인을 제대로 해낼 것인가에 집중되어 있다.

이와 같이 소비자운동이 한 나라의 울타리 안에 머무르지 않고 국제적인 운동으로 바뀌게 된 것은 무엇보다 바로 통신수단의 발달에 있다. 예전엔 직접 각국을 방문하거나 국제전화를 통해야만 각국 소비자단체의 연대활동이 가능했지만 이제는 이메일 하나로 동시에 수십 개국에 산재한 소비자단체 간부들과 협의가 가능하다. 1999년 미국 시애틀에서의 세계무역기구 각료회의 때 시애틀뿐만 아니라 런던 등 유럽 각 도시에서 동시다발적으로 시만단체들이 시위를 벌일 수 있었던 것도 바로 이 때문이다.

또한 국경을 초월한 전자상거래에 대한 소비자와 소비자단체의 관심이 증대한 것도 큰 변화이다. 예를 들면 미국의 추수감사절 이후 파격적인 할인시즌인 블랙프라이데이에 이른바 '해외직구'를 하는 소비자들이 급격하게 증가하면서 국제적 분쟁이 늘어나고 있어 소비자들의 주의가 요구되고 있으며 이와 관련한 대책마련이 시급한 실정이다. 그러나 국제적으로 통일된 분쟁해결의 방안이 정착되지 못하고 있어 국제적 전자상거래에 관한 한 아직 소비자 권리를 보장할 법과 제도가 미비한 실정이다. 국경 없는 시장으로 나아감에 따라 앞으로 국제적 전자상거래의 소비자분쟁은 더욱 늘어날 것으로 보인다. 따라서 소비자운동의 세계화와 각국 소비자단체의 국제적 연대나 협력 필요성을 증진시키게 될 것이다.

이상과 같이 초연결사회의 소비자운동의 특성은 소비자주도의 운동, 다양성과 전문성이 확보된 운동, 전 세계적으로 네트워킹화되는 운동 등으로 요약해 볼 수 있다.

늘어나는 해외직구

최근 전자상거래의 새로운 거래형태로 '해외직구'가 주목받고 있다. 국내보다 저렴한 가격에 동일한 상품을 구매할 수 있거나 국내에 유통되지 않는 상품을 구매하고자 하는 경우 해외직구를 이용하는 소비자가 늘어나고 있는 것이다. 해외직구가 늘어남에 따라 관련 소비자불만과 피해도 급증하고 있는 것으로 나타났다.

한국소비자원에 따르면 2015년 상반기 해외직구 관련 상담건수가 3,412건인 것으로 집계되어 전년동기에 비해 약 2.7배 증가한 것으로 나타났다. 해외직구의 경우 대상국가나 품목이 다양하고 처리에 따르는 시간이나 비용이 상당하다는 점에서 소비자들의 피해가 발생하지 않도록 예방하는 것이 중요하다.

해외직구 시 주의해야 할 사항을 살펴보면, 크게 구매품목에 관련된 문제, 대금결제 문제, 배송문제 등이 있다.

먼저 해외직구를 할 때에는 해당 상품이 국내에 수입이 금지된 품목이 아닌지 확인해야 할 필요가 있다. 또한 해외제품의 특성을 파악하여 전압이나 주파수, 사이즈 등을 따져볼 필요가 있다. 특히 고가의 내구재의 경우 A/S가 필요할 경우 'World Warranty'를 제공하는지 여부가 중요하게 고려되어야 한다.

구매 시 대금결제와 관련해서는 결제수단을 신중하게 선택하는 것이 좋다. 반품이나 취소 시 지급정지를 요청할 수 있는 신용카드를 이용하는 것이 좋으며, 신용카드로 결제 시 결제통화는 원화보다 달러를 선택하면 환전에 의한 수수료를 피할 수 있다.

해외직구 중에서도 해외직접배송 방식으로 물건을 구입하는 경우 국내법을 적용받지 못하며, 문제가 발생하였을 때 해당업체의 고객센터를 통해 문의해야 한다. 따라서 가급적이면 유명한 인터넷쇼핑몰을 이용하도록 해야 하며, 문제발생 시 피해보상제도 등의 조건이 어떠한지 꼼꼼하게 따져볼 필요가 있다. 해외직접배송이 아니라 국내의 해외구매대행 사이트를 이용하는 경우에는 국내법이 적용되어 제품을 공급받은 날부터 7일 이내에 청약을 철회하는 것이 가능하다. 다만 소비자의 사유로 인한 청약철회 시에는 제품의 반환에 드는 비용을 부담해야 한다. 이때 업체와 원만하게 해결하기 어려운 경우에는 1372 소비자상담센터를 통해 피해구제방법을 안내받을 수 있다.

2 초연결사회의 소비자운동 형태

인터넷을 기반으로 하는 사이버 소비자운동의 형태는 크게 소비생활정보제공 및 소비자상담, 소비자피해고발 및 상담, 상품사용경험 및 평가, 소비자패널조사, 온라인 반기업 활동으로 구분할 수 있다.

1) 소비생활정보제공 및 소비자상담

먼저 가장 많은 비중을 차지하고 있는 소비생활정보제공 및 소비자상담 사이트들은 대부분 민간 소비자단체나 정부의 소비자 업무 관련기관에서 운영하고 있는 사이트들로 물가나 가격정보를 포함한 다양한 상품 및 서비스정보와 소비와 관련된 법이나 생활상식, 그리고 소비자피해보상규정 등과 같은 정보를 제공하여 아울러 온라인상에서 소비자문제나 피해상담을 접수하고 해결해주고 있다. 이들 사이트들의 특징은 기존의 소비자단체가 수행해 오던 소비자정보수집활동이나 소비자상담 및 소비자운동과 관련된 정보를 온라인 상에 구축함으로써 기존의 소비자운동의 네트워크화를 추구하고 있다고 볼 수 있다.

2) 소비자피해고발 및 상담

소비자피해고발 및 상담을 제공하는 사이트들에서는 소비자들의 고발창구로서 다양한 상품과 서비스에 대한 제품불만사항이나 문제들을 상담하고 허위, 과장, 과대광고에 대한 소비자들의 의견접수를 통해 소비자문제를 해결하기 위해 노력한다. 오늘날 민간소비자단체는 온라인창구를 통해 소비자의 불만과 문제, 피해에 대한 정보를 수집하고 소비자를 대리하여 분쟁을 해결하기 위한 조치를 취하거나 소비자에게 적절한 해결방법을 제안하는 상담서비스를 제공한다. 또한 동일한 피해를 입은 소비자를 대표하여 단체소송을 진행하기도 한다. 예를 들어 한 민간소비자단체에서는 부당한 보험금 미지급이나 금융사의 개인정보 유출에 관한 단체소송을 진행하기도 하였다. 표 9-1은 소비생활정보를 제공하고 피해고발 및 관련 상담을 수행하는 소비자단체 및 기관에 대한 정보이다.

3) 상품사용경험 및 평가

상품사용경험 및 평가를 전문으로 운영하고 있는 사이트에서는 소비자들에 의해 직접 상품 및 서비스 사용 경험담이나 소비자가 추천하는 쇼핑가이드, 제품별 품질 평가, 사용소감, 제품구매 전후 소비자 의견교류 등의 정보를 제공하여, 소비자에 의해 소비자정보가 만들어지고 이용되는 전문 사이트로서 인터넷을 통한 쌍방향 커뮤니케이션의 실현이라고 할 수 있다.

그러나 상품평가에 관한 인터넷 사이트가 제공하는 정보가 전문적인 테스트 과정을 거치지 않은 것이라는 지적과 사용자에 의한 주관적인 평가가 소비자들에게 유용한 정보로서 역할을 할 수 있는지에 대해서는 문제점이 지적되고 있다. 또한 일부 상품평

표 9-1 소비생활정보제공 및 피해상담 단체 및 기관 사이트

소비자단체 사이트	기관 사이트
녹색소비자연대(www.gcn.or.kr)	한국소비자원(www.kca.go.kr)
한국 YWCA 연합회(www.ywca.or.kr)	1372 소비자상담센터(www.ccn.go.kr)
한국여성소비자연합(www.jubuclub.or.kr)	스마트컨슈머(www.smartconsumer.go.kr)
전국주부교실중앙회(www.nchc.or.kr)	참가격(www.price.go.kr)
한국소비자교육원(www.consuedu.com)	소비자위해감시시스템(www.ciss.go.kr)
한국YMCA전국연맹(www.ymcakorea.org)	소비자피해신고(www.econsumer.gov)
한국소비자연맹(www.cuk.or.kr)	전자거래분쟁조정위원회(www.ecmc.or.kr)
한국소비생활연구원(www.sobo112.or.kr)	한국인터넷진흥원 개인정보보호(privacy.kisa.or.kr)
소비자시민모임(www.consumerskorea.org)	개인정보보호 포털(www.i-privacy.kr)
한국부인회(www.womankorea.or.kr)	식품안전정보 포털(www.foodsafetykorea.go.kr)
한국소비자단체협의회(www.consumer.or.kr)	금융소비자보호처(consumer.fss.or.kr)

가가 기업으로부터 대가를 지불받아 작성되었거나 기업에서 홍보의 일환으로 소비자로 위장하여 평가를 작성하는 등 상품평가에 대한 신뢰성이 확보되지 않은 문제가 지적되기도 한다.

4) 소비자패널 조사

소비자패널 조사는 소비자가 직접 패널이 되어 기업제품이나 서비스에 대한 품질조사와 만족도 등에 대해 평가하는 전문 사이트로서 기업이나 생산자 측의 평가가 아니라 순수이용자 측면에서 우수한 고객 서비스 및 제품의 우수성을 정기적으로 측정하고 있다. 이러한 사이트의 특징은 반드시 회원제로 운영되며 일정기간 의무적으로 소비자패널로서 참여해야 하는 것을 원칙으로 하고 있다. 소비자패널 조사는 제품사용에 따른 평가를 중심으로 활동하는 사이트와 비교해볼 때, 소비자에 의한 평가라는 측면에서 유사점이 있다. 그러나 소비자들의 자유로운 제품평가보다는 기존 사이트에서 제시하는 양식과 틀에 의해 평가되기 때문에 제품과 서비스의 평가 및 만족도 조사에서 상대우위와 평가에 따른 서열화가 가능하여 소비자들에게 보다 체계적이고 객관적인 근거에 의한 정보를 제공해줄 수 있다는 이점이 있다.

믿을 수 없는 파워블로거

소비자들의 생생한 구매후기는 다른 소비자들의 좋은 소비자정보로 활용되곤 한다. 그러나 최근에는 상업적으로 블로그 후기를 올리는 경우가 많아짐에 따라 블로그 후기에 대한 소비자의 신뢰가 떨어지고 있다.

아기용품을 구매하기 위해 인터넷으로 정보를 찾아보던 소비자 A씨는 블로그와 카페 등에서 많은 사람들이 입을 모아 추천하는 아기용품이 모두 무상으로 상품을 제공받은 '체험단'의 후기였다는 사실을 알고 더 좋은 상품이 무엇인지 소비자의 솔직한 경험담을 듣고 싶어 이리저리 정보를 찾아헤맨 시간이 너무나 아까웠다고 전했다. 특히 아기용품의 경우 아직 육아경험이 없는 초보 부모들에게 생소한 상품과 브랜드가 많아 인터넷을 통해 얻는 정보에 의존할 수밖에 없는데, 이처럼 홍보의 목적으로 작성된 글이 소비자의 현명한 선택을 방해할 수도 있는 것이다. 특히 소비자의 후기 형식으로 작성된 블로그나 카페의 글은 광고목적으로 작성된 글인지 그렇지 않은지 쉽게 구분이 가지 않는 것이 문제이다.

소비자가 직접 경험해보지 않으면 그 질을 평가하기 어려운 경험재의 경우에는 이러한 후기 형식을 띤 광고가 중요한 홍보수단으로 활용되고 있다. 성형외과나 피부과 등에서 시행하는 미용목적의 의료서비스 역시 실제로 서비스를 이용해본 사람들의 체험담에 의존하는 소비자들이 많기 때문에 돈을 주거나 현물, 서비스를 무상으로 제공하고 후기를 작성하도록 하는 일종의 바이럴마케팅이 빈번하게 이루어진다.

특히 영향력이 큰 블로그를 운영하는 파워블로거의 경우 상품후기를 올리는 것으로 많은 수익을 올릴 수 있어 솔직한 후기를 통해 정보를 제공하는 것이 아니라 상품과 서비스를 제공해주는 기업이나 판매자의 입맛에 맞는 후기를 작성하게 되는 경우가 많다는 것이다. 파워블로거가 올린 글 하나로 상품이나 서비스의 전체적인 평판이 좌우되기도 한다는 점에서 기업은 파워블로거를 홍보의 첨병으로 활용하게 된다.

경제적 대가를 받고 상품후기를 올리는 경우 대가를 받았음을 적시하지 않은 경우 사실상 광고글에 해당하게 된다. '추천보증 등에 관한 표시광고 심사지침'에 따르면 협찬과 같은 경제적 대가를 받아 글을 쓰는 경우 이 사실을 반드시 명시하도록 하고 있으며, 이를 밝히지 않는 경우 광고임에도 불구하고 일반인의 소개나 추천인 것처럼 보이도록 하여 소비자를 속이는 행위에 해당돼 적발의 대상이 된다.

이처럼 법적 제재를 받는 기만적 행위임에도 불구하고 여전히 경제적 대가를 받고 쓴 홍보성 글이라는 점이 명시되지 않은 블로그와 카페의 글이 많다. 따라서 소비자 역시 홍보목적의 글이 아닌지 주의 깊게 살펴볼 필요가 있다. 동일한 상품이나 서비스에 대해 유사한 형식의 글이 집중적으로 게재된 경우에는 상업적 목적의 광고글임을 의심해보아야 한다. 또한 단기간에 바이럴마케팅을 위해 사용된 블로그가 많다는 점에서 일상적으로 운영되는 블로그인지도 확인해볼 필요가 있다. 또한 동시다발적으로 짧은 기간에 많은 블로거가 동일한 상품에 대해 포스팅을 하고 있다면 상업적으로 바이럴마케팅을 시도한 것이 아닌지 확인해보아야 한다.

5) 온라인 반기업 활동

초기의 안티사이트는 대부분 대기업을 대상으로 만들어지다가 최근들어 다단계 판매로 인한 피해를 줄이고자 하는 안티피라미드, 의료기관의 과실에 의한 의료사고 피해자들이 모인 사이트, 성형을 반대하는 사람들의 모임 등이 있다. 운영 방식 자체가 철저히 풀뿌리의 힘에 근거하고 있는 것도 인터넷 소비자 사이트들의 특징이다. 이들 사이트는 거대 기업에 있어 네티즌 개개인은 '대수롭지' 않지만 뭉치면 폭발적인 위력을 발휘한다는 사실을 증명하고 있다.

이상과 같은 안티사이트 활동을 통한 소비자운동은 피해정보 공유를 통한 집단적 항의로 기업과 소비자의 관계를 역전시켜 경제 민주화에 기여하고 있을 뿐 아니라 소비자 스스로 소비자의 권리와 주인의식을 찾고 그 중심적 역할을 하고 있다는 데 중요한 의의가 있다. 또한 소비자가 원하는 방향으로 소비자운동을 이끌어 갈 수 있다는 장점이 있으나 개인적 차원을 넘어 시민운동단체나 소비자단체들이 하나의 네트워크로 묶어 힘의 극대화를 꾀하는 작업이 필요할 것이다.

③ 사이버 소비자운동의 전망

1) 사이버 소비자운동에 대한 업계의 반응

인터넷을 통해 발빠르게 번져 가는 소비자운동에 기업의 대처는 대체적으로 소극적인 편이다. 회사 고객 게시판을 비공개로 운영하는 회사가 많은 것도 한 예이다. 모 가전회사의 인터넷 담당자는 "게시판에 오른 비판내용을 공개할 경우 회사 이미지가 나빠질 염려가 있기 때문에 불편사항이 접수되면 운영자들만 볼 수 있게 접근을 제한하고 있다."고 말했다. 그러나 기업들의 비공개 방침은 결과적으로 기업 이미지를 높이는 데 도움이 안 되고 같은 질문을 되풀이해 해결해야 한다는 점에서 볼 때 비효율적이기까지 하다. 오히려 비판을 공개하고 어떻게 해결했는지를 함께 알려줘야 기업의 성실한 이미지가 부각된다. 다른 한편으로는 네티즌의 비판은 기업이 미처 모르던 제품의 단점을 알려준다는 점에서 오히려 회사 경영에 도움이 되고 소비자를 위한 서비스정책에도 유용한 정보가 될 수 있다.

이밖에 사이버 소비자운동에 대한 기업들의 대응형태로서 기업들이 자사의 상품이나 서비스에 대해 항의하거나 불만을 토로하는 사이트로 쓰일 만한 도메인을 미리 싹쓸이하기도 한다. 이는 사이버공간을 통한 소비자운동에 활용되는 것을 사전에 막겠다는 의도다. 이에 대해 일부 소비자단체들은 지난해부터 확산되고 있는 '사이버 소비자운동'을 위축시킬 우려가 있다며 반발하고 있다. 인터넷을 통한 소비자운동은 디지털시대에 거스를 수 없는 대세이나 소비자운동을 막기 위해 기업들이 사용하지도 않을 도메인을 등록해 놓는 자체가 시대착오적인 발상이라고 할 수 있다.

　이상과 같이 소비자주도의 사이버 소비자운동이 활발히 진행되고 있는 반면 이에 대한 기업의 방어적인 자세는 소비자의 요구를 적절히 충족시키지 못하는 결과라고 할 수 있다. 지금까지 전통적인 상거래시장에서는 정보력의 절대 우위와 시장지배력을 바탕으로 하여 사업자와 소비자 간의 힘의 불균형이 심각했으나 인터넷이라는 새로운 매체를 기반으로 하여 소비자의 정보력과 단결력이 더욱 높아진 측면이 있다. 이러한 흐름을 적극적인 사이버 소비자운동으로 발전시키기 위해서는 소비자들 스스로 적극적으로 참여하고 주체적으로 확산시켜 나가려는 의지를 가지는 것이 중요하다. 또한 사이버 소비자운동이 활성화되는 것이 사업자에게 부정적 효과를 가져온다는 편협된 인식에서 벗어나 소비자의 불만을 귀기울여 듣고 능동적이고 적극적으로 대처함으로써 궁극적으로 기업의 발전을 꾀할 수 있다는 인식을 가지는 것이 필요하다. 따라서 기업과 소비자와의 상호커뮤니케이션의 장으로서 사이버 소비자운동을 인식하는 것이 중요하다.

2) 사이버 소비자운동의 방향

사이버 소비자운동이 진정한 의미에서 소비자주도의 활동이 되기 위해서는 아직도 인터넷 환경을 접하지 못하거나 충분히 활용하지 못하는 정보화 취약소비자를 대상으로 하는 소비자 정보화교육이 절실하다. 현재까지 이루어지고 있는 사이버 소비자운동은 온라인과 오프라인의 긴밀한 연계가 이루어지기보다는 주로 인터넷으로 정보를 공유하는 소비자들 간의 활동에 머무는 경우를 볼 수 있다. 좀 더 다양한 계층과 세대의 참여는 궁극적으로 소비자의 권리와 주권을 인터넷을 통해 확립하고 다양하고 전문화된 정보를 접할 수 있게 하는 등 소비자 복지를 달성하는 지름길이 될 것이다.

　지금까지 나타나고 있는 인터넷에서 볼 수 있는 소비자운동과 관련된 정보들을 보면 대략 제도개선 캠페인, 특정업체나 기업군에 대한 집중적인 고발, 문제상품에 대한 불매캠페인, 지속적인 모니터링 등이 주를 이루고 있다.

　현재 이루어지고 있는 대부분의 소비자운동들이 그러하듯이 이와 같은 운동방식은 기존의 방식들이 인터넷을 매개로 한 초연결사회에서 더욱더 활발하게 진행되고 이용자들의 적극적인 참여를 이끌어내고 있다고 볼 수 있다. 이러한 유형의 행동방식들이 앞으로 어떤 방향으로 나아가야 하는지 살펴보면 다음과 같다.

첫째, 속도의 경제는 상품과 서비스의 수명을 극도로 단축시켜 가고 상품과 서비스의 종류도 빠른 속도로 다양화하고 있다. 이에 따라 모니터링과 같은 행동방식에 있어서도 종전보다 훨씬 순발력 있는 대응이 요구된다.

둘째, 초연결사회는 낯선 유형의 소비자문제를 제기하기 때문에 소비자들의 경험과 대처방식을 신속하게 지식 정보화하는 소비자 관련 정보생산의 문제가 제기된다. 즉, 어떠한 것이 소비자 측면에서 문제로 제기되고 있으며 산업 및 시장, 삶의 질의 측면에서 어떻게 그러한 문제들이 의미와 연관을 갖는가 하는 점이 발빠르게 해명되고 새롭고 보다 효과적인 대응방식이 모색되어야 한다는 점이다.

셋째, 사이버 소비자운동의 정보채널로 네트워크를 적극적으로 활용하는 추세에 관한 것이다. 앞에서도 설명했듯이 네트워크는 정보의 공유와 상호 전달에 있어 이제까지 있었던 어떠한 기존 미디어보다도 뛰어난 장점을 갖고 있다. 이런 점을 더욱더 조직적이고 적극적으로 활용하게 된다면 진정한 의미에서의 소비자가 주도하는 정보의 유통, 확산, 연대행위가 실현될 것이다.

초연결사회는 소비자운동으로 하여금 이 운동의 커뮤니케이션적인 본질과 커뮤니케이션을 위한 소비사회 내의 그룹형성에 더욱 집중하고 정착하게 할 것이다. 우리는 초연결사회에서 소비자운동이 건강한 소비자집단의 형성을 위해 얼마나 가치 있는 정보를 제공할 것인가를 늘 생각하지 않으면 안 된다. 그런데 가치 있는 정보의 생산이야말로 건강한 시민의식을 지닌 소비자의 탄생과 각성 없이는 이루어지지 못한다.

넷째, 초연결사회의 소비자운동의 방향은 국제적 운동으로 바뀌어야 한다. 소비자운동이 세계적인 연대운동 네트워킹 없이 운동의 성공을 이룰 수 없을 것이다. 인터넷을 이용하여 '시민단체의 세계화(civil globalization)'와 '소비자의 지구촌화(consumer globalization)'가 이루어져야 한다.

소비자정보와 브랜드파워의 관계

브랜드파워는 기업의 중요한 자산으로 인식되어 왔다. 브랜드를 보고 소비자는 더 좋은 품질을 연상하기도 하며, 브랜드에 갖는 애착이 지속적인 구매로 이어져 기업의 수익성 향상에 긍정적인 영향을 미치기 때문이다. 브랜드파워는 특히 소비자가 구체적인 제품의 속성이나 품질에 대해 모두 따져보기 어려울 때 중요해진다. 소비자들은 유명브랜드 제품을 구매함으로써 품질에 대한 불확실성을 감소시키고 싶어 하기 때문에 소비자가 브랜드만 보고도 충분히 믿을 만한 상품과 서비스를 골라낼 수 있도록 돕는 역할을 한다.

그런데 이러한 브랜드파워에 대한 회의적인 시각도 존재한다. 브랜드파워가 앞으로 점차 감소할 것이라는 전망은 최근의 소비자들이 정보를 찾고 활용하는 방식과도 긴밀하게 연관된다. 오늘날 소비자들은 단지 기업이 제공한 제품의 정보에만 의존하여 구매하지 않는다. 같은 제품을 구매하고 사용해본 다른 소비자들의 생생한 경험담을 상품후기나 개인 블로그, 제품 사용자 커뮤니티 등 다양한 통로를 통해 접할 수 있게 되었고, 그 결과 광고나 기업의 홍보자료와 같이 상대적으로 상업적 목적이 뚜렷한 정보에 대한 의존도는 감소하게 되는 것이다. 소비자가 제품에 대한 실제 사용자들의 다양한 시각이 담긴 정보를 활용할 수 있게 되면서 유명하지 않으나 품질이 좋은 제품들이 각광을 받게 되기도 한다.

이와 더불어 일반소비자들이 제품에 대한 정보를 찾고 비교할 수 있는 역량을 갖추게 된 것도 제품의 품질평가에 브랜드의 중요성이 낮아지게 만든다. 인터넷상에서 쉽게 찾아볼 수 있는 전문적인 지식을 바탕으로 제품의 품질과 속성을 객관적으로 따져보는 소비자들이 늘어나게 되면서 유명브랜드가 아닌 중저가 제품을 중심으로 실속구매가 이루어지기도 한다. 고해상도 모니터의 경우 대표적인 유명브랜드의 제품보다 훨씬 저렴한 가격에 판매되고 있는 중저가 브랜드의 모델이 소비자들 사이에서 입소문을 타면서 높은 판매량을 보이며 성공한 사례가 있다. 모니터의 속성을 소비자들이 비교 평가할 수 있는 정보를 갖춤에 따라 유명브랜드를 무턱대고 선호하는 것이 아니라 가격대비 품질을 꼼꼼히 따져볼 수 있게 된 것이다. 소비자가 생생한 사용경험에서부터 전문적인 지식에 이르는 다양한 정보를 활용할 수 있게 됨에 따라 브랜드와 품질의 상관관계를 맹신하는 소비자들이 줄고 제품의 절대가치를 따져 구매하는 소비자들이 늘어나고 있다. 기존의 브랜드파워를 가진 기업들이 품질향상을 위해 노력하지 않으면 더 이상 소비자의 선택을 받을 수 없음을 의미한다. 앞으로도 소비자정보를 바탕으로 현명한 소비를 하려는 소비자들이 늘어나고 그만큼 시장환경은 더욱 경쟁적으로 변모하게 될 것이다.

제10장

초연결사회의 소비자교육

대량생산, 대량소비의 현대사회에 있어서 소비자문제는 더욱 심화되었다. 더욱이 초연결사회는 더욱 심각하고 다양한 소비자문제를 야기하고 있다. 소비자가 이에 대응할 수 있는 능력을 위하여 소비자교육이 중요한 역할을 한다. 현대 경제사회에서 소비자 자신이 내재하는 주체적인 소비자문제와 소비자에게 있어서 외재적이며 구조적인 소비자문제에 대응하여야 한다. 다양한 소비자문제에 대응하기 위해서는 무엇보다 소비자가 능력을 가져야 한다. 즉, 소비자문제에 대응할 수 있는 합리적이고 효율적인 소비자가 필요하며, 이를 위하여 필요한 것이 소비자교육이다.

이러한 소비자교육은 단순히 소비자보호만을 위한 것이 아니라, 합리적이고 효율적인 소비자의 역할을 할 수 있는 소비자 능력을 함양하여, 보다 건전한 시민으로서의 소비자역할을 할 수 있도록 하여, 기업에게는 더욱 질 높은 상품생산의 촉진, 정부에게는 소비자를 위한 정책마련 및 소비자복지 강화의 촉진제 역할을 할 수 있다.

따라서 본 장에서는 소비자교육의 개념 및 목표, 내용과 함께 초연결사회에서의 소비자교육의 방향과 내용에 대해 중점적으로 살펴보고자 한다.

1 소비자교육의 개념과 목표

1) 소비자교육의 개념

1924년 미국의 Harap이 '소비자교육'이라는 소비자교육 커리큘럼에 관한 책을 발행한 것을 시작으로 소비자교육이 발전하였다. 특히 국제소비자기구(International Organization of Consumer Union, IOCU)는 1964년 이후 세계대회, 세미나 등 끊임없이 소비자교육의 과제를 연구하였다. 소비자교육의 개념은 사회의 발전에 따라 변화하였다. 미국 소비자교육위원회(U.S. Office of Consumer Education, 1980)에서 제시한 소비자교육의 정의는 가치관과 여러 상황을 고려한 현명한 의사결정능력에 초점을 두었다. 즉, 소비자교육은 소비자 개인의 가치관, 시장구조의 인식 및 사회적·경제적·생태적인 면을 고려하여 소비자가 합리적이고 현명한 의사결정을 할 수 있도록 하는 노력이라 하였다. 미국 교육부의 위탁연구인 '소비자교육-역사적 발전에 관한 고찰'에서 Royer와 Nolf는 소비자교육은 "자기 자신의 가치관과 시장에서의 대체안 인식, 사회·경제, 그리고 환경적 상황에 비추어 합리적이고 지적인 의사결정을 할 수 있는 태도, 기술 및 이해력을 제공함으로써 시장에 참여하거나 혹은 공적·사적 자원의 이용을 포함하는 상황에 참가할 준비를 하는 것이다."라고 정의하였다.[1] 소비자교육개발프로그램(Consumer Education Development Program)의 보고서(1980)에서 Bannister와 Monsma는 의사결정, 자원관리, 시민참여의 세 영역을 강조하였다. 즉, 소비자가 자원을 관리하고 소비자 의사결정에 영향을 미치는 여러 가지 요인을 조정할 수 있으며 시민으로서 행동하는 데 필요한 지식과 기능을 가르치는 것이라 정의하였다.[2]

---

[1] 본 정의의 원문은 다음과 같다.
"Consumer education is defined as the instruction to prepare persons for participation in the marketplace or in situations involving the understandings, attitudes and skills which enables them to make rational and intelligent consumer decisions in light of their values, their recognition of marketplace alternatives, and social, economic and ecological considerations." (Royer L. G. & Nolf, N. E. (1980). Education Resources Network, pp.8-9)

[2] 본 정의의 원문은 다음과 같다.
"Consumer education is the process of gaining the knowledge and skills needed in managing consumer resources and taking action to influences the factors which affect consumer decisions". (Bannister, R. & Monsma, C. op cit, p.5)

1980년대에 들어서면서부터 소비자들의 의사결정이 사회에 미치는 영향뿐 아니라 환경과의 상호작용 관계에 관한 교육을 소비자교육에 포함하였다. 이러한 경향은 1984년 국제소비자기구(IOCU)에서 소비자교육의 정의라고 할 수 있는 5원칙이 공표되었다. 이 5원칙은 다음과 같다.[3]

① **비판적 사고** : 상품과 서비스의 가격과 품질에 대하여 항상 의문을 가질 책임
② **행동** : 공정한 거래를 확보하기 위한 행동과 공정한 거래를 위하여 스스로 주장할 책임
③ **사회적인 배려** : 소비자행동이 지역적, 혹은 국제적이더라도 다른 시민, 특히 장애자나 힘이 없는 집단의 사람들에게 미치는 영향에 대하여 자각할 책임
④ **환경에 대한 관심** : 소비자가 환경에 미치는 영향을 이해할 책임. 천연자원을 절약하고, 미래의 세대를 위하여 지역사회를 지키는 것이 우리들의 개인적 · 사회적 책임임을 인식
⑤ **연대** : 우리들의 권익을 수호하고 소비자보호를 촉진시킬 수 있는 영향력과 힘을 개발하기 위하여 소비자로서 연대할 책임

이 IOCU 소비자교육 5원칙이 오늘날까지 소비자교육의 기본개념으로 간주되고 있다. 이 IOCU의 움직임에 발맞추어 미국 교육부에서는 소비자교육이란 소비자가 행하는 다음과 같은 과정을 의미한다고 정의하였다. 개인의 가치와 자원에 대한 최대한의 이용 가능한 범위 내에서의 대체안, 생태학적인 고려, 변화하는 경제상황의 관점에서 재화와 용역을 구매하는 기술개발, 구매 시 효과적이고도 만족할 수 있는 소비자행동의 개선책을 찾기 위하여 취할 수 있는 법, 권리, 자원사용 방법에 대한 지식의 획득으로부터 행동에 이르기까지의 과정, 경제 · 사회 · 정부 내에서 '소비자-시민'의 이해와 어떻게 이러한 것들이 소비자요구에 반응하는가에 대한 이해의 증진을 의미한다고 정의하였다.

이기춘(1985)은 소비자교육을 '개인이 바람직한 소비자 시민으로서 다양한 역할을 수행하기 위하여 필요로 하는 소비자 능력, 즉 소비자 지식, 소비자 태도, 소비자 기

---

[3] IOCU(1984). Generating Power, p.32.

능을 개발할 수 있도록 도와주는 것'으로 정의하였다.

일본 소비자교육학회에서는 과거 30년 동안의 소비자교육에 관한 정의를 모아 다음과 같이 정리하였다.[4]

① 가치와 정보에 기초한 선택 과정능력에 초점을 맞춘 정의 : 소비자교육은 소비자가 재화와 서비스를 구매함에 있어서 정보를 수집하고 분석하며, 자신의 가치에 근거하여 환경과 끊임없이 변화하는 경제상황에 맞추어 의사결정을 하는 능력과 자신의 의사결정의 결과가 경제환경에 미치는 영향을 이해하는 능력을 개발하는 과정이다.

② 소비자권리와 법적 투표권의 행사 과정 능력에 초점을 맞춘 정의 : 소비자교육은 소비자가 법에 관한 지식을 갖게 함으로써, 시장에 효율적인 참가 및 문제해결능력을 개발하는 과정이다.

③ 시민으로서 생활환경 조성에 참가하는 과정 및 능력에 초점을 맞춘 정의 : 소비자교육은 소비자가 시민으로서의 역할을 완수하고, 그 시스템을 소비자의 욕구에 맞게 바꿔가는 방법을 이해하는 능력을 개발하는 과정이다.

④ 글로벌 · 시민정신 형성 과정의 능력에 초점을 맞춘 정의 : 소비자교육은 소비자가 수입 획득자와 시민으로서의 전 세계적인 시민정신을 형성하는 능력을 키우는 과정이다.

2) 소비자교육의 목표

소비자교육의 개념 정의와 더불어 소비자교육의 목표도 시대에 따라 변화하였다. 기존의 소비자교육의 일반적인 목표는 크게 ① 바람직한 소비가치의 형성 ② 합리적인 의사결정능력 배양 ③ 시민으로서의 책임과 의무를 다할 수 있도록 교육하는 것이라 하였다. 미국가정학회 소비자교육위원회에서는 소비자교육의 목표를 "가능한 자원의 최대활용을 위하여 개인이 가치관을 명확히 하며 목표를 확인하고, 여러 대체안을 신중하게 고려함으로써 현명한 의사결정을 하도록 하는 것"으로 설정하였다. 또한 "자신의 의사결정이 타인의 복지에 미치는 영향을 이해할 수 있는 소비자시민으로서의

---

[4] 소비자교육학회 편(1993), '소비자교육' 제13책, 光生館, pp.247-268.

기능"을 소비자교육의 목표로 하였다.

또한 스톡홀름에서 열린 유럽협의회에서는 소비자교육의 목표에 있어 네 가지 경향을 다음과 같이 정의하고 있다. ① 소비자교육은 사회적·환경적 책임을 수행하기 위해 필요한 지식/기술/태도를 전달하는 것과, 소비자로 하여금 기본적인 욕구를 만족시키도록 하는 것을 목표로 한다. ② 소비자교육은 유능하고 학식 있는 이기주의자를 교육하는 것에 한정되어서는 안 된다. ③ 평생교육의 한 과정으로서의 소비자교육은 소비자로 하여금 생산자에 반응하고 대응하도록 하는 것뿐만 아니라 사회와 정책에 있어 시장에서의 변화를 예상하고 일으킬 수 있도록 하는 것이다. ④ 소비자교육은 소비자의 직업적 역할에 있어서 소비자의 태도에 영향을 준다. 이러한 방향에 있어 소비자교육의 영향은 소비자/노동자/관리자로 하여금 직장에서도 사회적·환경적 책임의 가치를 수용하게 한다.

2 초연결사회의 소비자교육

1) 소비자교육의 특징

초연결사회에서는 소비자 의사결정에 영향을 미치는 사회 및 경제환경이 크게 변화되고 있다. 이러한 환경의 변화는 소비자의 소비생활과 소비생활에 필요한 능력의 내용과 범위를 변화시키고 있다. 먼저 초연결사회의 새로운 소비환경은 소비자로서 갖춰야 할 지식과 기술의 내용을 변화시켜 왔다. 변화된 내용을 소비자가 충분히 이해하고 적응하는 것은 소비자의 삶의 질을 좌우하는 중요한 요인이 된다. 따라서 새로운 소비환경에 적절히 대응하고 합리적인 소비생활을 하기 위해 필요한 소비자의 능력을 배양하는 소비자교육이 요구된다. 산업사회에 적합하도록 만들어진 기존의 소비자교육의 틀에서 벗어나 초연결사회에 필수적으로 요구되는 소비자정보기술을 습득하는 것이 필요하며, 나아가 소비자보호의 방법이나 내용도 수정되어야 한다. 특히 소비생활을 영위하는 데 있어서 인터넷을 활용하고 정보를 처리하는 정보기술은 초연결사회에서 소비자가 갖추어야 할 필수적인 능력으로 부각되고 있다. 모바일커머스나 소셜커머스, 해외직구 등 기존의 전자상거래에서 확대된 다양한 유형의 전자상거래의 등장으로 인한 소비양식과 소비생활의 변화도 가속화되고 있다. 의사결정과정에서도 정보의 수집 및 탐색의 형태나 과정이 달라지고 있다. 따라서 의사결정과정에서의 정보수집이나 탐색의 형태도 달라지고 있으며 구매와 구매 후 과정 역시 새로운 방식으로 이루어지고 있으므로 소비자교육 역시 초연결사회에서 소비자가 올바른 의사결정을 하여 합리적인 소비생활을 하기 위해 갖추어야 할 지식과 기술을 교육할 수 있는 내용이 보완되어야 한다. 이는 새로운 소비환경에서 소비자의 권익을 수호하고 소비자의 합리적인 소비생활을 지원하기 위한 방안에 해당한다.

초연결사회의 소비자교육은 비단 소비자의 권익 수호, 소비자정보의 습득과 이용, 소비자 지식과 태도, 기술의 개발의 영역에 국한되지 않으며, 보다 거시적인 차원에서 사회구성원으로서의 소비자가 지니는 책임과 소비의 지속가능성에 대한 논의를 포함해야 한다. 현대 인간생활은 소비와 떼어놓고 생각할 수 없을 뿐만 아니라 소비는 개인을 넘어 사회의 많은 영역과 상호작용하기 때문에 그 영향력의 범위를 개인의 사적 영역에서만 논의할 수 없다. 따라서 사회 구성원으로서 소비자의 역할과 그에 따른 영향력을 이해하는 것이 소비자교육의 주요 내용으로 반드시 포함되어야 한다. 또한 초연결사회는 사회의 연결성을 증대시키고 가상의 소비세계를 형성하고 있어 소비의 영역이 확장되고 있다는 점에서 그에 따른 소비자의 역할과 책임의 범위에 변화가 필요하다. 따라서 소비자에게 요구되는 소비자시민으로서의 역할이 어떻게 확장되고 있으며 소비자의 권리와 책임은 어떻게 달라지는지에 대한 내용을 다루어야 한다. 이처럼 초연결사회가 가져오는 소비생활의 변화에 소비자가 효과적으로 적응하고 대처하기 위해서 필요한 소비자교육의 내용과 형태가 구성되는 것이 필요하다.

2) 소비자교육의 목표

초연결사회의 소비자교육은 새로운 소비환경의 변화, 특히 초연결사회에서의 환경의 변화를 적극적으로 대처할 수 있는 소비자교육이 되어야 한다. 즉, 소비자교육의 목표를 자립적이고 자율적인 소비자 육성에 두어야 한다. 초연결사회에서 소비자교육은 소비자주권을 실현하기 위한 객관적 조건이 되는 경쟁과 주체적 조건이 되는 소비자의 합리적인 선택을 제고시키는 중요한 제도적 장치가 되는데, 앞으로는 합리적인 소비자시민으로서의 역할을 제대로 할 수 있는 능력을 개발하는 것을 목표로 하는 소비자교육의 주요성이 더욱 커지게 될 것이다. 초연결사회에서는 지금보다도 소비자들의 시민으로서의 합리적인 판단과 선택의 중요성이 더욱 강조될 것이기 때문이다.

또한 빠르게 변화하는 시장환경에 적응하고 고도의 기술을 담은 새로운 상품과 서비스를 적절히 활용하여 소비생활의 질을 높이기 위한 소비자교육의 필요성이 더욱 커질 것이다. 끊임없이 변화하는 소비환경은 소비자로 하여금 전 생애에 걸친 소비자교육을 통해 사회에 적응할 수 있는 능력과 소비기술을 개발할 것을 요구하고 있다. 따라서 소비자교육은 전 생애에 걸쳐서 주체적으로 판단하고 의사결정을 하며, 개인과 사회의 생활의 질을 향상시키기 위하여 책임을 지고 행동하고 현대사회조직의 변화에 적절하게 대처할 수 있는 능력을 가진 자립적인 소비자시민상을 강조함으로써 21세기에 소비자주권을 실현하는 데 기여할 수 있어야 한다.[5]

자립적이고 자율적인 소비자란 첫째, 합리적 논리적 사고에 의한 소비행동을 할 수 있는 소비자(소비자 참여확대), 둘째, 소비행동을 위한 의사결정에 필요한 정보를 다양하게 수집하여 적절히 처리하는 소비자(소비자의 탈국경화, 세계화), 셋째, 자신의 소비행동의 결과가 환경과 사회에 미치는 영향을 고려하는 소비자(지속 가능한 소비)를 뜻한다.

3) 소비자교육의 패러다임

소비자교육의 패러다임이 변화되어 온 과정을 살펴보면 그림 10-1과 같다. 먼저 1960년대 말까지는 개인가계를 중심으로 한 금전적 가치에 초점을 두었으며 가계경제학을 기반으로 한 교육이 이루어졌다. 그 이후 1970년대 말까지는 '컨슈머리즘'의 시대로 시장의 구조적 측면에 초점을 맞추어 소비자정책과 법, 소비자단체의 힘에 대한 관심이 고조되고 소비자의 권리와 힘에 대한 교육이 이루어졌다. 1980년대 말까지는 사회·그린 컨슈머리즘 시대로 변화되어 소비자의 삶의 질에 관한 교육 패러다임이 정착되고 사회와 환경에 대해 관심이 모아져 낭비적 소비를 대체할 수 있는 사회적·환경적 책임을 지는 소비, 지속 가능한 소비에 대한 교육이 포함되었다.

이후 21세기의 소비자교육은 소비자시민사회의 시대로 간주되며 소비자의 힘과 시

---

[5] 今井光映, 中原秀樹(1992). '消費者教育論'

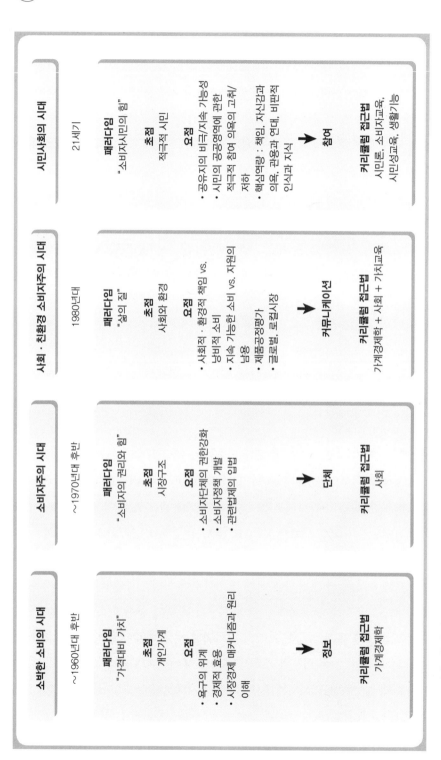

그림 10-1 소비자교육의 패러다임 변화

출처 : Steffens, H.(2007), "The Evolution of Consumer Education", in Nakamori, Ch, (ed.), Proceedings of the Seminar on Consumer Education June 2006, Nagoya/Japan, p. 26.

민성에 대한 소비자교육이 요구되기 시작하였다. 이에 소비자의 참여와 시민성, 책임감과 같이 사회적 측면에서 소비자가 지녀야 하는 소양과 소비자의 내적 자신감이나 인내와 같은 내적 소양이 동시에 요구되는 소비자교육으로 변화하고 있다.

이러한 소비자교육의 패러다임 변화로 오늘날 소비자에게 필요한 능력을 배양하기 위한 소비자교육의 내용을 새롭게 구성하는 것이 필요해졌다. 21세기 초연결사회에서의 소비자교육내용의 구성방향을 정리해보면 다음과 같다.

먼저 디지털화된 정보와 네트워크의 발달로 변화된 초연결사회에 잘 적응하기 위해서는 소비자정보네트워크의 개발과 소비자가 소비자정보를 자유로이 활용하기 위해 필요한 소비자정보기술 측면이 포함된 소비자교육이 요구된다. 오늘날과 같이 시스템화된 정보처리기술이 고도로 발달한 정보사회, 정보네트워크사회에서는 개개인에게 타자와 사회 및 세계가 전례 없이 정보적으로 개방되어 있다. 소비자들은 정보의 바다에서 범람하는 정보에 휩쓸리지 않고 현혹되지 않으며 스스로 결정할 수 있는 힘을 확립할 필요가 있다.

다음으로 산업사회에서 정보사회로 이전하면서 변화된 시장구조에 대한 이해를 하는 것이 요구된다. 초연결사회에서는 물리적 상품이 주된 가치를 차지하던 산업사회와 달리 지식과 정보가 중요한 가치를 지니게 되었으며, '소량다중생산'이나 '주문생산'과 같은 생산환경으로 변화되고 있다. 이에 따라 어디에 더 많은 가치를 둘 것인지, 어떻게 구매의사결정을 할 것인지에 대해 새로운 접근이 필요하다. 또한 소비자들은 물질의 풍요로움과 경쟁의 심화는 생산자중심에서 소비자중심의 사회로의 전환을 이끌었으며, 과거에 비해 소비자의 정보력이 높아지면서 소비자의 힘은 더욱 강화되고 있다. 이에 따라 소비자는 다양한 요구를 시장에 반영하기 시작하였으며 소비자의 권리를 진정으로 누리고 소비자의 이익이 극대화될 수 있는 시장환경을 만들려 한다. 이러한 시장구조와 소비자 위상의 변화는 그 권리와 이익에 상응하는 소비자로서의 책임을 다하고 주체적으로 참여하는 것을 동시에 요구한다. 따라서 소비자교육은 이러한 변화와 요구를 반영하여야 하며 아울러 새롭게 변화된 사회에서 확대되어야 하는 소비자의 권리와 책임에 대해서도 적절히 대응해 나가야 한다.

③ 초연결사회의 소비자교육 내용

1) 소비자교육 내용의 구성

본서에서는 Bannister와 Monsma의 연구에서 제시된 소비자교육의 개념분류를 토대로 초연결사회에 적합한 소비자교육내용을 모색해보고자 한다. 초연결사회에 요구되는 소비자교육의 내용은 OECD에서 제시한 소비자교육 권고안을 참고한다. Bannister와 Monsma의 연구는 미국의 학교, 대학, 지역사회단체, 정부기관의 소비자교육 지도자들이 참여한 총괄적인 프로젝트로 성립된 것이어서 그 내용이 매우 우수하고 개념분류가 상당히 체계적이며 또한 상·하위 영역의 구분이 명확하다.

이들 연구에서는 소비자교육을 (1) 의사결정, (2) 자원관리, (3) 시민참여의 세 가지 주요개념으로 구분하고 그 아래 8개의 제2하위영역으로 분류하였다. (1) 의사결정의 개념에는 하위개념으로 ① 소비자 의사결정에 영향을 미치는 외적 요인, ② 소비자 의사결정에 영향을 미치는 개인적 요인, ③ 의사결정과정이 포함된다. (2) 자원관리는 ① 재무계획, ② 구매, ③ 보존의 하위범주로 구성되며, (3) 시민참여는 ① 소비자보호와 ② 소비자옹호의 하위영역으로 구성된다. 이들 연구에서는 개념분류체계에서 제4하위영역까지 확장하여 세부적으로 소비자교육의 내용을 설정하였다. 구체적인 내용은 표 10-1과 같다.

소비자교육에 포함되는 디지털역량에 대해서는 OECD의 CCP(소비자정책위원회)에서 제시한 소비자교육권고안(2009)을 중심으로 하여 포괄적으로 살펴보고자 한다. 먼저 교육의 목표와 내용은 정보와 통신기술의 발전과 사회경제적 변화를 지속적으로 반영하는 것이 필요하다.

또한 디지털미디어의 구조와 개념적 관계에 대한 이해를 높이는 것이 필요하다. 디지털화된 매체를 이용한 소비생활은 매체에 대한 이해와 새로운 매체의 이용으로 인해 요구되는 새로운 소비기술을 포함한다. 이는 개념적으로 온라인시장의 기능과 전자상거래(e-commerce)의 마케팅기술에 대한 이해를 포함하며, 소비자가 온라인 구매 과정에서 사용하게 되는 도구에 대한 이해와 적응과도 관련된다. 전통적인 시장환경에서 온라인시장으로 시장의 영역이 확대되었을 뿐만 아니라 시장경제의 많은 부분

표 10-1 소비자교육의 영역별 분류

1. 의사결정	2. 자원관리	3. 시민참여
① 소비자 의사결정에 영향을 미치는 외적 요인 • 경제체제 • 정치체제 • 사회체제 • 생태학적 영향 • 기술적 영향 ② 소비자 의사결정에 영향을 미치는 개인적 요인 • 자원 • 생활주기 • 가치와 목표 • 욕구와 욕망 • 생활양식 ③ 의사결정과정 • 문제의 쟁점 • 정보 • 대안 • 결과 • 의사결정-실행	① 재무계획 • 금전자원의 획득 • 지출계획 • 차용 • 저축 • 투자 • 보험 • 세금납부 ② 구매 • 구매결정 • 재화 • 서비스 ③ 보존 • 자원감소 • 효율적인 이용 • 자원대체	① 소비자보호 • 소비자권리 • 소비자책임 • 소비자법 • 소비자원조 ② 소비자옹호 • 소비자주장 • 소비자대표 • 소비자단체

이 온라인매체에 기반하게 되면서 시장의 중심에 디지털화된 매체가 중요하게 자리잡게 되었다. 따라서 디지털매체의 특성에 대한 이해를 기초로 전자상거래의 거래특성, 마케팅 기법 등을 이해하는 것이 필요하다. 이는 소비자 의사결정에 영향을 미치는 외적 요인과 밀접한 관련이 있다.

나아가 온라인 거래에서 소비자가 가지는 권리와 책임에 대한 내용이 포함되어야 한다. 온라인시장의 확대로 소비자는 더 많은 정보를 획득할 수 있게 되었을 뿐만 아니라 시간과 공간을 초월한 전자상거래를 통해 효율적이고 효과적인 소비생활을 영위할 수 있게 되었다. 이러한 소비환경의 변화로 인해 소비자는 기존의 전통적인 시장환경에서 고려할 필요가 없었던 영역에서의 소비자권리와 책임에 대한 교육이 필요해졌다. 특히 소비자가 디지털미디어를 이용하면서 경험할 수 있는 개인정보의 보호에 관한 이슈를 다룰 필요가 있다. 예를 들면 소비자는 정보주체로서 개인정보처리자가 안전하게 자신의 개인정보를 처리하는지 정보를 제공받고 정보활용에 대해 안내받을 권리가 있으며 불법적 행위로 인해 손해를 입을 경우 그에 대한 배상을 청구할 권리가 있다. 이러한 소비자의 권리는 디지털화된 정보가 증가하면서 정보의 수집과 처리 및 관리가 중요해지면서 더욱 부각된 것으로, 개인정보를 보호하기 위한 과정을 구체적으로 교육하고 불법적으로 수집되거나 오용될 경우 취할 수 있는 조치에 대해 교육해야 한다.

또한 소비자가 이용할 수 있게 되는 새로운 기술의 이점과 잠재적 위험 등에 대해 이해할 수 있도록 교육의 내용에 포함할 필요가 있다. 소비자가 이용할 수 있는 새로운 디지털기술은 소비자에게 시간과 공간의 제약을 벗어난 소비생활을 할 수 있게 하는 이점이 있으나 국경을 초월한 전자적 거래로 인해 발생하는 국제적 분쟁이나 소비자가 예견하기 어려운 기술적 위험으로 인해 발생하는 재산적 피해 등은 디지털소비사회의 잠재적 위험으로 볼 수 있다. 또한 범람하는 정보 가운데 자신에게 꼭 필요한 정보를 찾고 이를 활용하여 합리적인 소비생활을 하기 위해 요구되는 능력의 수준이 높아지고 있으며, 소비자가 충분히 정보탐색과 활용의 기술을 익히지 못할 경우 오히려 왜곡된 정보로 인한 문제를 경험할 수 있다. 이와 같은 문제에 대해 소비자가 사전에 인지하고 예방할 수 있도록 도울 필요가 있으며 현명하게 소비생활을 꾸려나갈 수 있도록 교육해야 한다.

소비자교육에 활용될 수 있는 정보화된 교육환경에 대해서도 고려할 필요가 있다. 전통적인 소비자교육의 메커니즘에 블로그나 온라인 게임, 온라인 뉴스 및 비디오, 소셜네트워크서비스 등과 같은 새로운 미디어가 소비자교육의 전달수단으로 활용될 수 있다. 전통적으로 활용된 소비자교육의 매체와 달리 새롭게 등장하는 디지털미디어는 쌍방향 통신이 가능할 뿐만 아니라 다양한 형태로 변형이나 가공이 자유로워 교육의 효과를 극대화할 수 있다. 멀티미디어를 활용한 교육은 소비자교육의 효율성과 효과성을 높일 것이다. 최근에 많이 이용되고 있는 스마트폰 애플리케이션은 언제 어디서나 소비자가 정보를 제공받고 필요한 교육내용을 습득할 수 있다는 점에서 소비자가 자신의 니즈와 상황에 맞게 소비자교육을 받을 수 있도록 돕기 위한 교육방식으로 활용될 수 있을 것이다.

디지털역량의 개발을 위한 소비자교육은 연령이나 교육대상의 특수성에 따라 서로 다른 교육의 니즈를 충족시켜야 한다. 온라인에서 시장제품에 적용되는 기술에 대한 것뿐만 아니라 온라인에서의 책임에 대해 자녀세대와 부모세대를 함께 교육하는 것이 중요하다. 디지털 기술을 이용하여 구매할 때 개인정보보호에 대한 방법에 대한 내용을 포함할 필요가 있다. 한편 장년층 이상의 성인을 대상으로 하는 교육에서는 새로운 기술과 온라인서비스가 어떻게 효과적이고 효율적인 거래를 가능하게 하는지에 대해 이해시키는 것이 중요하다. 이들은 젊은세대에 비해 정보화에 익숙하지 못하기 때문에 새로운 기술에 의해 변화되고 있는 시장에 적응할 수 있도록 기초적인 이해를 돕는 교육이 필요하다. 교육대상의 특수성에 따라서는 지역이나 장애여부 등에 따른 접근이 필요하다. 과거 정보화가 진전되는 시기에는 정보기기를 접할 수 있는 사람들이 제한되어 있어 정보기기의 보급과 기초교육의 필요성이 높았다. 현재도 농어촌과 같이 개인용 컴퓨터 및 초고속 인터넷이 충분히 보급되지 못한 지역의 경우 정보기기의 접근성이 떨어진다는 점에서 이를 해소하기 위한 정책적 지원과 교육이 필요하다. 한편 신체적 장애로 인해 이동성이 떨어지거나 일반적인 매체를 이용한 교육이 불가능한 소비자를 대상으로 하는 특수교육프로그램을 구축할 필요가 있다.

정보통신기술이 발달되어 심지어 손안의 컴퓨터라 불리는 스마트폰의 보급률도 급격하게 높아지고 있는 시점에서 소비자의 정보기기 접근성이 높아졌다. 그러나 이것이 소비자가 디지털기기와 디지털 소비자정보를 적절히 활용하고 자신의 소비생활에 현명하게 적용할 수 있게 되었음을 의미하는 것은 아니다. 따라서 초연결사회에서는 소비자가 스스로 정보를 찾고 판단하여 자신의 소비생활에 적용하는 능력이 더욱 중요해졌으며 변화하는 소비환경에 맞추어 지속적으로 소비자의 능력을 개발하기 위한 전 생애에 걸친 소비자교육이 더욱 중요해진다고 할 수 있다.

2) 소비자교육의 영역별 내용

앞서 살펴본 초연결사회의 소비자교육의 내용구성에서 살펴본 바를 기초로 하여, Bannister와 Monsma의 개념분류의 틀에 초연결사회에서 소비자들이 필요로 하는 개념을 보충·수정하여 크게 네 가지(소비자정보기술 영역, 구매의사결정 영역, 소비자 재무관리 영역, 소비자주의 영역)로 구성하였다(표 10-2~10-5 참조). 특히 Bannister와 Monsma의 개념 틀에 없는 초연결사회에서의 소비자교육내용으로 '필요한 소비자

표 10-2 디지털사회의 소비자교육내용 – 소비자정보기술 영역

영역				내 용
소비자정보기술	인터넷거래이용법	쇼핑몰의 이용	쇼핑몰 사이트 접근	• 사이트 찾기 • 몰(mall)의 성격안내 • 쇼핑정보 탐색방법
			구매절차	• 전자 카탈로그 이용법 • 주문절차 알기 • 개인정보보호 확인
			결제 시스템	• 전자화폐의 이해 • 결제방법의 장단점 비교
		전자금융거래	인터넷 주식거래	• 사이트 찾기 • 인터넷증권거래소간 서비스 내용 비교 • 매매주문/주식거래 계좌 개설 방법
			인터넷은행 서비스	• 사이트 찾기 • 거래 이용방법 • 인터넷 은행 간의 제공서비스의 내용비교
		각종 서비스 사이트	원격의료 서비스	• 사이트 주소 안내 • 진료와 처방의 이용방법
			원격교육	• 사이버강의 사이트 주소 안내 • 교육종류의 선택과 이용방법
			온라인저널	• 사이트 주소 안내 • 전자도서관 이용법 • 전자신문 보기와 참여(의견제시, 여론형성방법)
	소비자정보활용법	소비자정보의 수집과 축적	정리와 분류 (데이터베이스)	• 데이터베이스의 효과 • 데이터베이스의 방법
			소비자정보의 근원	• 어디에서 좋은 소비자정보를 얻을 수 있는가
		소비자정보의 관리	소비자정보의 결합과 보충	• 결합·보충의 의의와 방법 • 결합·보충되어 보다 높은 차원의 소비자정보가 된 사례 이해
			소비자정보의 이용가치 및 이용권리	• 어떤 소비자정보가 이용가치가 높으며 어떻게 관리해야 하는가 • 개인정보보호
	정보기술	소비자 측면의 정보기술	하드웨어	• 컴퓨터구성 이해
			소프트웨어	• 시스템, 응용, 보조, 네트워크 프로그램 이해
		네트워크 측면의 정보기술	통신과 데이터의 전송	• 디지털 데이터 전송
			인터넷	• 인터넷 서비스의 종류 • 인터넷 통신원리의 이해
			네트워크	• LAN, 인트라넷, 기타 서비스 네트워크의 이해
			보안관련 기술	• 암호, 전자서명 • 시스템 보안 • 바이러스

출처 : 배윤정(1999). 정보사회의 소비자교육내용 체계화에 관한 연구, 성균관대학교 대학원 석사학위논문을 참고하여 구성함.

표 10-3 디지털사회의 소비자교육내용 – 구매의사결정 영역

영역			내 용	
구매의사결정	소비자 의사 결정에 영향을 미치는 외적 요인	경제체제	시장경쟁원리와 경제문제 및 경제체제	
		생태학적 영향	환경보호와 자원의 보존	• 환경보호의 이유와 방법 • 환경상품의 이점 • 자원절약 실천 방법
		기술적 영향	정보통신기술	• 변화·발전한 통신기술과학의 영향
		정치체제	공공정책/규제/이익집단	
			전자정부	• 정부부처의 홈페이지 소개 • 전자 민주주의 – 정책결정과정에의 참여방법
		사회문화 체제	사회변화와 문화	
			생활표준과 삶의 질	
	소비자 의사 결정에 영향을 미치는 개인적 요인	자원	물적자원과 인적자원	• 효과적인 이용법 • 관리·분배 방법
		가치와 목표	사회적 가치와 개인적 가치	
		생활주기	연령/소득/가족구성	
		라이프 스타일	생활양식의 구성요소	• 활동(Activity)/관심(Interest)/의견(Opinion)으로 자신의 생활 양식 알아보기
	의사 결정 과정	평가	소비자만족/불만족과 소비자대응행동	• 구매 후 부조화 시 감소방안 제시 (대안재평가, 새정보탐색, 변화 등) • 대응(불평)행동의 대상 부처 • 대응(불평)행동의 방법 사례
		정보탐색	정보의 원천과 수집	• 정보원천별 장단점 • 효율적인 정보수집방법(기대이득과 탐색비용의 고려)
			정보비용과 정보평가	• 정보비용을 줄이는 방법 • 정보평가의 기준제시
		선택	기회비용과 상충작용개념	
		대안	대안평가	• 대안평가의 기준제시

출처 : 배윤정(1999). 정보사회의 소비자교육내용 체계화에 관한 연구, 성균관대학교 대학원 석사학위논문.

표 10-4 디지털사회의 소비자교육내용 – 소비자재무관리 영역

영역			내 용	
소비자재무관리	수입과 지출의 관리	차용관리	차용의 이익과 불이익	• 차용의 이익과 불이익 사례 및 설명
			신용카드 관리	• 신용카드 종류별 서비스 내용 • 신용카드의 올바른 사용법
		세금관리	세금의 납부	• 세금납부 방법 • 절세전략 • 부당한 세금부과에 대한 시정요청 절차
		지출관리	합리적인 지출	• 재무상태 악화 시 올바른 지출 지침 • 구매단계별 지출관리행동
		자금관리	금융기관 선택과 금융 서비스 활용	• 금융기관 선택 시 고려사항 • 금융서비스 종류와 활용방법 • 홈뱅킹의 이용
	소득과 자산의 보호	보험	보험상품의 선택 및 계약과 가입	• 보험계약에 관한 용어설명 • 유의해야 할 보험약관의 주요내용 • 보험가입의 방법 및 요령과 지침
			보험관리	• 보험관련 민원처리기관 • 보험 민원처리절차 • 보험 소비자문제 예방 지침
		위험관리	위험의 관리	• 위험관리방법의 선택과 실행(위험회피/손실통제/위험이전/위험감소)
	자산의 증대	저축	금융상품의 선택	• 저축행동단계별 행동과업 • 금융상품의 종류비교
		투자	증권투자	• 사이버 주식/채권 투자 • 주식과 채권투자의 기본용어 이해 • 주식과 채권투자의 장단점
			투자계획	• 투자 전 검토사항 • 투자자금 마련 방법 • 투자의 대안 소개
			부동산투자	• 부동산투자의 장단점 • 투자종류별 장단점 • 부동산과 세금의 이해
	노후 설계와 상속	노후설계	국민연금과 개인연금	• 국민연금과 개인연금의 혜택 및 특징 • 가입요건/수령요령 • 금융기관별 개인연금저축의 특성
			은퇴 후의 소득과 지출	• 은퇴 후 소득마련 방법 • 은퇴 후 지출의 측정방법
			기업퇴직금	• 퇴직금 산정 방법 • 퇴직금 중간정산제의 장단점
		증여와 상속	증여와 상속	• 증여세 신고기간 • 증여/상속세의 과세 면세대상 • 증여/상속세의 절세방안

출처 : 배윤정(1999). 정보사회의 소비자교육내용 체계화에 관한 연구, 성균관대학교 대학원 석사학위논문.

표 10-5 디지털사회의 소비자교육내용 – 소비자주의 영역

영역			내 용	
소 비 자 주 의	소비자 권리와 책임	소비자 권리	소비자의 법적인 권리	
		소비자 책임	소비자의 책임	
			환경의식적 소비자	• 환경보전형 제품 구매 권장 • 환경지향적 소비생활 권장 • 폐기물 분리배출 강조 • 환경 친화적 소비생활의 사례
			네티즌의 윤리적 책임	
	소비자 보호	소비자 관련법	소비자기본법	• 소비자 개인정보보호 관련법
			제조물책임법	• 상품의 결함으로 손해가 발생했 을 때 제조자에게 손해배상을 부 담시키는 제도
			소비자거래규제	• 방문판매법 • 할부거래법
		소비자 보호 행정 서비스	중앙행정부처/지방자치 단체의 소비자보호행정 서비스	• 행정부처별/ 지자체의 소비자행 정업무 소개 • 소비자행정 부서의 서비스내용
			한국소비자보호원	• 불만처리 및 피해구제부서 안내 • 피해구제 사례
	소비자 활동	소비자 참여	소비자네트워크 형성	• 관련사이트 소개 • 소비자네트워크 활동의 위력 • 네트워크 활동의 성공사례
		소비자 단체	소비자단체의 활동	
			전국의 소비자단체 안내	

출처 : 배윤정(1999). 정보사회의 소비자교육내용 체계화에 관한 연구, 성균관대학교 대학원 석사학위논문.

정보기술에서는 크게 인터넷거래 이용법과 소비자정보 활용법으로 구분할 수 있다. 인터넷거래 이용법은 소비자들이 인터넷을 이용할 때 소비생활에서 필요한 영역 중에 도움이 될 만한 사이트를 소개하고 인터넷거래를 이용하는 데에 효율을 극대화하기 위해서 필요한 부분으로서, 인터넷 쇼핑몰의 이용, 전자금융거래, 각종 서비스사이트 등의 내용으로 분류하였다. 소비자정보 활용법의 내용은 정보의 수집·축적, 정보의 관리 등으로서 소비생활에서 얻은 정보를 함께 공유하면서 효율적으로 활용할 수 있도록 소비자를 돕고 교육하는 내용이 포함되어야 한다.

제4부

초연결사회와
소비자학

제 11 장

기업의 소비자정보시스템

초연결사회에서 공급자들은 소비자정보를 획득하기 위해 노력하고 있고, 소비자 역시 자신의 욕구에 보다 더 적합하게 다듬어진 제품을 구입하기 위해 자신에 대한 정보를 제공한다. 소비자의 웹사이트 방문정보나 거래정보를 이용하여 소비자에 대한 자세한 데이터베이스를 구축할 수 있게 된 공급자는 데이터베이스 마케팅(database marketing)으로부터 한 단계 진보한 고객관계관리(Customer Relationship Management, CRM)를 통해 소비자시장을 더욱더 잘게 쪼개어 개별 소비자에게 보다 나은 가치를 제공하는 일대일 마케팅을 실현할 수 있게 되었다. 공급자들은 맞춤화(customization)와 다양한 변형(versioning) 그리고 현금이나 포인트 또는 상품 등으로 보상하는 단골고객 프로그램 등을 이용하여 소비자의 속박(lock-in) 효과를 증대시키고 있다.

본 장은 기업의 기본 업무, 경영의사결정, 전략개발 등 기업경영 전반을 지원하여 기업의 목표달성을 꾀하는 기업정보시스템이 소비자의 속박효과를 높임으로써 초연결사회의 소비자주권을 침해할 가능성이 높다는 문제인식과 함께 기업정보시스템을 이용한 고객관계관리의 경영패러다임의 등장으로 소비자에게 최적화된 상품과 서비스의 제공으로 소비자의 총효용을 높여줄 수 있는 긍정적인 면이 있다는 상반된 관점을 토대로 먼저 기업정보시스템의 기초적 이해를 위한 내용을 다룬다. 이어서 제12장에서는 기업정보시스템을 기반으로 이루어지는 기업의 고객관계관리활동(CRM)의 관계를 살펴보는 내용을 다룬다.

1 기업정보시스템의 이해

1) 기업정보시스템의 개념과 필요성

일반적으로 시스템(system)이란 통일된 전체를 구성하고 있는 상호 밀접한 관련이 있는 부분들의 집합을 의미하며, 기업과 같은 조직단위에서의 정보시스템(information system)이란 조직의 목적 달성을 위하여 조직의 내부와 외부로부터 자료를 획득하여 입력(input)하고, 가치 있는 정보로 전환하기 위해 처리(processing)한 후 유용하게 사용할 수 있는 형태로 출력(output)하는 일련의 정보관리 및 구조화의 총체를 의미한다.

기업규모가 확대되고 경영환경이 급변함에 따라 복잡해진 관리 행동을 해결하기 위해 통합적 '사고의 틀'이 요구되던 기업은 정보기술을 활용하여 경영정보를 관리자에게 전달할 목적으로 기업정보시스템(Business Information System, BIS)을 구축하고 발전시켜 왔다. 기업정보시스템은 그림 11-1에서와 같이 경영활동에 초점을 두고 정보를 지원하는 컴퓨터정보시스템(Computer-Based Information System, CBIS)[1]과 조직기능에 따라 정보를 제공하는 조직정보시스템(Organizational Information System, OIS)[2]으로 분류되어 발전되어 왔다. 그러나 이들은 전사적 차원에서 기업의 모든 업무프로세스를 통합적으로 관리할 수 있는 전사적 자원관리(Enterprise Resource

---

[1] 경영활동의 수준에 따른 CBIS의 분류는 운영통제시스템, 경영통제시스템, 전략계획시스템으로 이루어진다. 운영통제시스템은 조직의 하부에서 이루어지는 거래처리업무에 관한 것으로써 사무자동화시스템(Office Automation System, OAS)이나 거래처리시스템(Transaction Processing System, TPS)이 해당된다. 경영통제시스템은 의사결정을 위한 정보자원을 경영층에게 제공하는 것으로써 경영정보시스템(Management Information System, MIS)이 포함된다. 전략계획시스템은 전략 계획에 필요한 분석 정보를 지원하는 것으로써 의사결정지원시스템(Decision Support System, DSS)과 최고경영자 정보시스템(Executive Information System, EIS)이 해당된다. 이러한 분류와 다르게 경영정보시스템(MIS)은 사무자동화시스템, 거래처리시스템, 의사결정지원시스템, 최고경영자 정보시스템, 전문가시스템을 모두 포함하여 광의의 개념으로 파악하기도 한다.

[2] 조직기능에 따른 OIS에는 생산(혹은 제조)정보시스템, 마케팅정보시스템, 인사정보시스템, 재무(혹은 회계)정보시스템이 포함되는데, 특히 마케팅은 고객중심으로 패러다임이 변화하면서 고객관계관리(Customer Relationship Management, CRM) 시스템으로 발전되어 고객과의 지속적인 관계를 유지하며 평생 고객화를 목적으로 고객의 가치를 극대화하기 위해 고객 개개인에 관한 정확한 정보를 최대로 활용하고 있다.

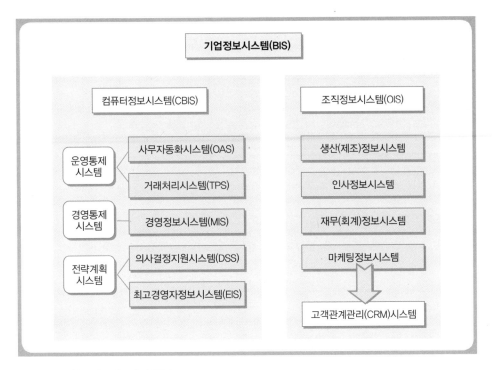

그림 11-1 기업정보시스템의 종류

Planning, ERP)시스템으로 통합되고 있으며, 이 시스템에 축적된 데이터는 웨어하우스로 이동되어 분석에 사용되며, 데이터웨어하우스(Data Warehouse, DW)는 궁극적으로 지식경영시스템(Knowledge Management System, KMS)과 연계되고 통합되는 추세이다.

하나의 기업과 관련된 외부 객체는 원부자재나 부품을 공급하는 공급업체와 상품을 구매하거나 서비스를 제공 받는 고객인데, 이것을 정보시스템의 측면에서 살펴보면 그림 11-2에서와 같이 기업의 내부통합은 전사적 자원관리(ERP)로 구성하고, 외부 통합은 공급업체와의 관계는 공급사슬관리(Supply Chain Management, SCM)로, 고객과의 관계는 고객관계관리(Customer Relationship Management, CRM)로 구성한다. 기업은 이러한 과정에 필요한 방대한 양의 데이터를 일관성 있게 통합된 형태로 저장하고 관리하기 위해 데이터웨어하우스를 구축하고 전사적 차원에서 의사결정을 지원하는 고도의 정보환경을 구축해 나가고 있다.

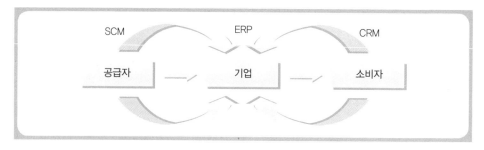

그림 11-2 기업 내외부 정보시스템

2) 기업정보시스템의 구성요소[3]

(1) 데이터와 데이터베이스

데이터는 컴퓨터가 처리할 수 있는 0과 1로 구성된 비트(bit)에서부터 데이터베이스까지의 계층적인 구조를 가진다. 8개의 비트가 모여 바이트(byte)를 구성하고 이들은 하나의 철자, 예를 들면 문자나 숫자, 심볼을 표현한다. 이와 같은 문자의 논리적 그룹으로 단어나 단어의 모임, 식별번호가 생성되어 필드(field)를 형성한다. 필드의 논리적 모음은 레코드(record)를 형성하고, 관련된 레코드의 논리적 그룹은 파일(file)이나 테이블(table)을 구성하게 되며, 이러한 파일의 논리적 그룹이 데이터베이스를 구성하게 된다.

데이터베이스는 데이터의 사용자가 원하는 데이터를 검색하고 분석하고 이해할 수 있도록 구성되었을 때 유용성을 가진다. 데이터베이스는 그 자체로는 아무런 가치를 가지지 못한다. 데이터베이스는 데이터에 접근성과 유용성이라는 가치를 부여하는 것이다. 데이터베이스의 사용자에게 보다 접근 가능하고 유용한 형태로 데이터를 제공하기 위해 데이터베이스 애플리케이션 시스템(database application system)이 이용된다.

---

[3] 이 내용은 다음의 참고문헌을 중심으로 구성하였다.

장남식·홍성완·장재호(1999). 데이터마이닝. 대청미디어; 조재희·박성진(1998). 데이터 웨어하우징과 OLAP. 대청미디어; 조재희·박성진(2000). OLAP 테크놀로지 : 데이터 웨어하우스의 효과적 활용 기법. Sigma Consulting Group; Berry, M. & Linoff, G.(2009). 경영을 위한 데이터마이닝(김선택·김종우 역). 한경사; Rainer, K., Prince, B., & Watson, H.(2014). 미래비즈니스를 위한 경영정보시스템(박기우 외 역). (주)시그마프레스.

(2) 데이터웨어하우스와 데이터마트

정보와 지식이 경쟁력의 원천이 되어 가면서 방대한 양의 데이터를 저장하고 관리하기 위한 데이터베이스가 구축되었고, 점점 더 늘어나는 대용량의 데이터베이스는 그 활용도를 높이기 위한 목적으로 더욱 정제되고 일관성 있게 통합된 형태로 저장할 수 있기 위해 메타 데이터베이스의 성격을 갖는 데이터웨어하우스(Data Warehouse, DW)로 확대 발전되고 있다.

데이터웨어하우스의 개념은 대용량의 데이터 처리기술의 발전이라는 기술적 대안을 통하여 기존의 산재된 데이터베이스를 통합적으로 사용하고 데이터베이스 사용자의 의사결정을 효과적으로 지원하기 위한 정보시스템 구축의 기반 기술이다. 데이터웨어하우스는 복잡하고 분산되어 있는 대용량의 정보를 체계적으로 통합하여 의사결정자에게 효율적인 정보를 제공하기 위한 데이터 통합저장 시스템이다. 이것은 사용자의 의사결정을 지원하기 위해 축적한 데이터를 사용자의 관점에서 주제별로 통합하여 그림 11-3과 같이 별도의 장소에 저장해 놓은 메타 데이터베이스로 이해할 수 있다.

데이터웨어하우스는 1980년 IBM의 'Information Warehouse'로 처음 그 개념이 등

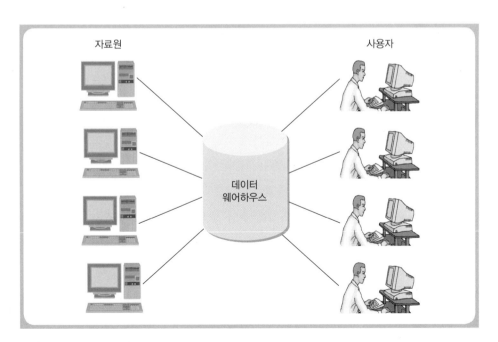

그림 11-3 데이터웨어하우스

장하였다. 이후 이 개념은 많은 하드웨어, 소프트웨어 및 툴 공급업체들에 의해 이론적, 현실적으로 성장하였으며, 1980년대 후반 William Inmon에 의해 데이터 접근전략으로 언급된 후 많은 관심과 집중을 받게 되었다.

데이터마트(data mart)는 이해관계가 동일한 사용자 집단에 특화된 사용자 중심의 데이터 저장고이다. 데이터웨어하우스의 일차적 초점이 인프라 구축이라면, 데이터마트의 일차적 초점은 사용자와의 인터페이스에 있다. 데이터웨어하우스가 데이터의 통합과 관리에 비중을 둔다면, 데이터마트는 사용자접근(access)과 가독성(legibility)에 보다 초점을 맞추는 것이다. 데이터마트로 옮겨진 데이터는 사용자집단의 필요에 맞게 자유롭게 가공되고 사용자의 질의에 대해 최적의 응답성능을 제공할 수 있도록 구조화된다. 이처럼 데이터마트는 데이터웨어하우스를 보완하며 데이터웨어하우스로부터 최대한의 효과를 이끌어내는 역할을 한다. 데이터웨어하우스는 일반적으로 비싸기 때문에 큰 기업에서만 사용하는데, 이를 기업 내 부서나 혹은 전략사업단위에서 사용할 수 있도록 축소한 데이터마트의 경우 보다 저렴한 비용으로 구매가 가능하다. 데이터마트는 데이터웨어하우스보다 구축하는 데 시간이 적게 소요된다. 데이터마트는 데이터웨어하우스를 먼저 구축한 다음 사용자 집단의 필요에 초점을 맞추어 데이터마트를 구축하는 하향식 접근법(top-down approach)과 데이터마트를 먼저 구축하고 나중에 데이터웨어하우스로 통합하는 상향식 접근법(bottom-up approach)의 두 가지 방식으로 구축된다. 전자는 중앙의 데이터웨어하우스로부터 데이터를 공급받는 방식이기 때문에 종속형 데이터마트(dependent data mart)라 하고, 후자는 데이터웨어하우스 없이 데이터마트를 먼저 구축하기 때문에 독립형 데이터마트(independent data mart)라 한다. 독립형 데이터마트는 단발적이고 데이터 통합이라는 웨어하우스의 본질을 배제할 가능성이 높다는 단점이 있다.

데이터웨어하우스와 데이터마트의 기본적인 특성은 ① 주제별 조직화, ② 온라인 분석처리(OLAP), ③ 통합, ④ 다양한 시간대별 보존, ⑤ 비휘발성, ⑥ 다차원성으로 요약된다. 먼저 주제별 조직화는 데이터가 주제별로 조직화된다는 것을 의미한다. 온라인분석처리는 의사결정자를 지원하기 위하여 OLAP을 지원하며, 이는 최종사용자에 이해 축적된 데이터를 처리하는 기능을 제공한다. 또한 다양한 시스템으로부터 수집된 데이터는 포괄적인 정보를 제공할 수 있도록 통합되어 저장된다. 다양한 시간대별 보존이 가능한 데이터라는 점은 과거 데이터를 축적하는 것을 의미한다. 이는 시간에 따른 변화나 추세를 발견하기 위해 사용될 수 있다. 비휘발성의 특징은 데이터의 내용의 변경이나 교체, 갱신이 매우 제한적으로 권한이 부여된 사람에 의해서만 가능하다는 것을 의미한다. 따라서 추세분석을 위한 과거 데이터를 지속적으로 축적, 보유하게 된다. 마지막으로 데이터웨어하우스나 데이터마트에 저장된 데이터는 2개 이상의 차원을 이용하여 데이터를 저장하므로 데이터의 구조가 다차원적이다.

3) 데이터웨어하우징

데이터웨어하우징(data warehousing)이란 데이터의 수집 및 처리로부터 도출되는 정보의 활용에 이르는 일련의 과정으로 정의할 수 있다.

　데이터웨어하우징의 과정은 개략적으로 그림 11-4에서와 같이 3단계로 구성된다. 첫 단계는 다양한 운영시스템에 산재해 있는 데이터나 외부 원천으로부터 데이터를 추출, 정제, 변형, 가공, 통합하여 저장하는 데이터 로딩 단계이다. 다음으로 데이터웨어하우스를 구축하고 관리하는 단계로, 여기에는 사용자 유형별로 최적의 데이터 환경인 데이터마트의 구축과 관리 및 데이터 로딩 단계에서 발생하는 데이터 변형에 관한 정보를 통합, 저장, 관리하는 메타데이터 리포지토리(meta data repository)의 구축과 관리가 포함된다. 마지막으로 최종 사용자가 데이터웨어하우스에 저장된 데이터

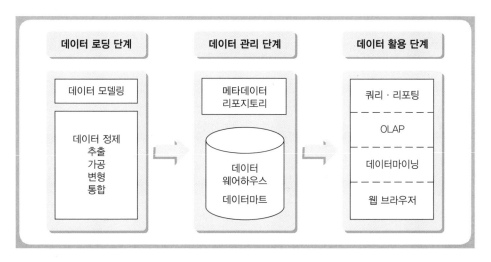

그림 11-4 데이터웨어하우징의 과정

를 다양한 웨어하우스 접근 툴을 이용하여 조회하고 분석하는 데이터 활용 단계이다.

(1) 데이터 로딩 단계

웨어하우스 데이터베이스에 데이터를 로딩하는 단계는 데이터웨어하우스 구축에서 가장 중요한 단계 중의 하나이다. 다양한 운영시스템이나 외부 원천의 데이터는 단순히 추출(extraction)되어 웨어하우스로 복제(replication)되는 것이 아니라 가공(manipulation), 변형(transformation), 정제(cleansing)의 과정을 필요로 한다. 중복된 데이터는 제거되고 잘못된 값은 수정되며 다양한 포맷의 데이터가 하나의 포맷으로 통일되고 필요에 따라 데이터는 집계되고 연산과정을 거쳐 변형된다.

(2) 데이터 관리 단계

데이터웨어하우스는 최종사용자와의 인터페이스보다는 방대한 분량의 데이터를 효율적으로 통합하고 관리하는 데에 초점을 맞추기 때문에 사용자의 편리를 위해 데이터마트가 추가될 수 있다. 데이터마트의 데이터는 대부분 데이터웨어하우스로부터 복제되지만 자체적으로 수집될 수도 있다. 데이터마트는 데이터웨어하우스와 동일한 플랫폼에 요약된 형태의 데이터로 존재할 수도 있지만, 대부분의 경우 물리적으로 분리된 별도의 데이터베이스 서버로 구성된다. 데이터마트로 옮겨진 데이터는 사용자 집단의 필요에 맞게 자유롭게 가공되고 사용자의 질의에 대해 최적의 응답성능을 제공할 수 있도록 구조화된다. 이처럼 데이터마트는 데이터웨어하우스를 보완하며 데이터웨어하우스로부터 최대한의 효과를 이끌어내는 역할을 한다.

(3) 데이터 활용 단계

데이터웨어하우스나 데이터마트와 같은 데이터 저장소가 구축되고 나면 사용자는 다양한 웨어하우스 접근 툴을 이용하여 저장된 데이터를 조회하고 분석하고 활용한다. 많이 사용되는 접근 툴로는 쿼리 및 리포팅(query & reporting), OLAP, 데이터마이닝, 웹 브라우저 등이 있다.

2 기업정보시스템의 정보흐름

데이터웨어하우스의 진정한 가치는 방대한 양의 데이터를 통합 수집하는 것보다 정보의 흐름을 관리하는 것이다. 따라서 앞에서 3단계로 다룬 데이터웨어하우징의 과정은 그림 11-5에서와 같이 다섯 가지의 주요한 정보흐름의 관점으로 더욱 자세하게 파악해볼 수 있다.

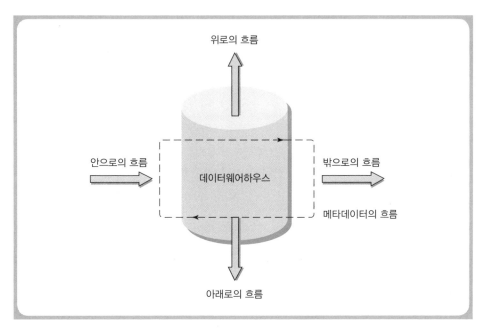

그림 11-5 데이터웨어하우징에서의 정보흐름

1) 안으로의 흐름

데이터웨어하우징에서 첫 번째 정보의 흐름은 그림 11-6에서와 같이 데이터가 운영시스템과 기타 데이터 원천으로부터 변환 단계를 거쳐 데이터웨어하우스 내부로 유입되는 과정이다. 이 과정에서 데이터의 표준화와 정확성 확보가 중요하며, 데이터의 표준화는 용어의 일관성과 데이터 포맷의 일치를 요구한다.

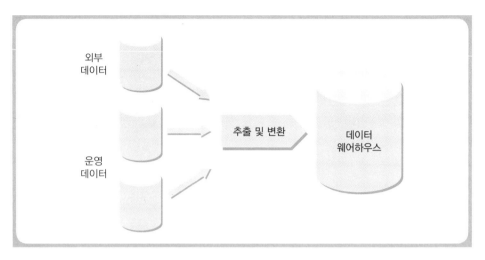

그림 11-6 데이터웨어하우스에서의 안으로의 정보흐름

2) 위로의 흐름

위로의 흐름은 웨어하우스 내로 유입된 데이터가 부가가치를 더하는 과정이다. 다양한 운영시스템의 데이터와 외부 원천의 데이터는 통합 유입된 후 보다 유용한 자원으로 변환되어야 한다. 웨어하우스 내의 데이터는 그림 11-7에서와 같이 다양한 수준으로 요약될 수 있다. '최근의 상세 데이터', '조금 요약된 데이터', '많이 요약된 데이터'로 데이터의 요약 수준을 높일 수 있다. '조금 요약된 데이터'의 예로는 특정 상표의 한 주나 한 달 혹은 특정 지역에서의 가격변동이 될 수 있고, '많이 요약된 데이터'는 특정 상표의 분기나 연간 가격변동 혹은 동일 제품군의 가격변동이 될 수 있다.

웨어하우스 구축에서 가장 관심이 집중되는 부분은 '최근의 상세 데이터'인데 어느 정도로 상세한 데이터이어야 하는가에 관한 데이터 구체성의 정도(granularity)가 중요한 문제가 된다. 데이터 구체성의 정도는 웨어하우스의 데이터 양과 응답할 수 있는 사용자 질의의 유형에 절대적인 영향을 미치는 중요한 요소이다. 소비자의 의사결정을 효과적으로 지원하기 위한 소비자정보시스템에 필요한 웨어하우스의 데이터는 매우 상세한 수준으로 데이터의 구체성이 요구된다.

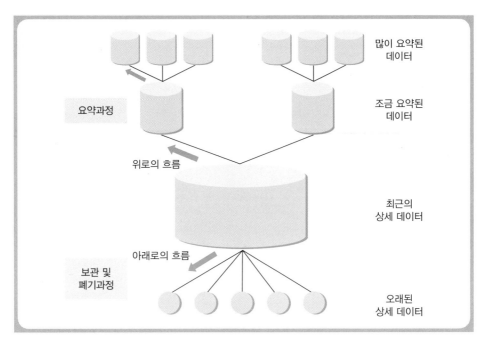

많이 요약된
데이터

요약과정

조금 요약된
데이터

위로의 흐름

최근의
상세 데이터

아래로의 흐름

보관 및
폐기과정

오래된
상세 데이터

그림 11-7 데이터웨어하우스에서의 위로의 정보흐름

3) 아래로의 흐름

데이터웨어하우스의 데이터는 시간이 경과함에 따라 그 가치가 감소하므로 웨어하우스의 심장부에서 보다 값싼 저장매체로 이동시킬 필요가 있다. 경우에 따라서는 영원히 폐기하기도 한다.

4) 밖으로의 흐름

밖으로의 흐름은 최종 사용자인 소비자들이 웨어하우스의 데이터를 활용하는 것이다. 아무리 효과적으로 데이터웨어하우스가 구축되고 유지된다고 하더라도 사용자들이 효과적으로 사용하지 않으면 웨어하우스 구축의 의미가 없다. 따라서 사용자들이 웨어하우스의 데이터를 주도적으로 사용할 수 있도록 웨어하우스 환경을 구축해야 하는 것이다

웨어하우스의 데이터는 그림 11-8에서와 같이 사용자의 편의를 위해 사용자 유형이나 사용목적에 적합한 데이터마트로 옮겨지기도 한다. 이러한 데이터는 쿼리 및 리

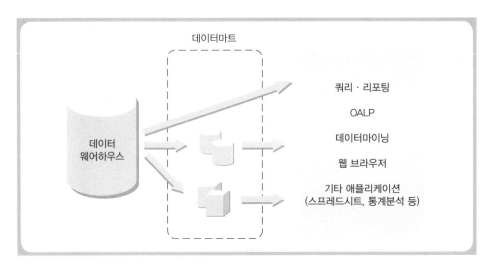

그림 11-8 데이터웨어하우스에서의 밖으로의 정보흐름

포팅 툴, OLAP 툴, 데이터마이닝, 웹 브라우저 등의 다양한 툴을 통해 사용된다.

데이터웨어하우스가 구축된 후 모든 사용자들이 질의를 직접 수행한다면 시스템 성능에 심각한 부하를 줄 수 있고 사용자들이 원하는 유용한 정보를 지원하지 못할 수 있다. 이러한 문제를 극복하기 위해 데이터웨어하우스와 사용자 사이에 중간층이 필요하며 이 중간층이 바로 데이터마트이다. 앞에서 언급한 바와 같이 데이터마트는 이해관계가 동일한 사용자 집단의 특화된 데이터 장소로서 사용자의 질의에 빠르게 응답할 수 있도록 데이터를 제공한다.

5) 메타데이터의 흐름

지금까지 설명한 정보의 네 가지 흐름은 데이터가 웨어하우스 환경에서 어떻게 이동되는가에 관한 것이다. 메타데이터의 흐름은 이러한 네 가지 흐름의 구조와 의미에 대한 데이터(메타데이터)의 흐름을 나타낸다. 따라서 메타데이터는 데이터에 대한 데이터로 이해할 수 있다.

데이터웨어하우스 사용자는 웨어하우스에 저장된 데이터의 구조와 의미를 알아야 한다. 즉, 데이터 요약에 사용된 알고리즘, 원천 데이터베이스와 데이터웨어하우스 사이의 대응(mapping)관계와 같은 정보가 필요하다. 실제로 메타데이터는 웨어하우스

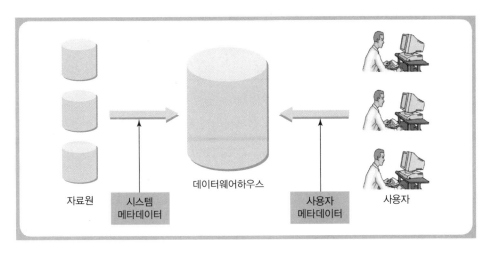

데이터웨어하우스

자료원　　시스템
　　　　　메타데이터

사용자
메타데이터　　　사용자

그림 11-9 메타데이터의 역할

관리자와 사용자 각각에게 요구된다.

첫째, 데이터웨어하우스 관리자를 위한 메타데이터는 데이터웨어하우스의 원활한 운영을 위해 원천 데이터의 정의, 테이블의 구조와 특성, 원천 데이터와의 대응관계, 데이터 모델, 데이터 변환, 갱신주기, 추출 로그 생성, 데이터 이용통로 및 이용권한 등과 같은 정보가 필수적이다.

둘째, 사용자 메타데이터는 의사결정 지원 애플리케이션과 밀접하게 연계된다. 사용자 메타데이터는 애플리케이션을 실제로 활용하는 대부분의 사용자에게 투명하고 쉽게 이해될 수 있어야 한다.

이처럼 메타데이터를 두 개의 영역으로 구분함으로써 데이터웨어하우스 관리자는 사용자 메타데이터를 정의하는 과정에 참여할 필요 없이 웨어하우스를 관리할 수 있다. 메타데이터는 그림 11-9와 같이 데이터웨어하우스 관리자와 사용자 집단 사이의 최적의 관계를 설정하는 역할을 담당한다.

③ 소셜미디어 정보시스템의 이해[4]

페이스북, 트위터, 링크드인 등과 같은 소셜미디어는 사용자의 네트워크 간에 콘텐츠가 공유될 수 있도록 지원하는 정보기술이다. 그리고 이 사용자의 네트워크 간의 콘텐츠 공유를 지원하는 것이 소셜미디어 정보시스템(SMIS)이다. 여기에서는 소셜미디어 정보시스템의 역할과 기업의 정보시스템에 근거한 전략에 어떻게 기여하는지 살펴보기로 한다.

1) 소셜미디어 정보시스템의 역할

소셜미디어의 네트워크에 참여하는 사용자는 지역과 물리적 제약을 넘어 다양한 커뮤니티를 형성한다. 소셜미디어 사용자는 하나 이상의 커뮤니티에 참여할 수 있기 때문에 소셜미디어를 통해 연결된 커뮤니티 구성원의 수는 기하급수적으로 늘어난다. 이처럼 커뮤니티에서 형성되는 관계의 기하급수적 특징은 기업에게 새로운 가능성과 잠재된 위험을 동시에 제공한다. 소셜미디어에서 형성된 가상의 커뮤니티에서는 어떤 기업에 대한 공유된 생각이나 관점이 급속도로 전파될 수 있다. 따라서 기업은 소셜미디어를 소비자와의 커뮤니케이션을 위한 강력한 도구로 소비자로부터의 다양한 정보를 수집, 관리하는 정보시스템으로 활용하고자 하는 동기가 발생하게 된다.

　오늘날 소비자의 변화나 반응에 발 빠르게 대처하는 많은 기업들은 조직의 페이스북, 트위터 등의 계정을 관리하고 있다. 기존의 웹사이트와 소셜미디어 네트워크를 병행하여 운영하면서 소비자들이 기업에 대한 의견을 쉽게 남길 수 있는 창구로 활용하고 있다. 이와 같은 연결은 관계에 포함된 주체들 간의 관계 강도를 높인다. 소셜미디어는 문자, 이미지, 영상 등의 다양한 멀티미디어를 지원하며 이를 통해 소통하는 조직과 소비자의 관계는 더 강화될 수 있다. 이는 일종의 기업이 갖는 사회적 자본의 크기와 관련된다. 사회적 자본은 관계의 수와 관계 강도, 그리고 이에 따라 통제되는 자원의 상호작용으로 구성된다. 즉 기업에 더 많은 가치를 제공할 수 있는 사람들을 더 많이, 더 깊이 관계에 참여하도록 하는 것이 기업이 소셜미디어를 통해 사회적 자본을

---

[4] 이 내용은 Kroenke, D. (2014). 사례로 배우는 경영정보시스템(문용은·문태수·서창갑 역, 시그마프레스 발행)의 제8장 내용을 참고하여 구성하였다.

확장하기 위해 투자하는 이유이다.

2) 소셜미디어 정보시스템의 활용

(1) 기업운영 역할

기업은 공급망의 관리와 운영 및 제조활동을 위해 소셜미디어를 활용한다. 공급망의 관리에 있어서는 제조공정과 긴밀하게 통합되어 쉽게 변화하지 않기 때문에 소셜미디어의 활용이 제한적일 수 있으나, 소셜미디어가 가지는 유연성은 예기치 못한 공급관련 문제에 적절히 대응하기 위한 도구로 활용될 수 있다. 공급사슬에서 나타난 문제를 해결하기 위해 유연하고 빠르게 문제해결책을 제시하고 문제를 바로잡는 방법으로 소셜미디어가 활용되는 것이다. 소셜미디어는 사용자의 네트워크를 통해 콘텐츠를 자유로이 생성하고 공유하며 빠르게 피드백을 받도록 설계되었기 때문에 문제해결을 위한 소통을 촉진한다. 그러나 문제는 이와 같은 문제해결의 과정이 고스란히 다수의 소비자, 기업의 이해관계자, 경쟁기업에 노출된다는 점이다.

한편 기업은 운영이나 제조활동을 위해서도 소셜미디어를 활용한다. 소셜미디어가 가지는 유연성과 적응성의 특징이 기업운영을 지원하는 데 사용되는 것이다. 예를 들면 크라우드소싱(crowdsourcing)을 통해 제품설계나 재설계에 고객을 참여시키는 경우가 있다. 한편 기업은 내부적 소통의 도구로 소셜미디어와 비슷한 성격을 가진 응용프로그램을 이용하기도 한다. 이를 이용하여 조직구성원들 간에 지식과 문제해결 방법을 공유할 수 있으며 이를 기업의 운영 및 제조관리에 활용한다. 또한 조직구성원의 채용이나 인적자원 개발, 평가 등에 소셜미디어를 활용하기도 한다. 그러나 페이스북 등의 개인 소셜미디어를 이용하여 인적자원관리를 하는 경우 발생할 수 있는 오류의 가능성이 고려되어야 한다.

(2) 고객관계관리 역할

전통적으로 기업은 기업정보시스템을 이용하여 기업이 보유한 고객에 관한 정보를 판매와 마케팅활동에 적용해 왔다. 여기서 더 나아가 소셜미디어를 소비자와의 관계형성이나 판매촉진, 마케팅 등의 활동에 활용하는 등 소셜미디어 정보시스템의 이용이 확대되고 있다. 소셜미디어를 통해 기업은 동적 콘텐츠를 만들고 고객이 이를 검색하고 기업과 토론할 수 있게 되었으며, 네트워크에서 그룹이나 커뮤니티를 형성하여 관계를 형성한다. 이와 같이 소셜미디어가 기업과 고객의 관계에 활용될 경우 기업이 주도적으로 소비자의 정보를 수집한 뒤 관계를 형성, 발전시켜 온 전통적인 고객관계와 달리 기업과 고객이 동시에 관계를 형성하고 통제한다는 특징이 있다. 이에 따라 기업은 온전히 고객의 데이터를 관리하고 통제하여 관계를 만들어 오던 것에 비해 위험을 부담하게 된다. 한 예로 마이크로소프트는 일본 지진 후 일본 지진 피해자들에게 기부하는 방법으로 자신들의 검색엔진에서 제공하는 서비스에 연결된 링크를 리트윗하도록 트위터에 멘션을 올렸다. 마이크로소프트는 자사의 검색엔진 이용을 촉진하기 위한 목적과 지진 피해자들에게 기부하는 두 가지 목적을 모두 달성하기 위해 소셜미디어를 이용하였으나 비극적인 사건을 상업적으로 이용하였다는 점에 대해 사용자들이 부정적으로 바라봄에 따라 역풍을 맞았다. 이와 같이 소셜미디어를 이용한 판매촉진이나 마케팅의 활용은 때로는 소비자들에게 관계를 상업적으로 이용하려는 의도가 부정적으로 받아들여지거나 지나친 홍보방식으로 인해 부정적 평가를 받기도 한다는 점에서 신중하게 고려할 필요가 있다.

한편 기업은 소셜미디어를 통해 고객 간의 소통창구를 마련하기도 한다. 이는 고객들이 특별한 경제적 지원이 없더라도 서로를 도우려는 성향을 보인다는 점을 이용한 것이다. 기업은 사용자들 간에 자유롭게 소통할 수 있는 공간을 마련하고, 이들 가운데 활발한 활동을 하는 소비자들을 특별히 관리하기도 하는 방법으로 소셜미디어의 사용자를 기업의 고객서비스에 끌어들인다. 이와 같은 고객간 관계형성이 소셜미디어에서 이루어질 경우 소비자들은 다양한 소비자들의 경험을 공유할 수 있게 되어 구매의사결정의 위험을 줄일 수 있다는 장점이 있으나 기업의 관점에서는 사용자들 간에 공유되는 콘텐츠의 내용을 통제할 수 없다는 점에서 잠재적인 위험을 안고 있다.

이상에서 살펴본 바와 같이 기업은 더 나은 성과를 위해 정보시스템을 구축, 운영하며 나아가 역동적이고 상호 소통이 가능한 소셜미디어를 이용한 정보시스템으로 그 영역을 확장해 나가고 있다. 기업은 조직 전체의 분산된 자원과 능력을 하나로 통합하여 신속, 정확하게 의사결정을 하기 위해 정보시스템을 이용한다. 이를 통해 기업은 경영자원을 더욱 효율적으로 활용할 수 있게 되며 의사결정의 효과를 증대시킨다. 기업은 이러한 정보시스템을 통해 얻게 된 막강한 정보력으로 소비자에 대해 더욱 낱낱이 알게 되었으며, 이를 이용하여 더 나은 판매촉진과 마케팅활동을 전개할 수 있게 되었다. 이 과정에서 소비자는 자신에 대해 깊이 이해하는 기업의 마케팅 활동에 무력해질 수 있다는 점을 간과할 수 없다. 그러나 한편으로 기업이 효율적인 마케팅을 전개함으로써 소비자에게 전가되는 마케팅비용을 줄일 수 있다는 점과 무차별적인 마케팅 공격의 대상이 아니라 개별 소비자에게 매우 적합한 형태의 초점마케팅이 전개될 때 오히려 개인 소비자가 얻는 효용의 크기가 커질 수 있다는 점에서는 긍정적으로 인식할 부분이 있다. 다만 이를 위해서는 기업이 소비자정보의 관리와 활용에 있어서 전사적인 관점에서 소비자중심의 경영을 수행해 나가는 것이 전제되어야 할 것이다. 다음 장에서는 기업의 소비자정보 활용과 관련한 경영전략인 CRM(고객관계관리)에 대해 자세히 살펴보기로 한다.

4 빅데이터의 활용

최근 빅데이터에 대한 기업의 관심이 높아지고 있다. 기업이 관리하는 기업정보시스템 이외에도 온라인상에 존재하는 무수히 많은 데이터를 바탕으로 기업의 미래 성장전략을 모색하기도 하고 경영환경변화를 예측하기도 한다. 여기에서는 기업의 빅데이터 활용과 관련하여 빅데이터의 개념에 대한 기초적인 이해를 바탕으로 특징 및 활용분야에 대해 살펴보고자 한다.

1) 빅데이터의 등장배경

데이터의 양이 크게 증가하게 된 배경은 PC나 스마트폰과 같은 정보기기의 활용도가 과거에 비해 매우 높아진 것에서 찾을 수 있다. 특히 스마트폰의 보급으로 정보기기가 우리의 생활에 깊숙이 침투하면서 사용할 때마다 남기게 되는 정보의 발자취가 기하급수적으로 늘어나게 된다. 이와 함께 사물인터넷의 확산은 인간의 개입 없이도 네트워크에서의 정보생성과 교환, 처리가 이루어지게 되기 때문에 디지털정보의 폭발적 증가에 기여하고 있다. 트위터나 페이스북과 같은 SNS에서 생성되는 사람들의 일상적인 이야기를 담은 정보에서부터 웹상에 존재하는 글, 사진, 영상, 그리고 특정한 사이트나 쇼핑몰에 접속하여 여러 페이지를 방문한 기록까지 매 순간 무수히 많은 디지털기록이 생성되고 있으며, 앞으로 사물인터넷의 발전이 가속화됨에 따라 이러한 데이터의 양은 지금보다 훨씬 더 많은 수준으로 증가할 것으로 보인다. 2020년까지 전 세계의 디지털데이터는 현재의 약 20배에 이를 것으로 전망되고 있다. 이러한 디지털데이터의 엄청난 증가가 곧 빅데이터를 형성하게 된다.

데이터는 이미 오래전부터 활용되어 왔으나 여기에 빅(Big)이라는 단어가 붙으면서 기존의 데이터관리나 분석방법과는 다른 새로운 방법이 요구되고 있다. 빅데이터는 무수히 많은 종류와 양의 정보를 담고 있으며 파편화된 단편적인 정보들도 포함하기 때문에 빅데이터 그 자체로는 아무런 의미가 없다. 무수히 많은 정보가 산처럼 쌓여 있는 가운데 의미 있는 것을 찾아내기 위한 가공과 분석이 반드시 필요하다. 과거에도 빅데이터는 존재하였으나 이를 의미 있게 처리하는 데 너무나 많은 비용이 필요했기 때문에 그저 의미 없는 정보의 큰 덩어리로만 남아 있었다. 비용 측면의 이유로 데이터베이스를 기반으로 한 정보처리는 엄청난 양의 데이터 중 가치 있을 것으로 판단되는 일부 정보만을 추려내어 관리하고 분석하는 데 그쳤던 것이다. 정보처리기술의 비약적인 발전으로 매 순간 산발적으로 생성되는 다양한 종류의 데이터를 한데 모아 빠르게 분석할 수 있는 길이 열리게 되었다.

2) 빅데이터의 특징

빅데이터는 문자 그대로 큰(Big) 데이터(Data)라고 볼 수 있다. 이때 '크다'는 의미의 'Big'은 데이터의 규모가 크고(Volume), 변화의 속도가 빠르며(Velocity), 데이터의 형식이 다양하다는(Variety) 특징, 즉 3V로 요약된다.

(1) 데이터의 규모

빅데이터의 특징은 먼저 그 규모가 방대하다는 것이다. 데이터가 많다는 것은 그만큼 데이터를 통해 얻어낼 수 있는 분석결과의 정확도와 의미가 높아짐을 의미한다. 빅데이터의 양적 규모를 설명할 때 등장하는 단위는 '테라(1조)' 바이트 혹은 '페타(1000조)' 바이트이다. 알파벳 한 글자가 1바이트이고 이것이 100만 개가 모이면 1메가바이트가 된다. 일반적으로 빅데이터는 100테라바이트 이상을 의미하며, 데이터를 통해 추출하고자 하는 결과에 맞는 데이터가 얼마나 있는가에 따라 빅데이터의 크기는 달라지게 된다.[5]

(2) 데이터의 변화속도

빅데이터는 가공이 되지 않은 데이터를 의미하며 그 변화속도가 빨라 지속적으로 새로운 분석방법을 적용함으로써 새로운 가치를 얻어낼 수 있다는 특징을 가진다. 소셜 빅데이터는 시시각각 소셜네트워크서비스를 이용하는 이용자에 의해 생성되는 새로운 정보를 담아내고 있어 빅데이터 분석에서 주로 활용되고 있다. 데이터의 빠른 변화속도는 과거가 아닌 현재의 모습을 보다 정확하게 담아낼 수 있다는 의미를 갖는다.

(3) 데이터의 다양성

빅데이터를 이야기할 때 과거의 데이터분석과 다르게 바라보는 또 다른 특징은 바로 데이터의 양적 규모가 증대되었다는 것뿐만 아니라 질적 다양성도 증대되었다는 점이다. 분석하고자 하는 데이터의 다양성이 존재한다는 것은 그만큼 한쪽으로 치우치지 않은 결과를 얻어낼 수 있음을 의미한다.

3) 빅데이터의 활용

방대한 양적 규모를 가지고 빠르게 변화하는 다양한 데이터를 담은 빅데이터는 기업의 의사결정을 지원하고 미래 경쟁력을 키워 나갈 방향을 모색하는 데 지침을 제공할 수 있다는 점에서 중요한 경영자원으로 인식되고 있다. 빅데이터가 주목을 받기 전에도 기업은 기업 내외부의 데이터를 수집, 관리하고 분석해왔다. 그러나 지금 중요하게 떠오르고 있는 빅데이터는 데이터의 양적 확대뿐만 아니라 질적 다양성의 확보를 가능하게 함으로써 기업의 정보분석에 새로운 전환점으로 작용하고 있다. 빅데이터의 활용은 대부분 소비자의 행동과 시장변화를 예측함으로써 기업의 경쟁력을 높이려는 목적을 가진다.

---

[5] 황승구 외(2013). 빅데이터 플랫폼 전략. 전자신문사.

(1) 소비자니즈 추출

기업은 소비자가 생산해내는 빅데이터를 분석하여 여러 시사점을 도출해낸다. 기업의 빅데이터 활용은 주로 소비자와 경영환경의 변화에 대한 예측을 통해 기업경쟁력을 강화하기 위한 목적을 지닌다. 독일의 주방기구를 생산하는 헨켈(Henkel)은 판매량의 하락 원인을 빅데이터를 통해 분석했다. 트위터상에서 소비자들이 서로 주고받은 메시지의 내용을 분석하여 칼에서 나는 냄새를 불쾌하게 느끼는 소비자들이 있음을 파악하고 제품의 향을 바꿔 위기를 극복했다. 이처럼 자사의 성과에 영향을 미친 변인이 무엇인지 앞으로 소비자들이 외면하거나 원할 것으로 예측되는 특성이 무엇인지 도출하여 새로운 제품이나 서비스를 기획하기 위한 아이디어로 활용하기도 한다.

(2) 경영성과분석 및 예측

기업이 실행하고 있는 마케팅전략에 대한 모니터링도 빅데이터를 활용하여 수행하기도 한다. 마케팅 캠페인에 대한 소비자반응을 제품별, 국가별로 도출하여 전략을 수정하거나 보완하는 등의 의사결정을 내리게 된다. 코카콜라는 SNS상에서 수집되는 관련 데이터를 분석하여 국가별 홍보전략을 세우기도 한다. 그뿐만 아니라 기업은 빅데이터 분석을 통해 경영환경의 변화를 예측하고 선제적으로 대응하기도 한다. 구글과 같은 검색엔진에 어떠한 검색어가 많이 입력되었는지를 분석하여 경제지표의 변화를 예상하고 투자전략이나 원가관리에 관한 전략을 수립하기도 한다.

(3) 고객관계관리 및 고객획득

이미 많은 기업에서 소비자의 구매이력이나 프로파일을 분석하여 고객관계관리를 해오고 있다. 기존 고객이 방문한 웹사이트 페이지나 검색어 등을 종합적으로 관리하여 최적화된 고객관계관리 전략을 수립한다. 빅데이터분석은 여기에서 더 나아가 기존의 고객이 아닌 소비자에 대한 분석을 포함할 수 있게 함으로써 새로운 시장 진출기회를 모색하는 데에도 유용하게 활용된다. 펩시는 빅데이터분석을 통해 자사의 음료제품이 주로 소비되는 타깃이 예상했던 것과 다르다는 것을 알게 되고, 분석결과 새로운 타깃층으로 설정할 필요가 있다고 결론이 내려진 소비자들을 대상으로 제품을 홍보하는 전략을 펼침으로써 타깃시장을 넓히는 효과를 거두었다.

(4) 기업이미지 및 평판분석

빅데이터분석에서 많은 관심을 얻고 있는 소셜빅데이터를 활용하여 SNS상에서 표출하는 소비자의견을 분석하는 전문적인 업체들이 등장하고 있다. 이들 업체는 기업이 시사점을 얻고자 하는 핵심 키워드를 중심으로 소셜네트워크상에 올라온 다양한 정보를 분석함으로써, 기업의 브랜드 이미지나 평판 정보를 도출하기도 하며, 소비자의 관심사를 요약한 정보를 제공하기도 한다.

4) 빅데이터의 현재와 미래

빅데이터의 활용도가 높아짐에 따라 빅데이터를 다룰 수 있는 역량을 갖춘 인력 및 기술수요 역시 증가하고 있다. 우리나라의 경우 세계적인 수준의 정보통신 인프라를 갖추고 있음에도 불구하고 빅데이터의 활용도는 낮은 편에 속한다. 빅데이터에 대해 보통 이상으로 알고 있는 경영자는 56.4%, 이를 적극적으로 활용하는 경우는 19.4%에 불과한 것으로 나타나 빅데이터의 활용이 초기단계에 머물러 있음을 알 수 있다.[6] 그러나 빅데이터에 대한 기업의 관심과 수요가 꾸준히 늘어가고 있어 빅데이터를 분석하고 핵심적인 결과와 시사점을 도출해낼 수 있는 역량을 지닌 인력에 대한 수요가 늘어날 것으로 예측된다.

  기업이 관심을 가지는 빅데이터 분야는 주로 소비자에 의해 생성된 데이터를 분석하는 것과 관련된다. 소비자가 온라인상에서 표출한 의견이나 웹사이트 방문기록, 입력한 검색어 등 대부분의 정보가 소비자의 행동에 의해 생성된 것이다. 이는 소비자가 기업이 활용하게 될 정보의 생산자로서 역할하게 되며, 기업의 전략을 수립하는 데 중요한 근거로 활용된다는 점에서 시장에서의 소비자주권향상에 기여하는 바가 있다. 다만 무분별하게 개인적인 데이터가 수집됨에 따라 소비자의 개인정보에 대한 자기결정권이 얼마나 보장되는가에 대한 문제가 제기될 수 있다는 점은 유의해야 한다. 따라서 소비자에 의해 생성된 방대한 데이터를 수집하고 분석함에 있어 소비자의 권리가 침해되지 않도록 유의할 필요가 있다. 빅데이터에 대한 산업계의 수요가 늘어남에 따라 소비자를 심층적으로 이해하고 그들의 니즈를 추출 및 해석하는 역량을 갖춘 인

---

[6] 데이코(2013). 빅데이터 관련시장 실태와 전망. 데이코.

력 수요가 늘어날 것으로 전망된다. 이와 관련하여 소비자학 전공자의 관련 분야 진출을 위한 역량강화가 필요하다.

기업의 소비자정보 활용

초 연결사회를 맞아 무한한 정보의 바다를 항해할 수 있게 된 소비자에게 완전 정보의 조건이 허용되었다는 단순한 사실만으로 소비자에게 유리한 시장환경이 전개될 것이라는 초기의 예측은 빗나가고 있다. 발전된 기술을 담은 제품은 소비자가 쉽게 이해할 수 있는 수준을 넘어서고 있으며, 하루가 다르게 시장에 쏟아져 나오는 수많은 대안들 사이에서 소비자들은 선택의 어려움을 겪고 있다. 반면 초연결사회의 공급자들은 소비자에 비해 월등하게 앞선 정보기술력을 가지고 시장거래에서 산업사회에서보다도 더욱 유리한 위치를 차지할 수 있게 되었다. 공급자의 정보기술력은 현재의 시장을 면밀히 분석하여 더 나은 성과를 낼 수 있는 전략을 수립하는 데 사용된다. 나아가 누적된 정보를 활용하여 시장변화 예측의 정확도를 높이고 있다. 정보력이 곧 시장의 지배력으로 인식되면서 공급자들은 다양한 시장정보와 소비자정보를 획득하기 위해 노력하고 있다.

한편 소비자 역시 자신의 욕구에 보다 더 적합하게 다듬어진 제품을 구입하기 위해 자신에 대한 정보를 공급자에게 자발적으로 제공하기도 한다. 과거 획일적인 제품이 대량생산되던 것에서 벗어나 개인의 취향이나 요구에 맞게 생산된 다양한 제품들이 늘어나고 있다. 자신만의 제품을 소유하고 싶어 하는 소비자가 늘어나고 개성을 중요하게 생각하는 소비자가 늘어남에 따라 제품맞춤화에 대한 소비자의 기대수준이 높아지고 있는 것이다. 이처럼 개인에게 맞춤화된 제품이 공급되기 위해서는 소비자의 특성, 요구, 취향에 대한 정보가 필수적이다.

이러한 소비자의 변화와 함께 정보기술의 발전은 소비자의 특성, 취향, 행동에 대한 정보를 저장, 관리, 분석이 더 용이하게 한다. 특히 온라인에서의 소비자행동은 웹사이트 방문기록이나 거래정보 등과 같은 형태로 저장, 분석되고 있다. 이러한 정보는 소비자의 요구에 적합하게 디자인된 제품을 생산하고 소비자가 긍정적으로 반응할 수 있는 마케팅전략을 취하는 등 기업의 성과를 향상시키는 데 활용되고 있다.

본 장에서는 기업이 수집하는 소비자정보와 이러한 소비자정보를 활용한 기업의 CRM 전략에 대해 소비자학의 관점에서 살펴보고자 한다. 기업의 소비자정보 활용은 소비자에 대한 속박효과를 높인다는 점에서 소비자의 자유로운 선택을 제한하는 것으로 간주될 수 있다. 반면, 소비자의 요구에 정교하게 맞춤화된 제품이나 서비스를 선택할 수 있는 가능성을 높이고 소비자가 원하는 바에 근거한 경영활동이 촉진된다는 점에서 긍정적인 면 또한 지니고 있다. 이러한 상반된 관점은 기업의 소비자정보 활용에 대해 비판적 시각에서 검토할 필요성이 있음을 시사한다. 궁극적으로 기업의 소비자정보 활용이 시장에서 소비자의 주권이 향상되고 소비자가 정당한 영향력을 행사할 수 있는 시장환경이 조성되는 데 기여할 수 있는가에 대한 논의가 필요하다.

1 기업의 소비자정보 활용과 CRM

1) CRM의 개념

소비자에 대한 자세한 데이터베이스를 구축할 수 있게 된 공급자는 데이터베이스 마케팅(database marketing)으로부터 한 단계 진보한 고객관계관리(Customer Relationship Management, CRM)를 통해 소비자시장을 더욱더 잘게 쪼개어 개별 소비자에게 보다 나은 가치를 제공하는 일대일 마케팅을 실현할 수 있게 되었다. CRM은 1990년대 중반 정보기술(IT) 분야에서 발전되기 시작하였다[1]. CRM은 종종 관계마

---

[1] Lo, A., Stalcup, L., & Lee, M. (2009). Customer Relationship Management for Hotels in Hong Kong. *International Journal of Contemporary Hospitality Management*, 22.

케팅(relationship marketing)의 개념과 함께 논의된다. 그러나 CRM의 개념은 관계마케팅을 지원하는 정보기술에 근거를 두고 있으며[2], 단순한 마케팅전략으로서의 의미를 넘어 전사적인 기업경영전략의 의미를 가진다.[3]

CRM은 기업과 소비자가 쌍방향적 영향을 주고받는 동반자관계를 맺을 수 있음에 주목한다. CRM의 철학은 소비자(고객)의 진화하는 욕구를 이해함으로써 수익과 충성도를 높이는 고객중심적(customer-centric) 경영전략이다.[4] 전통적으로 기업의 경영활동은 공급자가 생산한 제품이 판매활동을 거쳐 고객으로 전달되는 가치사슬의 일방적 흐름에 집중하여 왔다. 이와 달리 CRM은 소비자로부터 기업의 경영활동이 시작될 수 있음을 고려한다. CRM은 관계마케팅과 정보기술에 근거한 데이터베이스마케팅이 소비자지향적 마케팅콘셉트와 결합되어 탄생한 것이다.

2) CRM의 필요성

CRM이 기업의 경영전략이라는 점에서 경영성과 측면에서의 필요성이 일차적으로 논의될 수 있다. 나아가 CRM이 추구하는 철학적 바탕이 소비자의 욕구에 대한 이해와 고객중심적 경영전략을 수립하는 데 있다는 점에서 소비자학 측면에서의 필요성 또한 다루어질 필요가 있다.

(1) 기업 측면

기업의 경영전략 측면에서 CRM의 필요성은 시장환경의 변화와 밀접하게 관련된다. 첫째, 기업간 경쟁이 치열해진 현대의 시장에서 소비자의 선택이 곧 기업의 생존에 직접적인 영향을 미치게 되면서 많은 기업들이 현재의 고객과 미래의 고객에 대한 관리의 필요성, 즉 CRM을 실시해야 할 필요성을 높게 느끼고 있다. 과거 협소한 제품시장에서 소비자가 제한적인 대안을 가졌던 것과 달리 오늘날의 시장에는 소비자의 다

---

[2] Ryals, L. & Payne, A.F.T. (2001). Customer relationship management in financial services : towards information-enabled relationship marketing. *Journal of Strategic Marketing*, 9(March), 1-25.

[3] Reinartz, W., Krafft, M. and Hoyer, W.D. (2004), The customer relationship management process : its measurement and impact on performance, *Journal of Marketing Research*, 41(August), 293-305.

[4] Wilson, H.N., Daniel, E.M. and McDonald, M.H.B. (2002), Factors for success in customer relationship management (CRM) systems, *Journal of Marketing Management*, 18(1), 193-219.

양한 기호를 만족시킬 수 있는 수많은 상품들이 하루가 다르게 출시되고 있다. 빠르게 발전하는 기술 역시 소비자의 욕구가 진화되는 속도를 높이는 데 일조하고 있다. 이러한 상황에서 다양하고 빠르게 변화하는 소비자의 욕구를 파악하지 못하는 기업은 시장에서 생존할 수 없게 되었다. 따라서 기업은 고객중심적 접근방법을 택함으로써 소비자의 마음을 사로잡고 충성고객을 늘리려는 시도를 하게 되었다. 둘째, 시장의 변화에 따라 기존의 마케팅전략의 효과적인 변화가 요구되고 있다. 대량생산이 곧 대량소비로 이어지던 과거에는 대량마케팅(mass marketing)이 일반적이었다. 그러나 오늘날 소비자의 욕구가 다양해지면서 기업은 세분화된 고객시장에 차별적으로 접근해야 할 필요성이 높아졌다. 시장을 세분화하는 단위가 점차 정밀해지면서 개별고객에 대한 깊이 있는 이해와 분석이 요구되기 시작하였으며, 정보기술에 근거한 CRM 전략의 필요성이 대두되었다. 마지막으로 기업의 장기적 수익을 높이기 위해 CRM 도입의 필요성이 제기된다. 소비자가 선택할 수 있는 대안의 수가 많아지고 제품간 품질 격차가 좁혀짐에 따라 제품의 우수성이 지속적인 고객관계로 이어지지 못하는 경우가 늘어나게 되었다. 더욱이 온라인상에서 쉽게 가격비교가 가능해지면서 공급자에 대한 충성도는 낮아지는 한편 소비자의 가격민감도는 높아지게 되어 기업이 충성도가 높은 고객을 확보하는 것이 더욱 어려워졌다. 이러한 상황에서 기업이 장기적인 수익을 올리기 위한 일환으로 우수고객을 선별적으로 관리하고 지속적으로 관계가 발전될 수 있도록 노력을 기울이려는 시도를 하게 되었다.

(2) 소비자 측면

기업의 경영전략 중 하나인 CRM의 필요성을 소비자 측면에서는 어떻게 바라보아야 할까? 먼저 CRM이 고객중심적(customer-centered) 그리고 고객지향적(customer-oriented) 개념[5]을 내포하고 있다는 점에 주목할 필요가 있다. CRM의 철학적 바탕은 기업의 경영활동이 소비자의 만족과 삶의 질 향상을 이루고 더 나아가 건전한 소비문화와 생활문화를 창조하는 데 있다는 점을 강조한다.[6] 이와 같은 고객지향적 전략을

---

[5] Robinson Jr, L., Neeley, S. E., & Williamson, K. (2011). Implementing service recovery through customer relationship management : identifying the antecedents. *Journal of Services Marketing*, 25(2), 90–100.

[6] 김연형(2011). 고객관계관리원론. 교우사.

바탕으로 기업이 장기적인 수익을 달성할 수 있다고 간주하기 때문에 기업과 소비자의 상생적 관계를 형성하는 의미가 있다. 둘째, CRM을 통해 소비자의 특성을 파악하고 대응할 수 있는 시스템을 구축함으로써 소비자에게 맞춤화된 제품과 서비스를 제공할 수 있는 가능성을 높이며 이는 더 높은 소비자만족을 달성하는 데 기여한다. 현대 소비자의 다양한 욕구를 파악하고 장기적으로 관리할 수 있는 체계를 구축함으로써 기업은 소비자의 변화하는 욕구에 선제적으로 대응하여 경영성과를 높이고 소비자는 자신이 원하는 대안을 찾기 위해 많은 시간과 노력을 들이지 않더라도 맞춤화된 편익을 제공받을 수 있게 된다. 셋째, CRM은 소비자정보의 체계적 분석에 따라 기업의 경영자원을 배분하는 활동을 일컫는다는 점에서 소비자주권 실현에 기여할 수 있다. CRM이 다른 기업경영전략과 다른 점은 바로 가치사슬의 출발점이 고객, 즉 소비자에게 있다는 것이다. 이는 고객중심경영의 실현을 위한 첫걸음이며 나아가 소비자주권실현을 위한 바탕을 마련하는 의미가 있다.

② CRM 프로세스

1) CRM 정보의 수집[7]

CRM은 소비자를 이해할 수 있는 정보와 이를 분석하는 정보기술을 바탕으로 실행된다. 따라서 CRM을 수행하기 위해서는 소비자에 관한 정보를 먼저 수집하는 것이 필요하다. 여기서는 기업이 수집하는 '소비자에 관한 정보'를 '소비자가 이용하는 소비자정보'와 혼동이 없도록 '고객정보'의 용어를 사용하여 설명하기로 한다.

(1) 고객정보의 통합관리 필요성

기업이 CRM의 수행을 위해 수집하는 고객정보는 다양한 채널을 통해 종합적으로 수집된다. 온라인쇼핑이나 홈쇼핑과 같은 비대면채널의 거래가 늘어남에 따라 전통적인 채널 이외의 신채널을 통한 고객접점이 확대되고 있어 복수의 접점을 통해 수집되는

---

[7] 이 절은 조준서(2013)의 CRM과 데이터마이닝(청람 발행)과 김연형(2011)의 고객관계관리원론(교우사 발행)의 내용을 중심으로 구성하였다.

고객정보를 통합하여 관리할 필요성이 높아지고 있다.

(2) 고객정보 수집경로

기업이 CRM을 위해 수집하는 정보는 일반적으로 고객과의 접촉이나 거래를 통해 생성된다. 예를 들면 거래를 시작하기 위해 고객이 작성하는 가입신청서 등에서 수집하게 되는 기초인적정보가 포함된다. 이러한 정보는 고객이 직접 작성하여 그 신뢰성이 높으나 자세한 정보를 요구하기 어렵다는 점에서 한계가 있다. 이외에도 고객과의 거래과정에서 수집되는 정보가 있다. 예를 들면 온라인쇼핑몰에 접속한 소비자의 접속 페이지 정보나 상품구입정보, 문의사항 등과 같이 소비자 개인별로 구체적인 데이터가 포함된다. 또한 거래와 상관없이 기업이 자체적으로 조사하는 고객조사데이터가 있다. 이는 현재고객이나 잠재고객에 대한 패널조사, 직접반응광고 등을 통해 수집한 데이터가 포함된다. 그 밖에 기업이 직접 고객으로부터 수집하거나 조사한 정보는 아니나 고객의 동의하에 제휴기업으로부터 고객정보를 수집할 수 있다. 예를 들면 신용카드사에 회원으로 가입할 때 제3자에 의한 고객정보의 마케팅 이용에 동의할 경우 카드사의 제휴업체에 고객정보가 공유되는 경우가 있다.

2) 고객정보 축적

고객정보는 다양한 경로를 통해 산발적으로 수집되기 때문에 체계적인 분류와 축적이 필요하다. 특히 거래와 관련한 정보는 상품, 채널중심적으로 수집되기 때문에 여러 채널을 보유한 기업의 경우 이를 통합하여 관리하는 것이 필요하다. CRM에서는 고객별 대응이 가능하도록 정보를 체계화하는 것이 필요하다. 즉 특정한 상품이나 채널에 대한 성과를 관리하는 것이 아니라 기업과 고객의 관계를 관리하는 것이므로 고객별 기초인적정보와 거래정보가 활용될 수 있도록 정보를 축적해야 한다

고객정보의 효과적인 활용을 위해 더욱 정제되고 일관성 있게 통합된 형태로 저장할 수 있는 메타데이터베이스의 성격을 띤 데이터웨어하우스가 활용된다. 데이터웨어하우스는 기업의 의사결정과정을 지원하기 위한 것으로 대규모의 통합 데이터베이스, 즉 통합된 데이터 저장공간이다.

CRM을 위한 정보가 축적되는 데이터웨어하우스는 크게 주제지향성(subjectoriented), 통합성(integrated), 비휘발성(non-volatile), 시계열성(time variant)의 네 가지의 특성을 지닌다. 첫째, 주제지향성이란 저장된 정보가 조직이나 부서단위, 상품 카테고리별로 저장된 것이 아니라 부서나 상품의 범위를 초월하여 특정 주제나 업무 프로세스에 따른 분류, 저장, 관리가 가능하다는 것이다. 둘째, 통합성은 분산되어 있는 데이터를 데이터웨어하우스로 구축하는 과정에서 기업 전반에 걸쳐 하나의 기준에 따라 데이터가 통합된다는 것을 의미한다. 셋째, 비휘발성은 데이터웨어하우스가 읽기전용의 특성을 가진다는 것을 의미한다. 데이터웨어하우스에서는 데이터가 초기에 적재되는 시점 이후에는 갱신이 이루어지지 않는다. 넷째, 시계열성은 데이터웨어하우스가 최신의 값만 유지하는 것이 아니라 현재 시간까지의 시간에 따른 모든 순간의 값을 유지하기 때문에 데이터가 시간에 따라 누적되는 것을 의미한다.

3) 정보의 분석

CRM에서 중요한 것은 수집된 고객정보를 바탕으로 소비자에게 더 나은 가치를 제공할 수 있는 방안을 찾는 것이다. 이를 위해 먼저 분석목표가 명확히 설정되어야 하며 적절한 분석기법을 선택해야 한다. 앞서 살펴본 바와 같이 수집된 고객정보는 데이터웨어하우스에 저장되며, 데이터웨어하우스에는 기업이 고객관계를 관리하기 위한 수많은 정보가 CRM에서 요구되는 주제별로 일관된 체계를 가지고 시간의 순서에 따라 누적되어 있어 기업의 의사결정을 지원하기 위해 활용된다. 이러한 데이터의 수집 및 처리로부터 도출되는 정보의 활용에 이르는 일련의 과정을 데이터웨어하우징(data warehousing)이라 한다. 여기서는 데이터웨어하우징의 대표적인 기술로 OLAP과 데이터마이닝을 차례로 살펴본다.

(1) OLAP

데이터웨어하우징의 대표적인 도구로 OLAP(On-Line Analytical Processing, 다차원 분석)이 있다. OLAP은 사용자가 분석하고자 하는 대상 수치데이터를 여러 차원과 관점에서 분석할 수 있는 도구이다. OLAP은 "공유되는 다차원 정보에 대한 신속한 분석(fast analysis of shared multi-dimensional information)"[8], "최종사용자가 다차원 정보에 직접 접근하여 대화식으로 정보를 분석하고 의사결정에 활용하는 과정"[9]으로 정의된다. OLAP은 다음과 같은 네 가지 특징을 가지고 있다. 첫째, 정보의 형태가 다차원적인 구조로 되어 있다는 것이다. 다차원정보란 사용자의 필요에 따라 상품별, 기간별, 부서별, 지역별 등과 같이 구분이 가능한 정보구조를 가지고 있다는 것을 의미한다. 둘째, OLAP의 최종사용자는 온라인에서 직접 데이터에 접근할 수 있다. 정보를 추출하기 위해 별도의 중간매개체 없이 다차원 정보검색기능을 활용하여 직접 데이터에 접근할 수 있다. 셋째, 최종사용자는 대화식으로 정보를 분석한다. 이는 대화식 질의를 통해 신속하게 시스템으로부터 결과를 얻을 수 있다는 것을 의미한다. 마지막으로 OLAP은 궁극적으로 의사결정을 지원하는 데 목적이 있으므로 기업이 나아갈 방향을 설정하는 데 적용할 수 있도록 분석된 데이터를 제공한다.

(2) 데이터마이닝

OLAP과 함께 대표적인 정보분석기술은 데이터마이닝(data mining)이다. 데이터마이닝이란 자동화되고 지능을 갖춘(automated and intelligent) 데이터베이스 분석기법이다. 데이터마이닝은 '채굴하다'라는 뜻의 'mining'이라는 표현에서 알 수 있듯이 방대한 양의 데이터로부터 의미 있는 정보를 찾아내는 것을 의미한다. 데이터마이닝은 두 가지 목적으로 활용된다. 첫째, 고객의 반응이나 이탈 가능성과 같은 특정한 변수나 사건에 대해 예측하는 것이다. 둘째, 여러 변수 사이의 패턴이나 관계를 발견하여 그동안 알려져 있지 않았던 정보나 지식을 찾아 경영성과를 높이는 데 활용하는 것이다.

데이터마이닝을 이용한 CRM은 다음과 같은 다섯 단계에 따라 이루어진다.

첫째, 데이터의 정교한 수집을 하는 과정이다. 데이터마이닝이 효과적으로 이루어지기 위해서는 분석할 데이터의 수집단계에서부터 세밀한 접근이 요구된다. 이를 위해서는 데이터마이닝을 통해 해결하고자 하는 문제가 무엇인지 명확하게 정의하는 것이 필요하다. 특히 CRM에서 요구하는 정보는 고객과의 관계에 영향을 미치는 변수들이므로 고객과의 관계개선이나 전략수립에 유용한 정보를 수집하는 것이 필요하다.

둘째, 수집된 데이터는 적절한 기준에 따라 정리 및 정제되어야 한다. 이 단계에서

---

[8] Pendse, N. and Creeth, R. (1995). *The OLAP Report: Succeding with On-line Analytical Processing.* Business Intelligence.

[9] 조재희, 박성진(2000). OLAP 테크놀로지 : 데이터웨어하우스의 효과적 활용기법. Sigma Consulting Group.

는 데이터를 확보하는 것에 그치지 않고 접점별로 생성되는 데이터를 일관된 기준에 따라 정리 및 정제하는 것이 필요하다. 데이터마이닝의 결과는 사용한 데이터의 질에 따라 좌우되기 때문에 데이터웨어하우스에 저장된 정보를 추가적으로 정제하여 사용해야 한다.

셋째, 목표데이터를 적합한 형태로 변환하여 원하는 결과를 얻을 수 있도록 데이터 변환단계를 거쳐야 한다. 저장되어 있는 정보는 분석하고자 하는 목적에 따라 변환하여 사용해야 한다. 예를 들면 문자데이터를 수치화하여 사용해야 하는 경우 데이터의 전환이 필요하다.

넷째, 얻고자 하는 결과의 유형에 따라 연관성규칙(associations), 군집화(clustering), 의사결정나무(decision tree), 신경망(neural networks) 등의 알고리즘을 적용하여 데이터마이닝을 실시하는 단계이다. 다양한 알고리즘은 단독 또는 함께 사용될 수 있다.

다섯째, 마이닝된 결과의 타당성이나 유용성을 평가하는 단계를 거치게 된다. 마지막으로 타당성과 유용성 평가를 마친 최종 데이터마이닝 결과를 의사결정에 활용한다. 마이닝된 결과는 해석과 평가과정을 거쳐 다시 마이닝 과정에 반영되는 순환과정을 거친다.

③ CRM과 소비자편익

CRM을 통해 소비자에게 전달하는 편익은 소비자가 누리는 관계혜택의 측면에서 생각해볼 수 있다.[10] 관계편익은 크게 경제적 편익, 사회적 편익, 심리적 편익, 고객화 편익으로 구분하여 살펴보고자 한다. 이를 표로 간략히 정리하면 표 12-1과 같다.

첫째, 경제적 편익이란 소비자가 기업과의 관계를 통해 느끼게 되는 경제적 이점을 말한다. 기업과의 관계가 유지되는 과정에서 추가적인 가격할인이나 마일리지 혜택과 같은 경제적 편익을 누릴 수 있게 된다. 또한 새로운 기업과 거래할 때 발생하는 초기 거래비용을 줄일 수 있다는 점에서 금전적인 편익을 누릴 수 있다. 그뿐만 아니라 소

---

[10] Gwinner, K.P., Gremler, D.D. and Bitner, M. J. (1998). Relational benefits in services industries: The customer's perspective. *Journal of Academy of Marketing Science, 26*(2), 101-114.

표 12-1 관계편익의 유형

관계편익 유형	구체적 제공편익
경제적 편익 (Economic benefits)	특별할인, 마일리지, 부가적 선물, 시간절약
사회적 편익 (Social benefits)	사회적 친목, 친분, 우정, 개인적 인지, 사회적 지원
심리적 편익 (Psychological benefits)	지각된 위험 감소, 불안감 감소, 신뢰, 확신
고객화 편익 (Customization benefits)	특별대우, 부가서비스 제공, 개인적 관리

비자는 상품이나 서비스를 구매할 때 고려하는 상품의 수를 줄일 수 있어 의사결정의 효율성이 높아지고 구매에 따르는 위험이 감소된다.[11]

둘째, 사회적 편익은 소비자가 특정 서비스제공자와 친밀한 관계를 형성하게 됨으로써 얻게 되는 혜택을 의미한다. 이는 서비스의 수행과정에서 부수적으로 누리게 되는 제공자와의 친분, 우정, 개인적인 인지, 조화적 관계(rapport), 사회적 지원(social support)을 포함한다. Reynold와 Beatty(1999)는 사회적 편익이 서비스제공자에 대한 소비자만족을 높인다고 밝히며 소비자와 기업의 관계의 중요성을 강조한 바 있다. 즉 기업과의 관계가 일종의 사회적 관계의 의미에서 안정감이나 유대감과 같은 사회적 편익을 제공하기도 하며 이는 소비자만족으로 이어진다.

셋째, 심리적 편익은 소비자의 정서나 감정, 심리상태와 같은 무형적 편익을 의미한다. 소비자는 기업과의 장기적 관계를 통해 기업에 대한 신뢰감을 경험할 수 있게 되며, 이는 제품이나 서비스에 대한 안정감으로 이어져 소비자의 위험지각을 감소시킨다. 소비자는 구매의사결정과정에서 예상하지 못한 위험이 존재할 수 있다는 점으로 인해 스트레스를 경험할 수 있으며, 강한 고객관계는 이러한 위험지각을 낮추고 소비자의 생활의 질을 향상시키는 편익을 제공한다.[12]

---

[11] Sheth, J. N. and Parvatiyar, A. (1995). Relationship marketing in consumer markets : Antecedents and consequences. *Journal of the Academy of Marketing Science, 23*(4), 255-271.

[12] 이호배, 장주영(2002). 온라인 멤버십이 몰입과 일체감의 매개를 통해서 고객 애호도에 미치는 영향. 경영학연구,

마지막으로 **고객화 편익**은 기업과의 관계를 통해 다른 소비자와 달리 누릴 수 있는 특별한 대우 또는 특별한 주의와 같은 혜택을 의미한다. 소비자의 기호와 선호가 학습됨에 따라 기업은 소비자에게 최적화된 대우를 제공할 수 있게 되며 이를 통해 소비자는 자신에게 더 적합한 제품과 서비스를 이용할 기회를 얻게 된다.

4 VOC 정보분석[13]

1) 제품생산과 소비자정보

지금까지 고객의 거래기록이나 소비자의 기초인적정보와 같이 이미 생성된 정보를 기업이 활용하는 방식에 대해 CRM을 중심으로 살펴보았다. 여기서 정보의 생성이 이루어지는 시점을 가치사슬의 앞 단계로 조금 더 이동시켜보면, 기업은 재화와 서비스를 생산하기에 앞서 무엇을 어떻게 생산해야 할 것인가에 대한 정보를 소비자로부터 얻을 수 있다. 이는 소비자가 생산자적 역할을 담당하는 것을 의미한다.

과거에는 생산자는 재화와 서비스를 개발하여 제공하고 소비자는 제공된 재화와 서비스를 소비하는 것으로 분명하게 구분된 역할을 담당하였다. 생산에 전문성을 가진 공급자가 전문적인 지식과 기술을 바탕으로 생산에 전념하고 소비자는 전문적으로 생산된 재화와 서비스를 비교 선택함으로써 더 효율적으로 자신의 욕구를 충족시키고 소비생활의 질을 향상시킬 수 있도록 역할이 구분되어 왔던 것이다. 그러나 최근 소비자와 생산자의 경계가 모호해지는 현상이 나타나고 있다. 생산적 소비자(prosumer), 또는 공동생산자(co-producer 또는 co-creator)의 역할을 담당하는 소비자의 활동이 늘어나고 있는 것이다. Vargo와 Lusch(2004)는 전통적인 생산과 소비의 역할구분이 때로는 비효율적인 시장을 형성할 수 있다고 주장하였다. 이들은 소비자가 재화와 서비스를 소비하는 당사자이기 때문에 그 재화와 서비스의 생산에 관여

31(3), 787-815.

[13] 이 절은 Shillito M. L. (2001). *Acquiring, Processing, and Deploying : Voice of the Customer*. FL : Taylor & Francis. 와 Jaworski, B. and Kohli, A. K. (2006) Co-creating the voice of the customer, *The Service-Dominant Logic of Marketing : Dialog, Debate, and Directions*, Robert F. Lusch and Stephen L. Vargo Eds. NY : Routledge를 중심으로 구성하였다.

하는 공동생산자(co-producer)로서 간주되어야 한다고 강조한다.

공동생산자로서의 소비자가 담당하게 되는 역할은 셀프서비스를 통해 서비스가 생산되는 데 소비자가 기여하는 것과 같이 그동안 생산자가 담당해 오던 역할을 소비자가 대신하여 생산과정에 참여하는 것이 있다. 그러나 이때에는 기업의 소비자정보 활용이 이루어지는 것이 아니다. 소비자가 소비자정보 활용과 관련하여 공동생산자로서의 역할을 담당하는 것은 소비자의 욕구를 가치사슬의 맨 앞 단계에 반영할 수 있도록 소비자의 목소리를 표현하는 것이다. 이처럼 소비자의 니즈를 규명하는 과정은 전통적으로 '고객의 소리(Voice of the Customer, VOC)'를 '듣는 것(hear)'으로부터 출발하였으며, 최근에는 이러한 VOC의 범주를 더 넓게 보고 심층적인 분석을 위한 다양한 기법들이 동원되고 있다.

2) VOC의 개념

VOC는 'Voice of the Customer'의 약자로, 좁게는 직접적인 말이나 관찰 가능한 형태, 넓게는 간접적으로 드러나는 형태와 표현되지 않고 잠재된 소비자의 필요와 욕구를 의미한다. 소비자의 말(customers' term)로 표현되는 VOC는 필요나 욕구의 수준으로 표현되기도 하며 구체적인 해결방안(solutions)이나 특성(features)으로 표현되기도 한다. 재화와 서비스의 공급자는 소비자로부터 획득한 VOC를 바탕으로 구체적인 특성이나 기능, 성과속성(performance attributes)을 기획하고 개발하게 된다. 기업은 소비자에 관한 다양한 정보를 활용하여 고객의 특성과 요구에 부합하는 재화와 서비스를 공급하고 지속적으로 소비자와의 관계를 유지하기 위한 전략을 수행한다.

전통적으로 VOC에 대한 분석과 활용은 소비자로부터 표출되는 불만이나 언어적으로 표현된 요구사항을 듣는 것으로부터 출발하였다. 콜센터로부터 수집되는 소비자의 문의사항이나 소비자상담의 내용은 전통적인 VOC의 범주에 속한다. 이러한 범주에 속하는 VOC는 대부분 언어적으로 표현 가능한 것으로 들을 수 있는 형태를 가지며, 온라인고객센터가 활성화됨에 따라 채팅상담이나 이메일상담내용과 같은 읽을 수 있는 형태를 포함한다. 최근에는 언어적으로 표현되는 VOC 이외에도 눈으로 관찰이 가능하거나 마음속 깊은 곳에 내재되어 말이나 행동으로 잘 표현되지 않는 욕구를 포함하며 이를 추출할 수 있는 기법 역시 다양해지고 있다.

3) VOC의 수집

발견되지 않은 소비자의 필요와 욕구를 찾아내기 위한 다양한 접근방법이 있으며 크게 소비자로부터 VOC를 듣는 접근법과 소비자와 함께 VOC를 생성하는 접근법으로 나누어 볼 수 있다.

(1) 소비자로부터 VOC 듣기

소비자로부터 VOC를 듣기 위한 방법에는 심층면접과 같은 질적 방법(qualitative methods)과 대단위 설문조사를 통해 경험적으로 소비자의 요구를 파악하기 위한 양적 방법(quantitative methods)이 포함된다. 최근에는 소비자들이 자신이 바라는 바를 잘 모르거나 어떤 재화나 서비스를 통해 자신의 필요나 욕구를 충족할 수 있는지 모르거나 명확하게 표현하기 어렵다는 점을 이해하고 민속지학적(ethnographic) 또는 인류학적(anthropological) 접근법을 활용하고 있다. 이러한 방법들은 전통적인 서베이나 인터뷰 방법과 복합적으로 활용되기도 한다. 소비자로부터 VOC를 수집하는 이러한 방법들은 주로 소비자가 제품이나 서비스와 어떻게 상호작용하는지를 관찰하거나 소비자의 가치나 동기에 대해 파악할 수 있는 개인적·환경적 요소를 분석하는 데 초점을 둔다.

소비자의 욕구를 이해하기 위한 인터뷰나 서베이, 실험, 관찰 등의 방법을 막론하고 소비자로부터 VOC를 수집하는 주요 관점은 다음과 같이 요약할 수 있다. 첫째, 소비자의 필요와 욕구는 기업이 알아야 할 주제임이 분명하다는 것이다. 기업이 생산하는 재화와 서비스는 소비자에 의해 평가되고 그 결과는 기업의 성과로 이어진다. 더 나아가 기업은 궁극적으로 더 나은 소비생활을 지원하고 소비생활의 질적 향상을 이끌어가는 데 중요한 역할을 담당해야 한다. 따라서 소비자의 필요와 욕구가 무엇인지에 대해 끊임없이 탐구해야 할 필요가 있다. 둘째, 소비자의 필요와 욕구를 기업이 알기 위해서는 VOC를 수집하고 분석하는 데 기업의 자원이 투입되어야 한다. VOC는 소비자로부터 구체적으로 전달되는 기업의 발전전략 지침서와도 같다. VOC는 소비자가 구체적인 언어로 표현할 수 있는 것에서부터 잠재된 욕구와 같이 쉽게 수집되기 어려운 심층적인 것까지 다층적인 구조로 존재한다. 따라서 심층적인 VOC의 수집을 위해 다양한 접근법을 활용할 필요가 있다. 셋째, VOC의 수집은 소비자의 필요와 욕구를 파악하는 것에서 끝나는 것이 아니라 재화와 서비스가 소비자에게 제공해야 하는 가치가 무엇인지를 규명하고 이것이 생산의 첫 단계, 즉 가치사슬의 맨 앞에 놓일 수 있도록 제품개발의 프로세스를 재편할 필요가 있다. VOC는 기업의 영리화 과정 혹은 상업화(commercialization) 과정의 첫 단계에 해당한다. 즉 제품이나 서비스가 상업적인 의미를 갖기 위해서는 소비자가 원하는 것을 담아 제품과 서비스를 설계해야 한다.

(2) 소비자와 함께 VOC 생산하기

VOC는 대부분 소비자를 조사하여 얻은 결과로서 분석되어 왔다. 그러나 이와 함께 최근 VOC를 소비자와 함께 생산하는 방식(co-creating)이 주목을 받고 있다. 소비자와 함께 생산하는 VOC는 앞서 살펴본 소비자로부터 VOC를 수집하는 방식과 세 가지 차이점이 있다.

첫째, 소비자가 무엇을 원하는지 기업이 배우는 것이 아니라 소비자의 필요와 욕구에 대해 기업과 소비자가 함께 배워 나가야 한다는 것이다. 둘째, 소비자의 필요, 욕구, 역량, 우선순위뿐만 아니라 기업의 필요, 욕구, 역량, 우선순위를 함께 파악할 필요가 있다. 셋째, VOC를 수집한 기업이 어떤 제품과 서비스를 설계할 것인지를 결정하는 것이 아니라 소비자와 기업이 함께 어떤 생산과정을 거치며 제품과 서비스의 설계나 배치가 어떻게 이루어지는 것이 좋은지 함께 결정해 나가야 한다.

VOC를 함께 생산하기 위해서는 기업과 소비자 사이의 개방적인 대화가 이루어져야 한다. 이것은 많은 시간을 요구할 뿐만 아니라 기업과 소비자의 서로 다른 시각을 수시로 조율해 나가는 것이 필요하다. 또한 대화의 과정에서 서로의 요구와 역량에 대해 더 잘 알아나갈 수 있는 과정이 필요하다. 기업과 소비자의 대화과정에 포함될 수 있는 주제로는 소비자가 현재 하고 있는 활동 중에서 기업에 의해 더 개선될 수 있다고 판단되는 것이 무엇인지에 대해 기업과 소비자가 대화를 전개하고 그 과정에서 새로운 제품이나 서비스를 기획할 수 있는 아이디어를 공동으로 도출하는 것이다. 이러한 대화는 탐색적이며 참여자의 의사에 따라 함께 유연하게 조율해 나갈 수 있는 특성을 지닌다.

VOC를 소비자와 함께 생성해 가는 과정은 다음과 같은 이점을 가질 수 있다. 첫째, 기업이 VOC에 근거하여 제품이나 서비스의 설계를 이어나가는 과정에서 지속적

VOC와 기업경영

고객의 소리(Voice of Customer, VOC)를 경영에 적극 활용하는 기업들이 늘어나고 있다. 과거 단순 고객민원으로 여겨졌던 VOC가 이제는 기업의 성장방향을 제시하고 고객과의 소통을 통해 브랜드가치를 높이는 중요한 자원으로 인식되고 있다.

국내 주요 대기업을 비롯한 많은 기업에서 고객의 소리를 이용한 경영전략이 주목받고 있다. 그중 신한카드는 서비스품질향상을 위해 '고객패널제도'를 운영하고 있다. 이 제도는 고객패널이 제안하는 사항을 경청하고 이를 실제 서비스품질개선과 경영활동에 반영하는 것이다. 고객의 소리가 실제 경영활동에 의미 있는 영향을 미칠 수 있도록 고객불만이 임원의 휴대전화로 전송되기도 한다. 이처럼 고객불만, 고객제안과 같은 고객의 소리에 귀를 기울이려는 노력은 서비스품질과 관련한 문제를 신속하게 해결함으로써 궁극적으로 고객만족과 고객감동을 이끌어내는 역할을 하는 것으로 인식되고 있다.

LG전자의 경우도 임원이 VOC에 많은 관심을 가지고 경영에 적극 반영하려는 모습을 보이고 있다. 콜센터나 홈페이지를 통해 접수된 VOC는 매월 경영회의 시 자료로 활용된다. 실제 VOC 녹취록을 임원들이 함께 듣고 문제를 해결할 방안을 모색하기도 하는 등 적극적으로 VOC에 대응하고 경영자원으로 활용하고자 하는 모습을 보이고 있다.

전자지도 소프트웨어 기업인 맵퍼스는 소비자와의 실시간 소통을 통해 생생한 VOC를 수집하기 위해 카카오톡을 활용한다. 전자지도 소프트웨어의 오류나 미처 반영되지 않은 도로상황 등을 소비자가 카카오톡을 통해 쉽게 알릴 수 있게 되면서, 이 기업의 고객불만이나 제안의 처리속도도 향상되었을 뿐만 아니라 제품의 정확도도 높일 수 있게 되었다.

VOC의 관리는 더 이상 소비자불만 해결이라는 소극적인 수준에 머무르지 않는다. VOC를 통해 소비자들의 마음을 읽고 더 나아가 기업의 성장전략을 모색할 수 있다. 또한 소비자의 요구에 선제대응을 하려고 노력함으로써 소비자의 만족과 감동을 이끌어내는 전략으로 활용될 수 있다. VOC에 대한 기업의 높아진 관심으로 소비자의 요구가 경영활동에 반영되고 소비자중심적 경영문화가 조성될 것으로 기대된다.

으로 이것이 소비자의 요구에 부합하는가를 검토해볼 수 있게 한다. 둘째, 단편적인 조사과정에서는 쉽게 이해하기 어려운 소비자의 경험이나 상황에 대해 더 깊이 있게 이해할 수 있게 된다. 셋째, 대화는 사회학적으로 공통의 이해관계를 전개해 나가는 효과를 나타낸다. 즉 소비자와 기업이 끈끈한 유대관계로 묶여질 수 있는 기회를 제공한다. 마지막으로 기업은 무엇을 어떻게 생산할 것이며 어떻게 마케팅을 전개해 나갈 것인가에 대한 핵심적인 사항에 대해 많은 부분의 통제력을 소비자에게 내어주게 되지만 이 과정을 통해 소비자의 경험을 더 잘 이해하고 정교하게 다듬어진 제품과 서비스를 생산할 수 있게 됨으로써 장기적으로 더 나은 성과를 창출하는 데 기여한다.

제13장

초연결사회의 인력수요와 진로

초연결사회의 경제시스템에서 생산, 소비, 유통 등 제반 경제활동의 방식은 디지털기술과 네트워크의 발전을 통해 근본적으로 바뀌고 있다. 특히 세계적인 네트워크화로 인해 시장은 소비자중심으로 바뀌어 가는 추세가 가속화되고 있고, 무한한 정보에의 접근과 활용이 가능해짐으로써 개인은 가치창출의 주역으로 부상하고 있다. 이와 같이 시장의 주도권이 소비자에게로 넘어가는 시장환경을 맞아 소비자학 전공자는 그 가치가 더욱 높아질 소비자 관련 정보부문에서 최고의 전문가가 될 수 있는 기회를 맞이하게 되었다.

초연결사회가 소비자학 전공자에게 가져다줄 기회를 놓치지 않기 위해서는 시장환경의 변화에 대한 이해와 그에 따른 노동시장의 변화에 대한 이해가 선행되어야 한다. 시장환경의 변화에 대해서는 제1부에서 자세하게 다루었기 때문에 이번 장에서는 초연결사회를 맞아 기업의 환경과 활동이 어떻게 변화하는지 그 특징을 요약·정리하고, 초연결사회의 인력수요와 직업변화에 대한 전망을 살펴본 후, 소비자학 전공자가 이러한 인력수요에 부응하기 위해 어떤 지식과 기술로 준비해야 하고, 소비자학은 어떤 방향에서 발전을 모색해야 하는지 알아보기로 하자.

① 초연결사회의 시장환경과 노동시장

1) 기업조직의 변화

초연결사회의 시장환경은 불확실성이 증가하고 지식의 중요성이 높아져 기업의 사업환경도 변화하게 된다. 정보통신기술의 발전은 기업의 비용을 총체적으로 감소시켜 기업의 활동영역을 넓히고 세분하는 일을 용이하게 만들고 있다.

부가가치의 원천이 토지, 노동, 자본 등 기존의 물리적 생산요소로부터 지식과 정보 등의 인적 생산요소로 옮겨가면서 기업활동의 핵심지식을 소유한 지식 근로자가 기업경쟁력을 결정하는 주요 생산요소로 등장하고, 시장은 소비자기호의 변화에 따라 변하는 유동적인 시장으로 바뀌며, 소품종 대량생산체제는 소비자의 기호를 적시에 충족시키는 다품종 소량생산체제로 전환되고, 기업간 경쟁은 글로벌화하고 더욱 격화되는 등 기업의 사업환경에 많은 변화가 일어나고 있다. 따라서 기업의 조직도 이에 맞춰 변화하고 있는데 기업조직의 특징적 변화는 분권화, 소규모화, 유연화의 세 가지로 집약시켜볼 수 있다.

정보통신기술의 발전은 기업 내 의사소통과 상호조정에 드는 비용을 대폭 절감시킴으로써 기업 내부적 의사소통 및 조정비용을 가장 효율적으로 절감하기 위해 탄생했던 피라미드형 조직을 수평적 네트워크형으로 분권화시키는 효과가 있다.

동일한 맥락에서 기업조직은 보다 소규모화될 것으로 전망된다. 기업의 규모를 결정짓는 중요한 요소는 특정기능을 내부화할 때와 외부조달(outsourcing)이 발생하고 이러한 거래비용이 많이 필요한 기능은 외부조달에 맡기기 어려워진다. 정보통신기술의 발전은 거래비용을 획기적으로 절감시킴으로써 외부조달의 효용을 상대적으로 높이고 있고, 결과적으로 기업의 규모는 점차 작아지고 외부조달의 의존도가 높아지고 있다.

기업조직의 분권화와 소규모화는 경직적인 기업조직을 유연화하는 효과가 있다. 더구나 경쟁의 글로벌화와 급속한 기술발전은 예상치 못한 상황을 빈번하게 발생시킬 것이고, 기업은 이러한 상황에 효과적으로 대처하기 위해서 전문적인 지식과 신속한 대응력을 필요로 한다. 따라서 최근 프로젝트에 따라 참여인력을 조절할 수 있는 유연적인 팀(flexible team) 제도를 도입하는 사례가 늘고 있다.

이상의 전망들을 요약해보면, 앞으로의 기업은 대규모의 집권적 관료조직으로부터 보다 유연한 사고를 중시하는 전문가 집단으로 변모해 갈 것이고, 고도의 전문성을 갖춘 지식 근로자 개개인이 지식을 극대화하여 효율적으로 의사결정에 참여하게 될 것이며, 국제적 경쟁의 심화는 중심역량을 갖춘 소수의 기업들이 다국적 네트워크를 형성하여 세계시장을 지배하고 다수의 작고 유연화된 기업들이 이를 뒷받침하는 구조로 재편될 가능성이 높다.

2) 기업활동의 변화

기업의 환경과 조직의 변화에 이어 기업의 각 활동별로 어떤 변화가 있을 것인지 간략하게 살펴본다면 소비자학 전공자의 진로 준비에 도움이 될 것이다. 기업의 활동을 제품 및 기술개발(R&D), 조달 및 물류, 생산, 판매 및 유통, 그리고 사후서비스의 다섯 가지로 편의상 나누어 살펴보도록 하자.

초연결사회에서 첫째로 **제품 및 기술개발** 활동의 측면에서는 가치창출의 원천이 비용절감으로부터 소비자 기호의 만족으로 이행됨으로써 시시각각 변하는 소비자의 기호를 즉각적으로 반영할 수 있는 제품 디자인 및 개발의 중요성이 크게 부각된다.

둘째로 기업의 **조달 및 물류방식**의 측면에서는 지역간, 국가간 네트워크를 통해 전 세계를 대상으로 글로벌 구매가 가능해짐으로써, 과거 조달 및 물류비용을 절감시키기 위해 주요 수단으로 채택되었던 기업간 수직적 결합을 통한 구매선 확보나 자체적인 물류체계 구축 등의 방식은 점차 효용을 잃고 있다. 따라서 물리적 형태의 수직적 결합 및 연계를 달성하기 위해 필요했던 자본력과 시장지배력은 더 이상 중요하지 않게 되었고, 이제는 누가 우월한 글로벌 네트워크를 구축할 수 있는가를 좌우하는 결정적인 요소인 정보수집과 정보교환능력이 핵심적인 요소로 등장하게 되었다.

셋째로 **생산과정**의 측면에서는 앞서 언급한 바와 같이 소비자의 취향을 신속하게 맞출 수 있는 다품종 소량생산체제로 급속하게 전환될 전망이다. 정보통신기술의 발전으로 소비자의 기호를 생산에 반영하는 주문형 생산방식도 일반화될 전망이다. 따라서 기업은 박리다매보다는 고부가가치를 창출하여 이윤을 확보하는 데에 초점을 맞추게 된다.

넷째로 **판매 및 유통활동**에서는 거래비용이 획기적으로 절감됨으로써 물리적 거리에 따른 판매 및 유통비용의 부담이 크지 않다. 따라서 판매 및 유통채널의 물리적 구축보다는 소비자에 대한 정보전달 및 소통을 위한 정보 인프라의 구축과 미디어의 발달 등이 중요한 관건으로 등장한다.

마지막으로 **사후서비스 활동**의 측면에서는 한 번의 판매로 끝나는 것이 아니라 소비자의 기호를 보다 더 잘 충족시켜줄 수 있도록 네트워크를 통해 지속적으로 서비스를 제공하는 방향으로 발전되고 있다. 기업은 판매가 이루어진 후에도 소비자에게 유용한 지식과 정보를 보급할 뿐만 아니라 소비자로부터의 피드백을 적극적으로 반영하는 체제를 구축해 나가고 있다.

지금까지 초연결사회를 맞아 시장환경이 어떻게 변화할 것인가에 대해 기업의 사업환경과 조직의 변화 및 기업활동의 변화에 대한 전망을 중심으로 살펴보았다. 여기에서 우리는 초연결사회에는 인간을 중심으로 한 재화와 서비스의 네트워크가 구축된다는 점에서 소비자 만족이 가치창출의 원천이 되고 시장이 소비자중심으로 변모함을 이해할 수 있다. 따라서 시시각각 변화하는 소비자 기호를 파악하여 생산에 반영하는 일과 또 한편으로는 최신정보와 지식을 소비자에게 전달·보급하는 소비자정보 전문가로서의 자질이 절실히 필요하다는 것을 알 수 있었다.

초연결사회에서 소비자를 둘러싼 경제환경이 어떻게 변할 것인가를 이해하는 것 못지 않게 전반적인 노동시장의 변화에 대한 전망을 이해하는 것은 초연결사회에 대한 큰 그림을 이해하고 폭넓은 진로 개척과 준비에 도움이 된다. 초연결사회의 노동시장에 대한 전망을 간략하게 살펴보도록 한다.

3) 노동시장의 변화

초연결사회에는 경제활동 전반에 걸쳐 지식 및 기술집약도가 높아짐으로써 인력 수요가 변하고 지식 근로 계층이 등장하는 등 노동공급자 중심의 시장으로 전환될 전망이다. 이러한 노동시장 변화의 특징을 요약해보면 다음의 네 가지로 집약시켜볼 수 있다.

첫째는 지식기반 고숙련 노동에 대한 수요가 증가하여 일정 수준 이상의 지적 능력을 갖춘 지식 근로자 계층이 등장한다는 점이다. 이들은 공동체 의식이 약하고 권위주의를 거부하며 기업의 정책결정 과정에 참여하고자 하는 욕구를 강하게 표출한다.

둘째는 노동시장이 지식 근로자중심으로 바뀐다는 점이다. 초연결사회에서는 경쟁력의 원천이 기존의 물적 생산성으로부터 지식의 생산성과 창의력으로 변화함에 따라 기업활동의 핵심이 되는 지식을 보유한 핵심 지식 근로자의 확보를 둘러싼 경쟁이 격화된다. 이러한 변화는 기술의 발전이 일정 수준 이상의 궤도에 올라 제품간 기술과 품질의 격차가 줄어듦에 따라 더욱 가속화된다.

셋째는 근로계약이 개별적으로 이루어진다는 점이다. 디지털경제에서는 다양한 인력과 고용형태가 등장하게 되고, 이에 따라 임금 및 고용을 둘러싼 근로계약의 통로가 기존의 노조와 사용자 사이의 집단적 관계로부터 근로자 개개인과 사용자 사이의 개별적 관계로 전환된다. 언제 어디서나 네트워크로 연결된 사물인터넷 기술이 발전함에 따라 업무 장소나 시간이 더 이상 큰 의미를 지니지 못하게 된다.

넷째는 인력수요가 양극화된다는 점이다. 기업은 급변하는 시장환경에 대응하고 경쟁력을 강화하기 위해 핵심 지식 근로자 계층에게는 고착성과 안전성을 보장하고, 주변부 인력에 대해서는 비용절감에 대한 압력과 외부조달 증대로 계약직이나 시간제 근무 등의 유연성을 강조하는 방향으로 인력수요가 변화하게 된다. 더욱이 사물인터넷의 발전은 인간의 노동력을 많은 부분 대체하게 된다. 단순한 노동에서부터 인간의 지적 능력을 대신할 수 있는 지능형 네트워크의 발전으로 기존의 인력수요가 기술로 대체되어 가게 된다.

4) 고용구조의 변화

기술의 발전은 기술로 수행할 수 있는 일의 영역이 그만큼 넓어짐을 의미한다. 이에 따라 노동시장이 변화되는 동시에 고용구조 또한 고숙련 중심으로 변모할 것으로 예측된다. 성장성이 높은 지식기반산업의 고용창출 효과는 고용규모에 있어서 지식기반산업의 비중을 크게 높일 것이다. 또한 지식과 기술집약화가 가속적으로 이루어지면서 질 높은 인력에 대한 수요가 증가하여 지식 및 기술수준이 높은 직종에 대한 수요는 높아지는 반면, 기능이 낮은 단순직에 대한 수요는 감소하게 된다. 초연결사회에서 나타나는 고용구조의 변화는 크게 다음 두 가지로 나누어 볼 수 있다.

첫째는 디지털경제의 산업구조가 지식기반산업 중심으로 변모해 감에 따라 고용구조도 제조업부문의 고용이 감소하고 서비스부문의 고용이 증가하는 탈산업화 현상이 두드러질 것이다. 특히 많은 산업영역의 인력이 지능화된 기술로 대체됨에 따라 제조업에서의 인력수요는 줄어드는 반면 서비스업에서의 수요는 줄어들지 않을 것으로 전망된다. 전통적인 제조업부문의 고용감소와는 대조적으로 우주, 항공, 의약과 같은 첨단기술산업과 반도체, 컴퓨터, 정보통신기기 등의 정보통신기술산업분야 관련 제조업은 고용 증가세가 두드러질 것이다. 서비스산업의 고용증가는 금융과 보험 및 기업서비스와 같이 지식 및 정보의 활용도가 높은 부문에서 더욱 뚜렷하게 나타날 것이다.

둘째는 디지털경제에서는 경제활동의 지식 및 기술집약도가 높아지고 결과적으로 고도의 기술과 기능을 갖춘 숙련 노동에 대한 수요가 크게 증가하는 반면, 저급기술과 저숙련 기능직에 대한 수요는 크게 감소하게 된다. 이것은 지식이나 기술의 수준에 따라 노동시장이 양극화되는 결과를 초래하게 된다.

초연결사회를 맞아 지구촌 전체를 기반으로 한 경쟁과 의사소통이 가능해졌을 뿐만 아니라 새롭고 더욱 정교한 작업방식, 새로운 상품배달방식, 혁신적인 관리체계와 같은 눈부신 기술진보가 이루어지면서 초연결사회는 새로운 인재를 요구하고 있고, 그들로부터 요구하는 지식과 기술도 광범위해지고 더욱 전문화되고 있다. 다음에는 초연결사회가 요구하는 인재의 특징과 요구하는 지식과 기술을 알아봄으로써 초연결사회의 인력수요에 부응하기 위해 소비자학 전공자가 어떤 노력을 해야 하는지 알아보도록 하자.

❷ 초연결사회의 인재상

1) 초연결사회에서 요구되는 소양

자동화와 대량생산화에 역점을 두던 산업사회가 요구하던 인재는 거대한 조직 안에서 하나의 부분품으로서 제 역할을 성실하게 수행하여 양질의 규격화된 부분품을 조달할 수 있는 능력을 갖춰야 했고, 이를 인증하는 학력과 경력에 초점을 맞춰야 했다. 그러나 디지털혁명으로 전개되는 디지털시대에는 정보와 지식이 모든 부문의 가치생산에서 가장 중요한 요소로 작용하고 이러한 정보와 지식을 만들어내는 주체는 결국 인간이기 때문에 개인이 가치창출의 주역으로 급부상한다. 나아가 모든 만물이 네트워크화되고 지능적인 역량을 발휘할 수 있게 되는 초연결사회에서는 기술로 대체할 수 없는 인간의 창의성이 매우 중요해진다. 따라서 초연결사회가 요구하는 인재는 상식과 기존의 틀을 깨고 타의 추종을 불허하는 지적 창의력과 자기 분야에 대한 전문성으로 무장하지 않으면 안 되게 되었다. 새로운 발상과 인식의 전환을 시도하는 창조적 파괴정신, 불확실하고 기피하는 분야에 과감히 매진하는 도전정신, 어떠한 난관과 위기도 극복하고 끝을 보는 추진력이 필요한 시대가 도래한 것이다.

초연결사회의 인재는 학력보다는 실제로 무엇을 할 수 있는지를 나타내는 능력과 실력을 갖춰야 한다. 이때 자신의 자질과 역량을 객관적으로 증명할 수 있는 자격증은 필요할 수도 있고 그렇지 않을 수도 있다. 중요한 것은 자신의 체험이 뒷받침되지 않고 암기를 통해 습득하는 학식이 아니라 자신의 일하는 방법을 부단히 개선, 개발, 혁신함으로써 부가가치를 창출할 수 있는 실천적 지식, 즉 행동에 반영할 수 있는 지식을 체득해야 하는 것이다.

기계와 기술이 인력을 대체해 감에 따라 기술적 실업으로 인한 위기를 경험하게 된다. 그러나 기술이 발전하더라도 인간을 대체할 수 없는 일들에 대한 인력수요는 줄어들지 않을 것이며 오히려 더 큰 가치를 발휘할 수 있게 될 것이다. 기계가 대신할 수 없는 대표적인 인간의 역량은 바로 창조성이다. 창조성을 갖추기 위해서는 다음과 같은 능력이 개발되어야 한다.[1] 추리력, 문제해결력, 논리적 분석력, 창의력, 기술적 분석력이다. 추리력은 새로운 정보를 접했을 때 그 정보의 의미를 파악할 수 있는 능력을 뜻한다. 문제해결력은 문제의 본질이 파악되었을 때 그것을 해결할 방법을 모색할 수 있는 능력이다. 논리적 분석력은 어떠한 의사결정을 하기까지 논리적이고 체계적으로 생각을 전개할 수 있는 능력을 뜻하며, 창의력은 상황에 적합한 아이디어를 제시할 수 있는 능력을 의미한다. 마지막으로 기술적 분석력은 이러한 아이디어를 실제의 산출물로 고안해낼 수 있는 능력을 의미한다.

---

[1] 편석준, 진현호, 정영호, 임정선(2014), 클라우드와 빅데이터를 뛰어넘는 거대한 연결, 사물인터넷. 미래의 창.

2) 초연결사회의 인력수요에 부응하는 소비자학 전공자

초연결사회가 요구하는 인재상은 폭넓은 지식과 고도의 전문능력을 지니면서도 창의력 있는 비정형 능력의 소지자로 바뀌고 있다. 그뿐만 아니라 불확실성과 유동성이 높은 초연결사회에는 다양한 가치관과 취업구조 변화에 능동적으로 대응할 수 있어야 한다. 따라서 자신의 시장가치를 제고시키기 위해 고도의 전문능력을 자발적으로 개발시키고 향상시켜야 하는 개인주도적 직업능력개발이 무엇보다도 중요하다. 또한 이러한 인적자원 개발은 전 생애에 걸쳐 지속적으로 이루어져야 한다. 초연결사회의 인력수요에 부응하는 인적자원으로 성장하기 위해 소비자학 전공자가 어떤 준비를 해야 하는지 지금까지 살펴본 내용을 바탕으로 정리해보도록 하자.

> 첫째, **초연결사회의 본질과 특성을 이해하자.**
> 둘째, **초연결사회의 소비생활과 소비자문제를 이해하자.**
> 셋째, **초연결사회가 요구하는 인력수요를 이해하자.**
> 넷째, **초연결사회가 요구하는 지식과 기술을 체득하자.**
> 다섯째, **정보와 지식의 획득, 창출, 축적, 정리, 갱신, 보급과 관련된 정보기술을 습득하자.**
> 여섯째, **자신만의 전문능력을 개발하고 생애에 걸친 자기계발을 지속하자.**
> 일곱째, **초연결사회의 일원으로 적극 참여하는 능동적 생활자가 되자.**

초연결사회가 요구하는 인력수요에 부응하기 위해서는 입체를 통찰하여 다면적으로 생각하고 주변과 교감할 수 있어야 하고 긴 안목으로 미래를 내다보고 나무와 숲을 함께 볼 수 있어야 하며, 전문성이 있으면서 폭넓은 지식을 함께 갖춘 'generalized specialist'가 되어야 한다. 따라서 초연결사회에는 자신에게 맞는 고도의 전문영역을 개발하고 이와 관련된 영역에 관한 전문지식과 기술을 연마할 수 있기 위해 자신에게 가장 적합한 교과목을 선별·구성하고 실력을 연마하는 기획력과 실천력이 요청된다. 이를 위해 자신의 주변에 있는 다양한 인적자원과 성공적인 의사소통을 유지하는 네트워크를 갖는 것이 필요하다.

③ 초연결사회의 소비자학

지금까지 초연결사회를 맞아 시장환경과 노동시장이 어떻게 변화하는지 그리고 이러한 변화에 따라 요구되는 인적자원은 어떻게 달라지는지 살펴보았다. 초연결사회의 인력수요에 대한 이해를 바탕으로 다음에는 소비자학의 핵심과 초점을 정리해보고, 초연결사회를 맞아 소비자학은 어떤 노력을 꾀해야 할 것인지 함께 생각해보기로 하자.

1) 소비자학의 학문적 성격

소비자학의 학문적 성격에 관해서는 한국소비자학회에서 발행한 **소비자학 홍보자료집** (1999)과 소비자학 분야 교수 16인이 공동집필한 **소비자학의 이해**(2001)가 가장 대표성 있는 자료로써 도움이 된다. 여기에서는 이 두가지 참고자료의 내용을 발췌·소개하고자 한다.

소비자학(Consumer Studies)은 크게 소비자와 소비자를 둘러싸고 있는 외부환경과의 상호작용을 연구하는 학문이라고 정의할 수 있다(이기춘 외, 2001, p. 8). 또한 소비자학은 국민경제 주체인 기업, 소비자, 정부의 공동목표인 소비자복지향상과 건전한 소비문화형성을 위하여 필요한 제반 이론과 실제를 연구하는 학문(한국소비자학회, 1999)으로 정의된다. 구체적으로 기업은 고객만족을 달성할 수 있는 제품생산을 목표로 하여 이윤을 극대화하고, 소비자는 합리적인 소비를 통하여 기업에 소비자가 원하는 제품생산의 정보를 제공함으로써 기업의 합리적 생산을 지지하며, 정부는 기업과 소비자 간의 경제활동을 원활히 하는 제도적 장치를 제공할 수 있도록 이에 관한 제반 이론과 실제를 연구하는 학문이 소비자학이다.

따라서 소비자학의 연구범위는 기초/응용, 미시/거시, 사적/공적차원을 모두 포함한다. 기초/응용의 기초차원에서는 경험적 현상에 내제하는 변수 간의 주요 관계에 대한 이론을 개발하고, 응용차원에서는 규범적 목적 달성을 위해 기초학문에서 얻은 지식을 응용하며, 미시/거시의 미시차원에서는 개인과 가족을, 거시차원에서는 집단을 연구단위로 놓고 사적/공적의 사적차원에서는 개인 소비자나 소비자단체의 소비자권익 증진노력을, 공적차원에서는 정부의 소비자권익 증진노력을 중점적으로 다루게 된다.

2) 소비자학 교육과정의 틀

앞에서 소비자학은 국민경제 주체 모두의 공동목표인 소비자복지향상과 건전한 소비문화형성을 추구하는 학문이라고 소개한 바 있다. 이러한 공동목표를 향할 때 국민경제 주체 각각이 추구하는 중심가치는 정부의 경우 '제품 및 서비스의 원활한 유통'으로, 소비자는 '합리적인 소비생활'로, 그리고 기업은 '소비자만족경영'으로 표현해볼 수 있다.

따라서 소비자학의 교육과정은 국민경제 주체 각각의 중심가치의 측면에서 다음의 그림 13-1과 같이 세분시켜 표현해볼 수 있다. 그러나 소비자학은 초연결사회를 맞아 이 책의 1, 2, 3부에서 다룬 내용들을 반영하는 교육내용으로 한 단계 발전시켜야 하는 시대적 전환점에 직면해 있다. 소비자학의 교육과정 각각은 초연결사회의 패러다임을 반영하는 최신의 내용을 발빠르게 수용하고 있다.

3) 소비자학의 기존 진로

소비자학 전공자가 앞에서 소개한 교육내용을 학습하고 어떤 분야의 진로로 배출되고 있는지 살펴보면 다음의 다섯 가지로 정리해볼 수 있다.

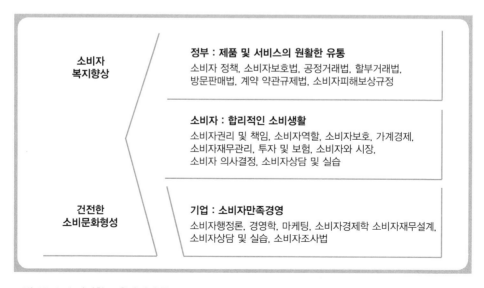

그림 13-1 소비자학 교육과정의 틀

(1) 소비자상담 분야

소비자학 전공자는 고객서비스 차원에서 소비자들의 불만해소 통로로서의 역할수행뿐 아니라, 소비자의 불만을 기업에 대한 신뢰로 바꾸어 놓을 수 있는 전문적인 능력을 갖춘 소비자상담으로서 이론과 실습을 연마한다. 따라서 소비자학 전공자는 기업, 행정기관, 민간소비자단체 등의 소비자상담 분야에 종사할 수 있다.

최근에는 소비자에게 적절한 정보를 제공하는 것으로부터 소비자피해 구제에 이르기까지 소비생활의 여러 측면에서 소비자들에게 도움을 주는 소비자상담의 중요성이 널리 인식되면서, 소비자상담업무 담당자의 소비자전문상담사 국가공인자격증에 대한 관심도 높아지고 있다. 또한 물품과 서비스 등의 구매방법에 관한 상담, 물품과 서비스 등에 관한 불만 및 피해상담, 물품과 서비스 등에 관한 모니터링, 정보수집 및 분석·가공·제공, 소비자교육 프로그램 등 각종 자료의 수집·분석·작성·제공, 소비자 트랜드 분석 및 정보관리기법 개발·제안, 기업·행정기관·소비자단체 간의 업무 연결 및 조정역할, 평가 등으로 소비자상담사의 업무범위가 확대 인식되고 있다.

(2) 소비자재무설계 분야

국민경제수준의 향상과 더불어 전문적 자산관리 서비스뿐 아니라 인구의 고령화에 따른 전문적 경제노후대책 서비스에 대한 소비자의 관심이 증가하는 시대적 요구에 맞추어 소비자학 전공자는 개인 혹은 가계를 대상으로 하는 소비자재무설계에 필요한 이론과 실습을 연마한다. 따라서 소비자학 전공자는 공·사기업체에서 소비자를 대상으로 하는 재무설계 및 장·단기 재정목표에 따른 예산편성, 집행, 결산 등 예산 관련 업무에 종사할 수 있다.

(3) 소비자조사 분야

소비자의 요구, 태도, 의식 등은 현대의 사회경제적 환경변화에 따라 빠르게 변화하고 있다. 소비자학 전공자는 변화하는 소비자 트랜드를 조사하고 분석하기 위해 조사설계, 자료수집, 보고서 작성기법, 통계분석기법 등을 연마한다. 따라서 소비자학 전공자는 공·사기업체의 대소비자 관련 업무를 위한 조사 및 정보처리 분야에 종사할 수 있다.

(4) 정책관련 분야

소비자학 전공자는 정책수립 및 시행의 기본 원리, 현행 소비자관련 정책수립과정 및 시행, 소비자관련 법규를 학습한다. 따라서 소비자학 전공자는 공·사기업체의 소비자관련 정책뿐 아니라 기타 공공정책의 수립 및 실시에 직간접으로 공헌할 수 있고, 행정요원으로서 소비자관련 업무에 종사할 수 있다.

(5) 소비자교육 분야

소비자학 전공자는 소비자의 역할과 기능 및 의사결정능력의 함양에 필요한 이론과 실습, 그리고 소비자복지증진을 위한 사회적 리더로서 역할을 수행하는 데 필요한 이론과 실습을 연마한다. 따라서 소비자학 전공자는 공·사기업체 안팎의 소비자교육 분야에서 소비자교육전문가로서 종사할 수 있다.

4) 소비자학의 진로개척을 위한 정보소양 개발

소비자학은 초연결사회를 맞아 정보기술의 발전을 적극 수용하고 소비자학 전공자의 전공소양을 함양하는 데에 총력을 기울여야 한다. 특히 초연결사회에는 인터넷을 통해 경제주체 모두가 디지털정보를 거의 비용 없이 획득·가공·유통시킬 수 있는 강력한 정보력을 갖출 수 있게 됨으로써 소비자학 전공자는 소비자정보 분야에서 전문가로서의 능력을 갖추고 다양한 기회를 놓치지 말아야 한다.

소비자학 전공자는 소비자정보전문가로서의 자질을 연마하고 소비자, 기업, 정부의 3 경제주체 각각의 정보수요에 부응할 수 있다. 소비자에게는 소비생활에 관한 유용한 정보를, 기업에는 소비자에 관한 유용한 정보를, 그리고 정부에는 소비자정책 및 행정관련 정보를 신속·정확하게 수집·통합·가공·조직하고 유통시킬 수 있는 전문가로서 유리한 위치에 설 수 있다. 초연결사회를 맞아 소비자정보 분야에서 새로운 진로를 성공적으로 개척하기 위해 필요한 정보소양에는 어떤 것이 포함되어야 하는지 살펴보도록 하자.

(1) 정보소양의 개념과 구성요소

흔히 정보소양이란 문헌정보 분야에서 다루어지는 개념인데 정보의 홍수 속에서 살아

남기 위한 생존전략으로 이해된다. 따라서 정보소양에는 정확하고 완전한 정보가 현명한 의사결정의 기초가 된다는 신념, 정보의 필요성에 대한 인식, 정보의 필요성을 근거로 풀어야 할 문제를 구성하는 능력, 잠재적인 정보원(information source)의 확인, 적절한 정보탐색전략의 개발, 컴퓨터 등의 공학기술을 이용한 정보자원의 탐색, 획득한 정보의 평가, 실제적인 활용을 위한 정보의 조직, 기존에 갖고 있던 지식에 새로운 정보를 통합, 비판적 사고와 문제해결에 정보사용 등의 능력이 포함된다.

정보소양의 구성요소에 대해 가장 널리 수용되는 견해에 따르면 정보소양은 다음의 여섯 가지 항목이 포함된다.

첫째, 과제확인(task definition) 단계로 정보관련 문제에 대한 과제를 확인하고, 이 과제를 해결하는 데 필요한 정보를 규명한다.

둘째, 정보탐색전략(information seeking strategies) 단계로 가능한 모든 정보원을 살펴본 후 최선의 정보원을 선택한다.

셋째, 정보 찾기(locate and access) 단계로 정보원의 위치를 알아내고 그곳에서 정보를 찾아낸다.

넷째, 정보사용(use of inforamtion) 단계로 정보를 읽고, 보고, 듣고, 느낀 후에 관련된 정보를 추출한다.

다섯째, 종합(synthesis) 단계로 추출한 다양한 정보자원으로부터 정보를 조직해서 제시한다.

여섯째, 평가(evaluation) 단계로서 효율성을 알아보는 절차의 평가와 효과성을 알아보는 산출물의 평가가 이루어진다.

(2) 소비자정보전문가를 위한 정보소양

소비자학 전공자가 소비자정보 분야의 전문가로서 갖춰야 할 정보소양에는 소비자정보의 수집, 처리, 생성, 전달 등 소비자정보를 다루는 모든 능력이 포함되어야 한다. 이러한 능력에는 앞장에서 일부 다룬 바 있는 컴퓨터를 포함한 다양한 첨단매체의 활용능력이 중요한 요소가 되고, 여기에 정보의 획득·분석·종합·평가·제시 등의 정보처리능력(information processing skills)과 이 책에서 다룬 초연결사회와 소비자 전반에 대한 이해가 포함되어야 한다.

한편 기업의 생존을 위해 소비자정보의 수집과 분석이 중요해지면서 보다 광범위한 흐름을 읽고 미래를 예측하기 위한 기업의 노력이 집중되고 있다. 이와 관련하여 빅데이터에 대한 산업계의 관심이 높아짐에 따라 빅데이터를 이해하고 다룰 수 있는 정보소양이 요구되고 있다. 빅데이터의 분석은 단지 많은 양의 데이터를 기계적으로 분석하는 것에 그치는 것이 아니라 분석된 결과를 해석하고 의미 있는 전략을 도출하는 것이 중요하다. 이를 위해서는 빅데이터를 통해 이해하고자 하는 대상과 현상의 흐름에 대한 이해가 필수적이다. 산업계에서 주로 요구하는 빅데이터의 활용분야는 새로운 제품이나 서비스 아이디어를 창출하고 미래 성장동력을 마련할 방향을 수립하는 등 전략적 측면과 관련이 깊다. 즉, 소비자가 무엇을 원하고 앞으로 어떻게 변화할 것이며, 이에 대처하기 위해 기업은 무엇을 해야 하는가에 대한 예측이 핵심인 것이다. 이와 관련하여 소비자학에서 다루어지는 소비트렌드 분석은 사회의 전반적인 흐름을 읽어내기 위한 역량을 기를 수 있으며, 소비자정보분석 및 상품기획에 관한 전공학습을 통해 기업의 미래전략을 모색하는 역량을 갖출 수 있다. 이러한 점에서 소비자학 전공자는 빅데이터 관련 분야에서 소비자와 소비사회에 대한 심도 있는 이해를 바탕으로 소비사회의 흐름을 예측하고 소비자가 원하는 것을 도출해낼 수 있는 역량을 발휘할 수 있다.

5) 소비자학의 미래 진로

기술과 사회의 변화는 사회에서 필요로 하는 인재의 소양 역시 변화시키며 그 결과 사라지는 직업과 새롭게 생겨나는 직업, 그리고 직업의 분포가 달라지게 된다. 따라서 소비자학은 사회의 변화에 맞춰 새로운 진로를 개척해야 함과 동시에 기존의 직업세계에서 진출 가능한 분야를 적극 확장하는 노력을 경주해야 한다. 고용노동부 산하 한국고용정보원의 홈페이지(www.keis.or.kr)에서는 직업 및 고용에 관한 매우 유용한 정보를 제공하고 있다. 이 가운데에서 『2008-2018 직업별 정성적 전망 및 고용변동 요인분석』은 137개의 직업에 대한 수행직무, 향후 5년 및 10년 전망에 대한 풍부한 정보를 제공하고 고용변동 영향요인에 대한 설명을 제공함으로써 직업선택의 길잡이로 활용이 가능하다. 또한 『2015 한국직업전망』은 우리나라를 대표하는 17개 분야의 약 200개 직업에 대한 상세한 정보를 제공하고 필요로 하는 자격요건 등 직업의 미래를 가늠할 수 있게 하는 종합적인 직업정보자료로 진로와 직업을 결정하는 데 참고자료로 활용이 가능하다.

『2015 한국직업전망』 자료에서 소비자학 전공자가 진출 가능한 직업 중 향후 인력수요가 유지 또는 확대될 것으로 예상되는 직업을 선별하여 소개하면 표 13-1과 같다. 소비자학은 기존의 진로뿐만 아니라 새로운 진로를 끊임없이 모색해 나가야 하며, 소비자학 전공자가 초연결사회의 직업세계에서 뛰어난 능력을 발휘할 수 있도록 하기 위해 끊임없이 변화하는 시장환경과 소비자와의 상호작용에 관한 제반이론과 실제로 탄탄한 뒷받침을 할 수 있어야 한다.

표 13-1 소비자학 전공자가 진출 가능한 유망직업[2]

직업명	직업 개요	교육, 훈련 및 경력개발
상품기획 전문가	상품기획전문가는 소비자가 원하는 상품이 무엇인지 파악하여 만드는 활동을 수행한다. 그렇다고 해서 이들의 업무가 신상품의 기회 발굴 및 아이디어 개발, 콘셉트의 개발, 시제품 개발 등 상품기획의 업무로만 국한되지는 않는다. 대부분의 상품기획전문가는 소비자의 욕구를 평가 분석하고, 소비유형과 구매패턴을 파악하여 시장성 있는 신상품의 기회를 발굴할 뿐 아니라 생산, 개발, 구매 및 판매, 재고조절 등 상품흐름의 전 과정을 총괄하는 일을 수행한다. 뿐만 아니라 광고 및 홍보전문가와 광고 전략의 협의하며, 업체의 마케팅부서 사무직원과 협의하여 마케팅을 위한 전략 및 방안을 수립하여 적용한다. 이들은 특정 상품 및 서비스에 대한 현재의 판매수준, 소비자의 취향 등을 조사 분석하여 효율적인 마케팅 전략을 수립하거나 자문하는 일도 수행한다. 이런 점에서 상품기획전문가는 업무특성에 따라 상품기획자, 상품개발자, 마케팅전문가 등으로 불리며, 가장 흔하게 쓰이는 용어로는 우리에게 친숙한 머천다이저(MD)가 있다. 물론 이들은 활동하는 분야에 따라 업무 면에서 조금씩 차이가 있고 일부는 상품	상품기획전문가가 되기 위해 특별히 정해진 교육이나 훈련과정은 없다. 하지만 대학교에서 경영, 경제, 무역, 유통을 전공하거나 의상, 섬유, 식품 등 특정한 분야의 전문지식을 갖추고 있는 것이 유리하다. 그리고 채용 시 무엇보다 아르바이트나 인턴, 창업 등 해당 분야에서 활동한 경력을 높이 사는 편이므로 유통 분야의 경험을 쌓는 것도 좋다. 이외에도 사설학원에 개설된 MD 전문교육과정을 이수하여 관련 지식을 습득할 수 있으며, 관련 자격증 및 외국어 능력을 향상시키는 것이 취업에 유리할 수 있다. 상품기획을 위해서는 소비자의 심리를 분석할 수 있어야 하고, 시장의 흐름을 파악하는 능력과 유행을 이끌 수 있는 능력 등이 요구된다. 홈쇼핑업체, 백화점, 대형마트, 인터넷쇼핑업체 등의 유통관련업체, 의류회사, 바잉오피스, 식품업체, 가전업체, 가구업체, 귀금속업체 등으로 진출하여 머천다이저로 활동할 수 있다. 대부분의 업체에서는 공개채용의 형태로 채용하며, 경력자에 한해 특별채용을 하기도 한다. 해당 업체의 인턴이나 아르바이트로 시작하여 실력을 인정받아 입직하는 경우도 있다.

(계속)

---

[2] 고용노동부 한국고용정보원(2015). 2015 한국직업전망(www.keis.or.kr).

표 13-1 (계속)

직업명	직업 개요	교육, 훈련 및 경력개발
상품기획 전문가 (계속)	기획보다 상품의 전시나 구매대리와 같은은 업무에 치우쳐 있기도 하다. 그럼에도 이들 대부분은 시장조사나 분석을 통해 아이디어를 창출하고 신상품을 기획하는 일을 수행한다. 즉 수요가 있을 만한 상품을 선택하여 예산한도 내에서 생산·구매하고 마케팅 전략을 수립하여 소비자들에게 판매를 유도하는 등 생산에서 유통에 이르기까지 모든 업무를 총괄한다. 　상품기획전문가를 활동분야에 따라 구분하면, 우선 방송이나 인터넷, 백화점, 할인점, 제조업체 등의 유통업 및 소매점에서 활동하는 경우 흔히 리테일MD라 불린다. 이들은 상품의 기획에서부터 주문, 전시, 판매, 배송, 사후관리, 재고관리까지 담당하는 경우가 많고, 경우에 따라 직접 상품을 계획·생산하는 데도 관여한다. 이 중 인터넷에서 활동하는 쇼핑몰MD(웹MD)는 인터넷 쇼핑몰에서 카테고리별로 상품아이템을 구성하고 상품 구입과 거래처 관리 등의 업무를 주로 수행한다. 백화점이나 할인점의 MD는 신상품 발굴과 거래처 관리, 입점 브랜드 관리 업무를 수행한다. 또한 홈쇼핑MD는 방송 판매상품을 기획하고 상품소개전략을 세우며, 생방송 중 상품의 판매상황을 점검하고 배송관리를 담당하는 등의 업무를 수행한다. 다음으로 제조업체에서 활동하는 상품기획전문가는 통상 제품의 기획에서부터 생산까지의 전 과정을 관리한다. 의류업체에서 활동하는 패션MD는 시장조사를 통해 소비자의 욕구와 유행을 분석하여 디자이너와의 협의를 통해 신상품을 기획하며, 원가분석과 자재구매, 생산관리, 품질관리, 생산량과 판매량 조절, 상품판매를 위한 마케팅 및 재고관리 등의 총괄적인 업무를 수행한다. 백화점 및 할인점 등에서 활동하는 비주얼MD는 상품기획 및 관리업무와 더불어 상품의 가치를 최대한 높일 수 있도록 상품을 배치하고 매장분위기를 조성하며, 해당 브랜드의 이미지를 창출하는 일을 함께 수행한다. 쇼윈도 설치와 매장구성, 인테리어, 디스플레이 등의 비주얼적인 부분을 총체적으로 기획하고 관리하며, 판매나 직원관리 업무를 함께 수행한다. 바잉오피스MD는 외국의 바이어가 국내 물품의 수입을 요청하면 해당 물품의 생산기업을 선	처음에는 전문가의 업무를 보조하는 일에서부터 시작하여 점차 경력을 쌓아 전문가로서 인정받게 된다. 상품기획전문가는 상품기획에서부터 제조, 판매에 이르기까지 유통의 전반적인 분야를 익히는 직업인만큼 경력을 쌓은 후 오퍼상이나 제조업체, 제품소싱업체 등을 창업할 수 있다.

표 13-1 (계속)

직업명	직업 개요	교육, 훈련 및 경력개발
상품기획 전문가 (계속)	정하고 바이어가 원하는 일정에 맞춰 물품을 납품하며, 물품검수부터 선적에 이르는 모든 업무를 담당하는 구매대리인으로서 역할을 수행한다. 　이 외에도 제품의 특성에 따라 식품MD, 가전MD, 주얼리MD, 가전제품MD, 가구MD, 도서MD, 코스메틱MD 등으로 불리는 상품기획전문가들이 있다. 이들은 각각의 해당 분야에서 상품기획 및 유통의 전반적인 업무를 수행한다. 또한, 생산과정을 담당하는 제조MD, 영업분야를 담당하는 영업MD, 상품기획만을 중점적으로 담당하는 기획MD 등으로 구분되기도 한다.	
조사전문가	조사전문가는 고객의 의뢰를 받아 각종 조사 등을 수행하고 통계학, 경제학, 경영학, 사회학 등의 전문지식을 활용하여 그 결과를 분석한다. 이를 통해 현황 및 문제점을 파악하여 제시하고, 잠재수요를 추정하거나 결과 예측, 장래 추세 등에 대한 조언을 수행한다. 이들은 조사 분야에 따라 마케팅조사(또는 시장조사)전문가와 여론조사(또는 사회조사)전문가 등으로 구분된다. 　마케팅조사 혹은 시장조사는 마케팅 의사결정에 필요한 자료의 수집과 분석을 통하여 의사결정자의 불확실성을 줄여주기 위한 정보획득의 수단이다. 이를 위해 마케팅조사전문가는 조사를 의뢰한 기업의 상품이나 서비스의 마케팅전략을 수립하기 위하여 고객을 대상으로 설문조사나 인터뷰 등을 수행한다. 일반적으로 기업 마케팅은 기업의 가치를 창출하고 고객과의 커뮤니케이션을 통해 고객과 조직, 조직원과의 관계를 관리하기 일련의 과정이어서 제품, 가격, 유통, 광고적 측면에서 전략이 구성된다. 따라서 마케팅조사는 이러한 전략을 수립하고 그 성과를 측정하기 위한 조사이다. 이 외에도 제품이나 서비스의 구매와 이용, 사후서비스에 대한 고객만족도조사를 수행함으로써 기업의 마케팅 전략과 고객의 반응을 연결하는 중요한 역할을 한다. 　여론조사는 대중의 의견이나 경향을 파악하기 위해서 면접이나 질문지 등을 통해 조사하는 것이다. 이를 위해 여론조사전문가는 정치현안, 선거, 공공정책 개발 및 평가,	최소한 대졸 이상의 학력이 요구되며, 석사학위 이상의 학력을 소지하면 입직에 더 유리하다. 전공학과에 대한 특별한 제한은 없지만, 통계학, 경영학, 소비자학, 경제학, 사회학, 심리학 전공자가 많고, 정치학, 행정학, 사회복지학 등 다른 사회과학 분야의 전공자도 있다. 사무용 프로그램과 통계분석 프로그램을 능숙하게 다룰 수 있어야 하며 다국적 기업이나 해외 고객과의 의사소통을 위한 영어 등 외국어에도 능통해야 한다. 　시장조사, 여론조사 회사에서 주로 일하는데 정기 및 수시 채용을 통해 서류전형과 면접전형 과정을 거쳐 선발된다. 경우에 따라서는 마케팅, 여론 조사의 특정 주제를 제시하고 조사설계와 프레젠테이션을 심사하여 선발하기도 한다. 일부는 기업의 마케팅전략부서를 비롯하여 연구기관, 정부 및 공공기관, 언론기관, 사회단체 등의 조사업무 전담 직원으로 활동하기도 한다. 　일반적으로 '연구원 → 대리 → 과장 → 차장 → 부장 → 이사'의 승진체계를 밟는다. 대리로 승진하기까지 입사 후 2~3년 정도의 시간이 소요되며, 팀장의 역할을 하는 차장 또는 부장으로 승진하려면 7~10년 정도의 경력이 필요하다. 조사프로젝트를 통한 개인의 업무능력을 중시하는 분야이므로 근속 연수보다는 성과 위주의 평가가 이루어지며 승진에도 영향을 미친다.

(계속)

표 13-1 (계속)

직업명	직업 개요	교육, 훈련 및 경력개발
조사전문가 (계속)	가치관, 태도 또는 의견 등의 사회조사 업무를 수행한다. 또한 선거조사에서는 각 후보자나 정당, 정책에 대한 유권자의 인지도, 선호도, 지지도 등을 조사하여 유권자의 선택을 전달하는 역할을 한다. 또한 정책 현안에 대한 의견을 수렴하고 정책에 대한 평가 의견을 취합하는 여론조사를 수행함으로써 정부의 정책과 일반 시민의 의견을 연결하는 역할도 수행한다. 여론조사의 주요 고객은 정부 또는 공공기관을 비롯하여 언론사, 시민단체와 같은 비영리기관, 학술연구기관 등이 있다. 　조사업무는 일반적으로 다음과 같은 과정으로 이루어진다. 마케팅조사나 여론조사는 주로 기업이나 공공기관의 의뢰를 받아 실시하게 되는데, 먼저 조사를 의뢰한 고객과의 미팅으로부터 시작된다. 이를 통해 조사 배경, 조사목적, 조사의 활용방안 등을 충분히 숙지하고 주어진 예산과 일정에 맞게 조사를 설계한다. 조사의 설계는 전체 조사과정에서 가장 중요한 업무로 조사할 대상을 적합하게 선정하는 표본 설계와 조사하고자 하는 주제를 적절하게 구성하는 질문지를 설계하는 것으로 구분된다. 또한 조사는 양적 조사방법을 중시하는 정량적 조사와 질적 조사방법을 중시하는 정성적 조사로 구분된다. 정량적 조사는 선택형과 개방형 설문을 혼합한 설문지를 주로 이용하며 정성적 조사는 표적집단 면접이나 개별 심층면접 또는 일상적 관찰법과 같은 방법을 주로 사용한다. 조사전문가는 조사 설계에 따라 조사가 진행될 수 있도록 관리하고 감독하며, 조사 진행이 완료되면 조사 결과를 원래 조사의 목적과 조사 설계에 따라 정리하여 보고서를 작성 제출한다. 제출한 결과에 대해 고객에게 구두로 보고하기도 한다.	
증권중개인	증권중개인은 고객을 대상으로 주식·채권 등 현물유가증권에 관한 영업 및 상담활동을 수행하며, 주식·통화·금리 또는 상품시장에서 파생되어 나온 상품들을 중개하거나 국내에 나와 있는 주식형 펀드 등에 대해서 안내하고 가입을 유도한다. 자본시장통합법으로 인해 증권회사에서도 금융상품을 판매할 수 있게 되어 증권중개인이 금융상품을 판매하기도 한다. 이들의 주된 고객은 개인	증권 및 외환딜러가 되기 위해서는 대학에서 경영, 경제, 회계, 무역, 통계학, 금융 관련 학과를 전공하여 졸업하는 것이 일반적이다. 최근에는 경영(MBA), 경제, 회계분야 석사 이상의 학위를 요구하는 추세이다. 증권중개인은 세계 경제에 대한 전문지식을 갖추고, 경기를 예측하거나 주식, 채권, 금융상품시장을 예측할 수 있는 능력을 기르는 것이 중요하다. 금융투자협회에서 주관

표 13-1 (계속)

직업명	직업 개요	교육, 훈련 및 경력개발
증권중개인 (계속)	투자자 외에 금융기관, 연기금 등 기관 투자자이다. 또한 투자정보를 검토하고 거래소의 시장 상황을 모니터하며 다른 투자회사, 연금펀드관리자 및 투자분석가와 연락하여 거래전략을 세운다. 이외에 고객에게 금융정기간행물, 주식 및 채권보고서, 기업체 출판물과 같은 투자정보를 제공하고 자문한다. 증권회사의 증권중개담당자들은 증권전문인력과 선물 전문인력으로 구분할 수 있고, 증권중개인은 매매상품에 따라 주식, 채권 등의 전문 분야로 구분되기도 한다. 이들은 주식을 사고자 하는 사람에게는 주가 상승 가능성이 큰 종목을 추천하고, 주식을 소유한 사람에게는 적정한 시기에 매도를 권유한다. 채권을 매매하는 사람은 수수료 취득을 목적으로 채권거래를 중개한다. 이들은 채권을 팔려는 사람과 사려는 사람을 중간에서 연결하여 매매를 성사시킨다. 선물을 담당하는 인력은 증권선물거래소 시장에 상장된 파생상품(선물, 옵션, 환율, 금리 등 관련 상품)을 팔려는 사람과 사려는 사람을 연결하여 매매를 중개한다. 금융투자협회에서는 투자자를 보호하기 위해 이들 증권중개인을 등록·관리하고 있다.	하는 증권투자상담사, 파생상품투자상담사, 펀드투자상담사 등의 자격증을 취득하면 취업에 유리하다. 증권중개인은 증권회사에 정식직원으로 취업하여 활동하거나 계약직으로 활동한다. 증권회사는 보통 공채 또는 학교 추천에 의한 채용의 형태로 입사할 수 있다. 입사 후에는 일반 증권사무원과 유사하게 '사원 → 대리→ 과장 → 차장 → 부장'의 승진체계를 밟게 된다. 보통 입사 후 일반 관리직이 아닌 영업직으로 발령받아 회사의 현장교육을 받으면서 관련 업무를 배우게 된다.
금융 및 보험관련 사무원	금융 및 보험관련사무원은 은행, 저축은행, 신협, 여신전문금융회사, 신용카드사, 보험회사, 증권회사, 선물회사, 자산운용사, 종금사 등에서 금융 및 보험과 관련된 사무업무를 수행한다. 크게는 출납창구사무원, 금융관련 사무원, 보험사무원 등으로 구분할 수 있다. 출납창구사무원은 일반은행, 저축은행, 신협, 우체국 등에서 고객을 대상으로 예금 및 출금 업무, 예금의 신규 및 해약, 공과금 수납 업무 등의 금융서비스를 수행한다. 금융관련 사무원은 금융기관에서 기업이나 일반 고객을 대상으로 금융 거래와 관련된 사무 업무를 수행한다. 금융정책을 수립하거나 여수신업무 등과 관련한 각종 규정과 금융약관의 제정 및 해석, 금융상품 개발, 자금조달, 리스크관리, 여신심사 및 사후관리 등의 업무에 종사한다. 보험사무원은 보험회사에서 자동차, 화재, 질병, 상해, 생명, 책임, 재산, 선박, 항	금융 및 보험관련사무원이 되기 위해서는 상업계 고등학교나 대학의 상경계열 학과를 졸업하는 것이 유리하다. 대학에서는 상경계열 학과나 법학 전공을 하면 채용과 업무 수행에 유리하다. 금융권 입사를 위해서는 경영 및 경제관련 지식과 외국어능력이 요구된다. 보통 입사하면 회사에서 실시하는 직무교육을 받고, 실무부서에 배치되어 6개월~1년 정도의 수습기간을 거치게 된다. 금융 및 보험관련분야의 관계기관에서 실시하는 자격증을 취득하면 취업 시 유리하다. 한국금융연수원에서 주관하는 은행텔러 자격증은 텔러 기본지식과 창구 실무에 관한 시험과목을 치르며 창구에서 일어나는 제반업무에 대해 신속하고 친절한 업무수행과 정확한 업무처리를 할 수 있게 한다. 보험사무원과 관련된 자격증으로는 민간자격증으로 보험심사평가사인증원이 주관하는 보험심사평가사가 있으며 요양급여 기준과 실습 등을 통해 보험심사 업무능력을

(계속)

표 13-1 (계속)

직업명	직업 개요	교육, 훈련 및 경력개발
금융 및 보험관련 사무원 (계속)	공 및 기타 각종 보험 거래에 수반되는 사무 업무를 수행하거나 건강보험심사평가원, 대형 병원 등에서 보험심사 관련 업무를 담당한다. 특히 보험심사 관련 업무를 수행하는 사람은 진료와 관련하여 요청된 보험신청 내용을 심사하거나, 대형 병원에서 건강보험심사평가원에 제출할 보험 관련 서류를 검토하는 일을 한다. 즉 이들은 화재, 질병, 상해, 생명, 재산 및 기타 각종 보험 거래에 수반되는 제반 사무업무를 수행한다.	평가한다. 　은행, 저축은행, 신협, 여신전문금융회사, 신용카드사, 보험회사, 증권회사, 선물회사, 자산운용사, 종금사 등으로 진출하며, 채용은 주로 공개와 수시 채용이 있다. 출납창구사무원의 경우 결원이 생기면 수시채용을 통해 입사하고, 은행텔러 혹은 창구텔러 등으로 고용되어 계약직으로 근무하는 경우가 많다. 대졸사원 공채는 서류, 인성적성검사(또는 필기), 면접 등의 과정을 거쳐 이루어진다. 인터넷을 통해 미리 원서를 접수해 놓고 결원이 생기면 인력을 채용하는 상시 채용제도(또는 인력풀제도)를 시행하는 곳도 있다. 　공채를 통해 입사하면 보통 '사원 → 계장 → 대리 → 과장 → 차장→ 부장(지점장)'의 순으로 진급한다. 과거에는 순환보직을 맡아 여러 업무를 수행하였지만, 최근에는 신입사원 때부터 본인이 원하는 영역으로 배치하여 전문가를 양성하는 체계를 갖춘 기관이 늘고 있다. 다만, 인원과 보직이 한정되어 일반기업에 비해 승진에 오랜 시간이 소요되는 편이며, 승진을 위해 시험을 치러야 하는 회사도 있다.
텔레마케터	텔레마케터는 전화로 각종 서비스를 제공하고, 고객관리 및 고객유치, 고객의 불만사항 접수 및 상담, 판촉활동, 제품상담 및 홍보 등의 업무를 수행한다. 전화헤드셋을 사용하여 고객과 대화하는 동시에 컴퓨터를 이용해 고객 자료를 검색하고 입력하거나 메모하면서 고객의 문의에 대응하거나 상품판매를 위한 설명 및 관련 업무를 수행한다. 　텔레마케터는 고객의 각종 문의나 주문사항에 대해 응대하는 인바운드 텔레마케터와 고객에게 전화를 걸어 상품정보를 제공하고 가입을 권유하는 아웃바운드 텔레마케터로 구분된다. • 인바운드 텔레마케터(in-bound telemarketer)는 컨택센터(콜센터)나 고객상담센터에 근무한다. 고객이 각종 궁금한 사항을 문의하거나 상담을 원할 때, 혹은 전화주문 시 응대하여 요구사항을 접수하고 관련 부서에 통보하며, 즉시 해결이 가능한 사항에 대해서는 해결방안을 제시해준다. 홈쇼핑	텔레마케터는 전문훈련기관이나 인력파견업체에서 소정의 교육을 받은 후 취업하거나 업체에 입사한 후 자체 사내교육이나 위탁교육을 받은 후 텔레마케팅 업무에 배치된다. 일반적으로 인바운드 업무는 고객의 문의와 요구가 다양하기 때문에 다방면에 대해 내용을 숙지하고 있어야 하며, 아웃바운드 업무는 특정 상품이나 서비스를 중심으로 깊이 있는 정보를 숙지하고 있어야 한다. 취업하기 전에 전문교육기관에서 전화응대기법, 불편사항 접수 요령, 화술 등을 개별적으로 교육받고 취업하는 사람도 있지만, 일반적으로는 업체에 취업한 후 1개월 정도에 걸쳐 고객응대법 등 기본교육과 서비스 내용, 상품 정보 등에 대해 자체교육이나 위탁교육을 받게 된다. 특히 세무나 법률상담 등 전문지식이 필요한 분야의 경우는 더 오래, 더 집중적으로 교육을 받으며, 업체에서는 채용 시 전문대 이상 졸업자나 동일 업종 경력자를 선호하기도 한다. 　텔레마케터는 홈쇼핑업체, 카드회사, 은

표 13-1 (계속)

직업명	직업 개요	교육, 훈련 및 경력개발
텔레마케터 (계속)	처럼 광고를 보고 상품을 구매하고자 하는 고객의 전화를 받아 주문접수 및 확인, 결재, 배송안내 등을 수행한다. • 아웃바운드 텔레마케터(out-bound telemarketer)는 접촉할 고객 리스트에 따라 고객에게 직접 전화를 걸어 각종 제품 판매, 금융상품 가입, 통신서비스 가입 등을 권유하고, 이에 필요한 절차나 상품에 대한 정보를 제공한다. 특히 고객에게 전화를 걸어 상품을 판매하는 것을 전화권유판매라고 하는데, 이는 개인정보보호 관련법에 따라 반드시 고객의 동의를 얻어야 수행할 수 있다. 최근에는 상품판매보다는 기존의 고객을 관리하는 차원에서 고객에게 필요한 정보를 제공하기 위하여 아웃바운드텔레마케팅을 활용하고 있다. 텔레마케터는 기업에서 자체적으로 운영하는 인하우스(내부 조직) 형태로 고용되거나 전문 컨택업체에 의뢰하는 아웃소싱 형태로 고용된다. 인하우스 형태의 텔레마케터는 기업 고유의 업무를 중심으로 일을 하는 반면, 아웃소싱 형태의 텔레마케터는 다양한 업종의 상담을 수행하게 된다. 근무하는 업종에 따라 인바운드 부서만 운영되는 곳이 있고, 인바운드 및 아웃바운드 부서까지 함께 운영되는 곳이 있다. 관공서나 일반 기업, 홈쇼핑 등은 주로 인바운드 부서만 운영되어 고객 민원접수나 행정관련 문의사항 응대와 안내 업무를 수행한다. 통신업체나 보험회사, 카드회사 등의 금융회사는 고객의 문의사항을 응대하는 인바운드 부서와 회원가입 촉진, 휴면고객 활성화, 금융상품 안내, 미납요금관리 등의 아웃바운드 부서가 함께 운영되고 있다. 본인의 적성에 따라 인바운드 업무와 아웃바운드 업무를 선택할 수도 있으며, 걸려오는 전화 수에 따라 인바운드 업무와 아웃바운드 업무를 병행하기도 한다.	행, 보험회사 등의 금융회사, 통신회사, 항공사, 종합병원 등의 콜센터, 텔레마케팅 상담실, 고객상담센터, 헬프데스크에서 근무하거나 전문적인 텔레마케팅 대행사에서 근무한다. 대부분의 업체는 고졸 이상의 20~40대 여성을 채용하고 있으며, 경력자를 선호한다. 채용 시 보통 서류전형과 면접을 거치는데 호감 가는 목소리, 순발력, 서비스마인드, 컴퓨터 활용능력, 내용숙지능력 등이 고려된다. 업체에 따라 차이가 있지만, 텔레마케터로 최소 2년 이상의 실무경력이 쌓이면 부팀장(조장)으로 승진하고, 그 후 실력을 인정받으면 팀장(혹은 슈퍼바이저)으로 승진할 수 있다. 팀장은 직접 전화응대를 하기보다는 텔레마케터들의 업무를 지원하고 관리하는 역할을 한다. 업계에서 경력을 인정받으면 텔레마케터로서의 경력을 살려 업체 소속 혹은 프리랜서로서 텔레마케팅 교육강사나 예절교육전문강사, 텔레마케터의 통화품질이나 콜센터의 서비스품질 향상을 위한 업무를 담당하는 QAA(Quality Assurance Analyst) 등으로 진출할 수 있다.
웹기획자	웹 및 멀티미디어기획자는 웹사이트를 기획하고 개발하는 사람으로 웹기획자, 웹프로그래머 등이 포함되며, 멀티미디어 기획 및 개발자에는 애니메이션기획자(애니메이션 감독·디렉터), 게임기획자 등이 포함된다.	웹 기획과 개발을 위해서는 웹 언어뿐 아니라 SQL 등의 데이터베이스, 웹에디터(나모 웹에디터, 드림위버), 그래픽소프트웨어(포토샵, 일러스트레이터, 플래시, 플렉스) 등의 지식과 능력을 갖추고 있으면 취업과 업

(계속)

표 13-1 (계속)

직업명	직업 개요	교육, 훈련 및 경력개발
웹기획자 (계속)	웹기획자는 새로운 웹사이트 구축이나 기존 웹사이트 개편 시 이용자의 요구와 웹 구현의 목적 등을 고려하여 웹에서 서비스할 콘텐츠 디자인 콘셉트, 운영 및 마케팅 전략 등 시스템 구축의 타당성을 점검하는 등 웹을 구축하기까지 전체적인 업무 방향을 설정하여 관리한다. 웹개발자, 웹디자이너 등과 함께 일해야 하므로 이들과의 원활한 소통을 위해서 디자인을 비롯해 웹 구축에 필요한 기술에 대한 기본지식이 필요하다.	무수행에 유리하다. 전문대학 및 대학교의 컴퓨터공학과, 전산학과, 인터넷(정보)공학과 등에서 웹 구축에 필요한 프로그래밍 언어를 비롯해 서버, 네트워크, 데이터베이스 등에 대해 공부하거나 프로그래밍, 디자인 등으로 과정이 나뉘어 있는 사설교육기관에서 웹관련 강좌를 이수한 후 웹기획자, 웹개발자 등으로 진출할 수 있다. 채용 시 학력보다는 경력을 우선시하므로 많은 실습을 통해 경험을 쌓는 것이 중요하다.

4 초연결사회와 소비자학의 미래

다지털기술과 통신기술의 융합으로 전개되는 인간 환경의 초연결화는 소비자의 일상생활을 새로운 경제 패러다임의 지배 아래 놓이게 만들었다. 소비자는 디지털화되고 네트워크화되어 가는 디지털경제 기반 위에서 단순히 경제활동뿐만 아니라 정치, 사회, 문화 등 삶의 모든 부문에 걸쳐 광범위한 패러다임 변화를 경험하고 있다. 따라서 소비자학은 초연결사회를 맞아 새 시대의 패러다임을 수용하고 학문적 패러다임을 확장해야 하는 도전에 직면해 있다.

미국의 소비자학 관련 학자들은 소비자학이 고등교육에서 단일 학문의 위치를 성취하고 발전할 것이라는 인식 아래 '고등교육기관에서의 소비자학(Consumer Science in Institutions of Higher Education)'이라는 주제의 심포지엄을 1982년에 개최한 바 있다. 여기에서 소비자학의 정의, 초점과 범위, 학문분야로서의 특성과 가능성에 관한 폭넓은 주제가 심도 있게 논의되었다. 소비자학은 소비자와 소비자를 둘러싸고 있는 환경과의 상호작용을 연구하는 학문으로 정의되고, 그 초점은 소비자역할을 포함하는 상호작용, 즉 비생산자로서의 경제역할과 외부요소들(제품과 서비스, 기업, 소비자단체, 노동, 정부기관, 경제·정치체계)과의 상호작용, 가족 내와 경제주체 간의 상호작용, 그리고 소비자, 소비자대표, 소비자교육자들의 효율성 증진 목표와 직접 관련되는 소비자 상호작용에 두어왔다.

소비자학에서 초점을 두어왔던 소비자역할이란 비생산자로서의 경제역할이었지만, 초연결사회를 맞아 소비자역할은 생산자로서의 역할까지 포함하는 개념으로 확대되고 있다. 초연결사회의 소비자는 생산자와 거의 동등한 정보를 보유하고 자신의 선호를 생산과정에서 적극 표출할 수 있게 됨으로써, 엘빈 토플러가 예언한 생산자의 역할까지 담당하는 '생산소비자', 즉 '프로슈머(prosumer)'로서의 확대된 역할을 담당하게 되었다. 따라서 소비자학의 초점은 초연결사회를 맞아 변화하는 비생산자로서의 경제역할뿐만 아니라 생산자로서의 역할을 포함하는 상호작용으로 그 폭을 넓혀야 한다.

소비자를 둘러싸고 있는 환경이 디지털화, 네트워크화함에 따라 소비자는 자신의 정보력을 향상시킬 수 있는 구체적인 지식과 기술을 갖추어야만 끊임없이 변화하는 비생산자로서의 역할을 효과적으로 수행할 수 있게 되었다. 이것은 소비자의 정보력을 향상시킬 수 있는 소비자정보 분야에 대한 학문적 수요를 의미한다. 또한 소비자에게 새롭게 주어진 생산자로서의 역할을 효과적으로 수행하기 위해서는 미충족된 소비자의 욕구를 알아내고 이를 효과적으로 충족시켜 생산자의 이윤을 극대화하려는 생산자의 생리, 특히 마케팅전략에 대한 이해가 소비자에게 필요하게 되었다. 이것은 마케팅의 내용을 소비자의 관점에서 다시 조망하고 접근해보는 소비자마케팅 분야에 대한 학문적 수요를 의미한다. 따라서 초연결사회를 맞아 소비자학이 추구해야 할 학문적 패러다임의 확장은 크게 소비자정보 분야와 소비자마케팅 분야의 두 방향에서 이루어져야 할 것으로 전망된다.

이 책은 초연결사회로의 이행에 맞추어 소비자학에서 다루어야 할 소비자정보 분야를 소개하였다. 앞으로 인간의 모든 환경과 생활이 네트워크의 일부가 되는 초연결사회에서는 무엇보다도 인간중심적 사고가 중요해질 것이며, 모든 인간의 소비자로서의 역할과 권익을 탐구하는 소비자학의 중요성이 더욱 높아질 것이다. 소비자를 중심으로 모든 기술과 네트워크가 집중되는 초연결사회에서 소비자정보 분야의 전문적 영역이 탄탄하게 자리를 잡기 위해 더 많은 학문적 관심이 모아져야 할 것이다.

찾아보기